# 中國典籍日本注釋叢書

## 五經卷

3

毛詩補義／下

[日]林羅山　等撰
張培華　編

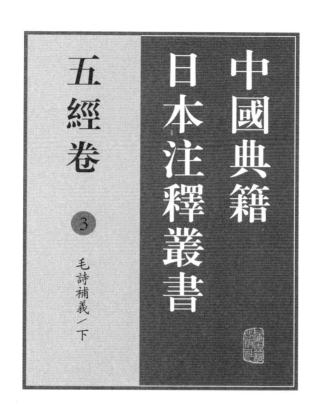

# 目録

## 毛詩補義（下）

［日］岡田白駒　撰

# 毛詩補義（下）

［日］岡田白駒 撰

# 毛詩補義卷七

漢　趙人　毛公　傳

日本　西播　岡白駒補義

## 鴻鴈之什詁訓傳第十八

鴻鴈美宣王也萬民離散不安其居而能勞來還定安集之至于矜寡無不得其所焉

鴻鴈于飛肅肅其羽興也大曰鴻小曰鴈肅肅羽聲也之子于征劬勞于野之子侯伯卿士也劬勞病苦也爰及矜人哀此鰥寡矜憐也老無妻曰鰥偏喪曰寡○

鴻鴈于飛集于中澤中澤澤中也之子于垣百堵皆作一丈爲板五板爲堵雖則劬勞其究安宅究窮也○

鴻鴈于飛哀鳴嗸嗸未得所安

集則嗸嗸然

維此哲人謂我劬勞維此愚人謂我宣驕宣示也

鴻鴈三章章六句

案于往征行也爰及者不遺之辭也矜人可憐之人謂貧窮者也厲王之後人民離散如鴻鴈之于飛而未知所止徒聞其羽聲肅肅也宣王承衰亂之敝而起乃遣侯伯卿士以勞來之於是之子于征劬勞于野不敢遑寧爰及矜人鰥寡孤獨皆哀之無不得其所焉夫惠鰥鰥寡文王之所以興也哿矣富人哀此惸獨幽王之所以亡也爰及矜人哀此鰥寡宣王之所以中興也煢煢小民國繫統君繫命可忽乎哉

二章

垣墻也鴻鴈之性居於澤中今飛又集于澤中以喻民之稍稍復其居也之子招來流民起屋舍築垣墻百堵同時作矣言趨事也乃勸其民曰女今雖劬勞其究其有安於宅矣

卒章

嗸嗸哀鳴聲也我民自謂也上章既言集于中澤已得宅矣而猶哀鳴嗸嗸益爲無室家也于時流民新復有不得及時爲室家者未爲安集故哀鳴嗸嗸惟此明哲

之人則謂我稱劬勞將有以撫處之惟彼愚闇之人則必將怒其求索無厭直以為宣驕矣昔馮驩之客於孟嘗君也彈劍而歌食無魚食有魚矣而歌出無輿出入乘輿車矣而歌無以為家孟嘗君不說其不說之意即謂其宣驕也蓋不得宅之劬勞易知也已得宅之劬勞難知也既得其宅又得室家然後可謂安集矣郝敬云小雅自鹿鳴至此二十餘篇皆朝廷制作不應忽采民謠篇襍入其中朱熹改為流民自言誤矣如其卒章代民言耳

庭燎美宣王也因以箴之

夜如何其夜未央庭燎之光君子至止鸞聲將將央旦也庭燎大燭君子謂諸侯也將將鸞聲也○夜如何其夜未艾庭燎晣晣君子至止鸞聲噦噦艾久也晣晣明也噦噦徐行有節也○夜如何其夜鄉晨庭燎有

煇君子至止言觀其旂煇光也

庭燎三章章五句

案其止皆語辭鸞解見蓼蕭言宣王將視朝不安於寢於夜未央之時而問夜早晩如何是能自勤以政事也業已設燎于庭以待王朝諸侯已有來朝而至止者門外聞鸞聲將將矣**二章**未猶不也未艾謂不久而明也**卒章**言我也觀其旂言辨色也朝禮別色始入夫王朝之報早晩自有司存不待人主親問而後知也蓋宣下心憂勤臥不安席惟恐朝常之失故詩人述其意以美之耳而勤於始而怠於終人情之所必至也言出於詩人因以箴之也後果至於姜后脱簪則此篇豈不中病之箴乎自未央至鄉晨自聞聲至辨色作詩次第自應如此若以爲一問再問三問則非果問夜不過枕上唸詩三首耳且視朝必待辨色而問夜已始於未央進鋭退速非可繼之道則幾於說夢矣

沔水規宣王也。

沔彼流水朝宗于海。興也沔水流滿也水猶有所朝宗 鴥彼飛隼載飛載止。嗟我兄弟邦人諸友莫肯念亂誰無父母。邦人諸友謂諸侯也兄弟同姓臣也京師者諸侯之父母也 ○沔彼流水其流湯湯。言放縱無所入也 鴥彼飛隼載飛載揚。言無所定止也 念彼不蹟載起載行。心之憂矣不可弭忘。不蹟不循道也弭止也 ○鴥彼飛隼率彼中陵。民之訛言寧莫之懲。懲止也 我友敬矣讒言其興。疾王不能察讒也

沔水三章二章章八句一章六句

案諸侯春見天子曰朝夏見曰宗鴥彼飛隼解見采芑載飛載止喻諸侯之或朝或不朝自由驕恣也言沔彼

流水。猶有所朝宗。如何諸侯朝者如隼之或飛或止也。嗟乎諸侯莫肯念亂。夫京師者諸侯之父母也。人誰不出於父母乎。蓋王信讒遠諸侯。詩人不敢直諫而責諸侯以感動王。是以恩規正君也。故序以爲規宣王也。鄭玄云以恩親正君曰規。一章湯湯波流盛貌。蹟字从足。不蹟者謂不循道而遨令。人無踪跡之可尋也。言流水之湯湯無所入。以喻諸侯之無所朝宗。放縱如隼之飛揚無所定止也。念彼不循道之諸侯則起則行起居不忘心之憂矣終不可弭忘也。此皆詩人憂之也。卒章率循也。中陵陵中也。訛僞也。寧曾也。我友即首章之諸友也。敬者謂守禮也。鄭玄云隼飛循陵阜者是其常也。喻諸侯之守職順法度者。當時諸侯有朝者有不朝者。有朝者此章是已。不朝者二章彼不蹟者是也。于時小人造作僞言。而曾莫之止。諸侯有敬守侯度者而讒言其與將不免焉。疾王不能察讒也。凡功名之主其殆殺足以集事。其猜忌亦足以生讒。宣王殺杜伯而非其罪。則沔水之規讒言其興信不虛矣。朱熹疑此章脫前兩句。當作三章章八句。此大屬蛇足。按左傳國語並載

秦伯享重耳公子賦河水杜註以爲逸詩非也韋昭解云河當作沔其詩云沔彼流水朝宗于海言己反國當朝事秦得之矣附記

## 鶴鳴誨宣王也

鶴鳴于九皐聲聞于野興也皐澤也言身隱而名著也魚潛在淵或在于渚良魚在淵小魚在渚樂彼之園爰有樹檀其下維蘀何樂於彼園之觀乎蘀落也尚有樹檀而下其蘀它山之石可以爲錯錯石也可以琢玉舉賢用滯則可以治國○

鶴鳴于九皐聲聞于天魚在于渚或潛在淵樂彼之園爰有樹檀其下維穀穀惡木也它山之石可以攻玉攻錯也

鶴鳴二章章九句

案鶴其鳴高亮，聞八九里。九皐，深澤也。言九者，極言其深，猶九泉九天也。說詩于九罭爲檀，良木名。蘀，落葉也。錯，厲石也。鶴鳴于九皐，聲聞下野，喻賢者身隱而名著也。夫善人難得，猶良魚在淵；不善人易求，猶小魚在渚。雖然，以其道招，則善人可致；善使之，則不善人亦有裨于治。何樂於彼園之觀乎，以尚有樹檀而不嫌有落葉榖雜也。以喻人君之取材也。它山之石可以爲錯，石可以攻玉，則不善人，善人之資也。舉賢用滞，如選於衆，舉皐陶，則無棄材，無棄物，皆可以爲治國之用矣。舜察邇言，采芻蕘，其人豈皆賢邪。毒已疾，苦有時乎。市此人君之所以善使人材也，所以能成其大也。序云誨宣王也。蓋箴規者，友道也；誨誘者，師道也。記云能博喻然後爲師。此篇皆以喻盡人君使材治國之道，董鼎以爲其師傳所作，尨得其肯矣。朱熹以誠與理標解此，其家言也。古無之矣。

祈父，刺宣王也。

祈父。祈父。司馬也。職掌封圻之兵甲。予王之爪牙。胡轉予于恤。靡所止居。恤。憂也。宣王之末。司馬職廢。羌戎爲敗。○祈父。予王之爪士。士。事也。胡轉予于恤。靡所底止。底。至也。○祈父。亶不聰。亶。誠也。胡轉予于恤。有母之尸饔。尸。陳也。熟食曰饔。

祈父三章。章四句。

案。祈通作圻。圻即畿字。此司馬也。職掌封圻之兵甲。時人以其職號之。故曰祈父。父猶尚父仲父之父。鳥用爪獸用牙。以防衞。故禁衞之士自稱王之爪牙。周禮虎賁虎士是也。轉移也。六軍之士出自六鄉。法不取於王之爪牙之士。盖宣王料民太原。人不足。用乃令司馬出禁衞以從軍。故禁衞之士責司馬曰。我乃王之爪牙。爪牙之士。當爲王閑守之衞。女何移我於憂恤之地。使我無所止居乎。【二章】爪士。爪牙之士也。傳云。士事也。釋士字義耳【卒章】古者親老而無兄弟者免征役今獨子從軍不得奉養惟有毋之爲父陳飲食情亦哀矣是詩前兩章刺以禁衛之士從征卒章刺使獨子不免役呂祖謙云其意謂此法人皆聞之彼司馬獨不聞乎故責其不聽責司馬者不敢斥王也

白駒大夫刺宣王也。

皎皎白駒食我場苗縶之維之以永今朝。宣王之末不能用賢賢者有乘白駒而去者。縶絆。維繫也。所謂伊人於焉逍遙〇皎皎白駒食我場藿縶之維之以永今夕。藿猶苗也。夕猶朝也。所謂伊人於焉嘉客〇皎皎白駒賁然來思。賁飾也。爾公爾侯逸豫無期爾公爾侯邪。何爲逸樂無期以反也。慎爾優游勉爾遁思。慎誠也。〇皎皎白駒在彼空谷。空大也。

生芻一束。其人如玉。毋金玉爾音。而有遐心。

白駒四章章六句。

案。皎皎。潔白也。馬五尺以上爲駒。縶。絆其足也。維。繫其靮也。永。久也。伊人。指賢者也。逍遙。遊息也。宣王末年。不能用賢。賢者有棄白駒而去者。詩人愛之。欲留之言。皎皎白駒。使食我場中之苗。我則絆之繫之。庶幾以永今朝。使伊人於此遊息而不去也。二章。於焉嘉客。言欲卽終不留。而且爲嘉客也。愛之甚也。三章。賁然。以車馬言之。思語辭。遁思同。勉勉。勿遂也。皎皎白駒。願其賁然來而得見之。爾豈是不公侯邪。何爲逸樂無期以反乎。爾誠優游而勉勿遂遁哉。蓋欲其復還也。卒章。芻。刈草也。生芻。謂新芟之草也。遐。遠也。此賢者既去。而不可留矣。因極贊其人之美。而仍致其拳拳思慕之意。言皎皎白駒。既去在空谷矣。想見生芻一束自秣馬。其人如玉也。而遐乎其不可親矣。但願其相聞而無絶也。故曰毋愛女聲音。而有遠我之心哉。

黃鳥刺宣王也。

黃鳥黃鳥無集于穀無啄我粟。興也。黃鳥宜集木啄粟者。喻天下室家不以其道而相去。是失其性。此邦之人不我肯穀。穀善也。言旋言歸復我邦族。宣王之末天下室家離散妃匹相去有不以禮者。○黃鳥黃鳥無集于桑無啄我粱。此邦之人不可與明。不可與明夫婦之道。言旋言歸復我諸兄。婦人有歸宗之義。○黃鳥黃鳥無集于栩無啄我黍此邦之人不可與處。處居也。言旋言歸復我諸父。諸父猶諸兄也。

黃鳥三章章七句

案黃鳥一名黃鸝。羅願云。此鳥性好雙飛。故鸝字从麗。亦是有夫婦之道。故詩人取以託興。穀木名。其字从木。

與穀善之穀不同。古者不以粟爲穀之名。但米之有孚穀者皆稱粟也。言我旋回復反也。夫黃鳥宜集木食粟者也。今言無集于穀。無啄我粟。以喩夫不以其道而逐其婦也。婦人乃訣別而曰。此邦之人不肯以善道與我。我回與歸與反我邦國宗族矣。**二章**諸兄。主昆弟之爲父後者言之。故傳以爲歸宗。**卒章**栩亦木名。案周禮大司徒以陰禮敎親。則民不怨。宣王末年天下室家不以其道而相去。則先王敎法久已弛矣。此所以歸刺于王也。

我行其野。刺宣王也。

我行其野。蔽芾其樗。昏姻之故。言就爾居。樗惡木也。爾不我畜。復我邦家。畜養也。○我行其野。言采其蓫。昏姻之故。言就爾宿。蓫惡菜也。爾不我畜。言歸斯復。復反也。○我行其野。言采其葍不思舊姻。求爾新特。葍惡菜也。新特外昏也。成不以富。亦祇以異。祇適也。

我行其野三章章六句。

案。宣王之末。風俗稍薄。民有不安其居。流離困苦。而依姻親。而不見收恤者。是詩之所以作也。蔽芾解見甘棠篇。爾雅云。婦之父母。壻之父母。相謂爲婚姻。昏婚通。言我也言流離困苦。我行其野。蔽芾其樗。尚可庇而息。今以昏姻之故。我就爾居。而不我養。則曾樗之不若也。當復我邦家矣。與之自訣之辭也。二章宿。暫託宿而已。非就之居也。夫遂雖惡菜乎。尚可救枵腹。亦言曾遂之不若也。卒章成。依論語。當作誠。或曰。成誠古通。言爾不思舊姻。而求新特。雖誠不以彼之富。而厭我之貧耶。亦祇以異於疇昔情誼矣。薾棄舊親新。衰世之常情也。求爾新特。但言親新耳。緣其不思舊姻。故以求外昏言之。此對說也。鄭玄以爲男女失道。以求外昏。棄其舊姻而相

怨。番爾覆水豈容復收。而就爾居。就爾宿。郎詩人代爲
棄婦言。亦不應無志節。如是矣。王安石云。先王建官置
師。以孝友睦婣任恤六行教民。爲其有父母也。故教以
孝。爲其有兄弟也。故教以友。爲其有同姓也。故教以睦。
爲其有異姓也。故教以婣。爲鄰里鄉黨相保相愛也。故
教以任。相賙相救也。故教以恤。以爲徒教之或不率也。
故使官師以時書其德行而勸之。以爲徒勸之或不率
也。於是乎有不孝不睦不婣不弟不任不恤之刑焉。方
是時也。安有如此詩所刺之民乎。雖然當流離困苦之
際。而不見周恤憫救。常人處此。不卑稍諂佞則將苛責
痛詆。無所不至矣。今觀此詩。爾不我畜。則但曰復我邦
家而已。固未嘗卑其身以必求也。不思舊姻。則但曰亦
祇以異而已。亦未嘗甚怨人以痛
詆也。可以見周人忠厚之遺風焉。

斯干。宣王考室也。

秩秩斯干。幽幽南山。興也。秩秩。流行也。干。
澗也。幽幽。深遠也。 如竹苞矣。如松

茂矣。苞本也兄及弟矣式相好矣無相猶矣。猶道也◯似續妣祖似嗣也築室百堵西南其戶。西鄉戶南鄉戶也爰居爰處爰笑爰語。◯約之閣閣椓之橐橐約束也閣閣猶歷歷也橐橐用力也風雨攸除鳥鼠攸去君子攸芋芋大也◯如跂斯翼如人之跂竦翼蹈如矢斯棘如鳥斯革棘稜廉也革翼也如翬斯飛君子所躋躋升也◯殖殖其庭有覺其楹殖殖言平正也有覺言高大也噲噲其正噦噦其冥。正長也冥幼也君子攸寧◯下莞上簟乃安斯寢乃寢乃興乃占我夢言善之應人也。吉夢維何維熊維羆維虺維蛇◯大人占之維熊維羆男子之祥維虺維蛇女子之祥◯乃生男子載寢之牀載衣之裳載弄之璋。半珪曰璋。裳下之飾也。璋臣之職也。其泣喤喤朱芾斯皇室家君王。○乃生女子載寢之地載衣之裼載弄之瓦。裼褓也。瓦紡塼也。無非無儀唯酒食是議無父母詒罹。婦人質無威儀也。罹憂也。

斯干九章四章章七句五章章五句

案此篇是宣王因厲王之亂宮室圮壞而更營作落之之詩也左傳儀禮所云新宮詩是已歐陽脩云古人成室而落之必有稱頌禱祝之言如歌於斯哭於斯聚國族於斯謂之善頌善禱者是矣此詩所言皆不過於頌禱南山鎬京之陽終南之山也兄弟該同姓之族而言式用也相猶相責以道也無相猶矣蓋父子之間不責善之意也言宣王之作宮室秩秩斯干流其後幽幽南山對其前其堅固如竹苞矣其締蔭如松茂矣於此兄

及予式相好樂矣無復相責所謂聚國族於斯也二章先妣者協韻耳百堵解見鴻鴈篇天子之宮其室非一在東者西其戶在北者南其戶言宣王嗣續祖妣之業築其宮室百堵一時起矣或西其戶或南其戶既成也於是居於是處於是笑於是語此頌禱之辭也三章椓以杵築之也以繩束板繩任板上歷歷然均繩均版直則橫端正矣築之橐橐則四旁牢密所以除去風雨鳥鼠之害也此君子之所居所以為光大也四章言宮室之狀也跂與企同翼如論語翼如也之翼人舉踵則竦聳翼然如鳥舒翼也雉素質五采皆備成章曰翬言堂既高而勢嚴正自其四中視之如人之竦立而翼如也自其四角視之稜廉繩直如矢行也棟宇峻起如鳥之張翼簷阿華采如翬之斯飛其宮室之美如此此君子之所升以聽事也五章楹柱也噲噲寬博之貌噦噦閑習之貌言宮庭平正楹柱高大諸臣之朝於此者其長者噲噲然寬博其少者噦噦然閑習少長皆有儀君所所以安也六章莞蒲席也竹葦曰簟下莞上簟下鋪蒲席上施簟席也鄭玄謂鋪席與羣臣安燕董鼎駁之云

案司几筵。莞筵蒲筵則有之。而葦竹無施於廟。則知所以爲寢也。羆如熊黃白文。虺蛇之屬。言寢旣成設莞簟而寢於其中。乃興而占其夢。維熊維羆。維虺維蛇。此四者夢之吉祥也。不曰夢吉。而曰吉夢。蓋先有其吉。而因以夢徵之也。**七章** 大人。大卜之屬。占夢之官也。熊羆在山。陽之祥也。故爲生男。虺蛇穴處。陰之祥也。故爲生女。或曰。夢之有占何也。曰聖人之治天下。惟安天下之人。而已。故仍其俗。不變其成。蓋當時有是俗。先王仍建之官。苟治之以道。則凡事莫非敎之所存焉者。是則下者大心之政也。周禮所載。可以見已。後儒或疑其不經者。自是理學之拘見耳。安足以知之。**八章** 喤喤。大聲也。芾者。天子純朱。諸侯黃朱。皇猶煌煌也。君。諸侯也。此與下章。皆未然事。蓋因夢兆而卜將然。是禱祝之辭也。古者男女初生。即表異之。男子初生。而臥於牀。尊之也。以璋配裳。臣之職也。王之子。而言臣職者。言無生而貴也。是故帝子必入大學。承師問道。齒于國子。知爲臣。然後可以爲君也。其泣喤喤。福壽之祥也。服朱芾煌煌。有室有家。爲諸侯爲王。男子之能事畢矣。**卒章** 傳云。瓦紡塼也。

黄震云。今所見紡無用塼者。恐風俗古今不同爾。嘗見湖州風俗婦人皆以麻線爲業。人各一瓦覆膝而索麻線於其上。歲久瓦率成坎。古亦豈有此事。而詩人因指之與。郝郡云。紡用瓦鎮車。未知孰是。言女子初生而臥於地。卑之也。以示天尊地卑之義。非賤之矣。衣之以裼弄手足而褁之。示無外務也。弄之以瓦。習其所有事也。婦人無所專於家事。有非非婦人也。有善亦非婦人也。質亦無威儀也。婦人之事唯酒食是議。爾無遺父母之憂則可矣。易云。無攸遂。在中饋貞吉。此之謂也。蔓餘云。南山不改。斯干如故。而武以之興。厲以之衰。宣以之中興。未幾而幽又以之敗。則地靈果足憑耶。竹苞松茂。攸躋攸寧之宮。盡爲禾黍。似續之謂何。想宣王未暮怠政。自以爲已光復舊物。無復貽謀之思。但以一身爲似續耳。詩人欲其以子孫爲似續。篇末男女之頌禱爲旨深矣。

## 無羊宣王考牧也

誰謂爾無羊。三百維羣。誰謂爾無牛。九十其犉。黃牛黑脣曰犉。爾
羊來思。其角濈濈。聚其角而息濈濈然。爾牛來思。其耳濕濕。呞而動其耳濕濕
然。○或降于阿。或飲于池。或寢或訛。訛動也。爾牧來思。何蓑
何笠。或負其餱。何揭也。蓑所以備雨。笠所以備暑。三十維物。爾牲則具。異毛
色者三十也。○爾牧來思。以薪以蒸。以雌以雄。爾羊來思。矜矜
兢兢。不騫不崩。矜矜兢兢以言堅彊也。騫虧也。崩羣疾也。麾之以肱。畢來既升。
肱臂也。升升入牢也。○牧人乃夢。衆維魚矣。旐維旟矣。大人占之。衆
維魚矣。實維豐年。陰陽和則魚衆多矣。旐維旟矣。室家溱溱。溱溱衆也。旐旟
所以聚
衆也

無羊四章章八句。

案。厲王之時。牧人之職亦廢。宣王中興。百廢具舉。至此牧事有成。故孔子曰。於無羊見善政之有應也。詩首以誰謂發端。見昔凋耗。而今蕃阜焉。羊三百頭爲羣。一羣三百。則不知其羣之有多少也。牛。犉牰犚犍非一。犉者九十。則亦不知其不犉者之數也。來者。自外而來歸也。即與羊牛下來之來同。思語辭。濈通作戢。濈斂聚也。羊前其骼以觸者也。故以其角齊聚爲善。濕濕潤澤也。牛呞則動耳。以其用力。故耳濕也。病則不呞而耳燥。言牛羊之下來也。其角濈濈。其耳濕濕。牧人得其人。而畜產得其所也。二章。阿。曲阜也。爾。牧指牧。養羊牛之人與卒章。牧人不同。何通作荷。物。毛物也。三十維物。每色之物皆有三十也。牛羊降澤飲池。或寢或訛。道無所驚畏也。爾牧之來歸也。荷蓑笠。負餱糧。以見山谷之間從其所適。以順其性而牧養焉。祭祀之牲。當用五方之色。牛羊之異色者三十。則女之祭祀索則有之。蓋至爾牲則具。而牧人之職克舉矣。三章。麤曰薪。細曰蒸。詩故云以薪以蒸游牧也以雌以雄別羣也皆牧法也貫思褫言牧羊者須緩驅游行勿令停息乃能肥充故且牧且取薪大率十羊二羝羝少則不孕多則亂羣故必別羣羊性陵矜不讓競先爭歸故曰矜矜兢兢矜矜兢兢是堅彊也騫少損也故傳訓虧也崩全壞也羊有疾輒相汙故以爲羣疾以手麾曰麾爾羊下來矜矜兢兢則知其擧羣無病不損壞矣麾之以臂畢來升入牢進擾馴從人意也此章言羊而不言牛者羊善耗敗者也羊不耗敗則牛可知矣**卒章**牧人官名統牧養牛羊者衆維魚矣但言魚之多也陸佃云春魚遺子如粟埋於泥中明年水及故岸皆化而爲魚遇旱乾水不及故岸則其子爲日暴乃生飛蝗是陰陽和則魚衆多矣故夢魚實維豐年之祥也旐旟所以聚衆也說見周禮故夢旐旟人民衆多之象也男有室女有家而後子孫蕃育故曰室家溱溱此牧成而考之之詩也故以吉祥終之以牧人之夢言吉祥如斯干之室成而考之以人君之夢言吉祥也是當時之俗耳鄒忠胤云詩人點綴中興富庶之兆如此向使千畝之籍時修太原之民不料此豐年溱

湊者正未有艾矣或云庭燎爲箴宣王沔水爲規鶴鳴爲誨誨之不可而後祈父白駒黃鳥行野諸篇覆用爲刺若是乎宣之鮮終也然則斯干無羊何獨繫什野後豈既刺矣又追數其美耶愚謂此不然呂祖謙云斯干無羊皆宣王初年之詩也其次於刺詩之後者蓋宣王晚年雖怠於政然中興盛業豈可掩乎故特取此二篇以終之云爾

鴻鴈之什十篇三十二章二百三十句

節南山之什詁訓傳第十九

節南山家父刺幽王也

節彼南山維石巖巖興也節高峻貌巖巖積石貌赫赫師尹民具爾瞻憂心如惔不敢戲談赫赫顯盛貌師大師周之三公也尹尹氏爲大師具俱瞻視惔燔也國

既卒斬何用不監。卒盡。斬斷。監視也。○節彼南山有實其猗。實滿。猗長也。赫赫師尹不平謂何。天方薦瘥喪亂弘多。薦重。瘥病。弘大也。民言無嘉憯莫懲嗟。憯曾也。○尹氏大師維周之氐秉國之均。四方是維天子是毗俾民不迷。氐本。均平。毗厚也。不弔昊天不宜空我師。弔至。空窮也。○弗躬弗親庶民弗信弗問弗仕勿罔君子。庶民之言不可信。勿罔上而行也。式夷式已無小人殆。式用。夷平也。用平則已無以小人之言至於危殆也。瑣瑣姻亞則無膴仕。瑣瑣小貌。兩壻相謂曰亞。膴厚也。○昊天不傭降此鞠訩。昊天不惠降此大戾。傭均。鞠盈。訩訟也。君子如屆俾民心闋。君子如夷惡怒是違。屆極。闋息。夷易。違去也。○不弔昊天

亂靡有定式月斯生俾民不寧憂心如酲誰秉國成（病酒曰酲）成平也

不自爲政卒勞百姓◯駕彼四牡四牡項領（項大也）我瞻四方蹙蹙靡所騁（騁極也）◯方茂爾惡相爾矛矣（茂勉也）既夷既懌如相醻矣（懌服也）◯昊天不平我王不寧不懲其心覆怨其正（正長也）◯家父作誦以究王訩（家父大夫也）式訛爾心以畜萬邦

節南山十章六章章八句四章章四句

案節彼南山維石巖巖衆目之所矚故興赫赫師尹民具爾瞻憂心如惔家父自爲也故孔子曰於節南山見忠臣之憂世也不敢戲談言不敢以談爲戲猶云不敢不以正告也言大師顯盛下民俱仰爾而擬可不愼乎

吾今視時勢憂心如燔國既將盡斷矣爾何用不監察于王任之以國成刺尹氏即所以刺王也

二章

滿于山者艸木是也謂何者訝而詰之之辭薦通作荐天之所降瘥以人則死喪以世則禍亂故曰喪亂嘉美懲創也言節彼南山艸木滿而其長以喻大師才智當優長也赫赫師尹爲政不平謂之何哉蘇轍云秉政者不平均則人之榮瘁勞佚有大相絕者矣是以神怒而重之以喪亂人怨而謗讟其上不復聞美言然尹氏曾不懲創咨嗟求所以自改也

三章

氏本星名天根也故借以訓本也秉國之均謂居權衡之任也維持也弔訓至益如神之弔矣之弔不弔吳天謂不見愍於吳天也師衆也王安石云朝廷以尊官爲氏氏者安危存亡所出也大師者尊官也故曰維周之氏秉權衡以維制四方天子以是厚民倚之不迷乃其職也今天方薦瘥是不見弔於吳天也不宜使此人居尊官困窮我之衆民也韓詩外傳云上陳之教而先服之則百姓從風矣躬行不從而後俟之以刑則民知罪矣夫一仞之牆民不能踰百仞之山童子升而遊焉陵遲故也今其國均不平可謂

紀綱陵遲矣。民能無弗踰乎。侯之以刑。則豈不困窮我之衆哉。【四章】王委政於尹氏。尹氏又委政於姻亞之小人。故曰弗躬弗親。仕察也。君子指王也。式已言惟如此而已。小人即下文瑣瑣姻亞是也。位高則祿厚。故謂之膴仕。言弗躬弗親。則信僞不審。庶民之言不可信。弗問弗察。則是非不明。勿罔上而行也。爲政惟用平則已矣。無以小人之言至於危殆也。瑣瑣姻亞則無置之高位也。詩志云。末世功名之一途。只爲父母妻子顯榮親戚朋友倚庇已耳。上而君下而民。則置不問。讀四方是維天子是毗一語。能不悚然。尹氏亦徒爲姻亞計者耳。【五章】昊天不傭。猶云天命靡常也。書云。皇天無親。惟德是輔。夫有德天福之。則不德亦天禍之矣。故曰不傭。鞠訩盈。盈猶多也。上之所令。下不服則斯訟矣。即下文惡怒是也。多訟亂之所以由也。昊天不惠。謂不見惠於昊大也。戾乖也。大戾即二章喪亂弘多是也。君子與上章君子同。届訓極。極即至也。惡怒之極至於怒。故曰惡怒。上四章皆爲尹氏言。至此章乃歸責於王。言王之政不平。故昊天降此鞠訩。降此大戾。王如問仕至於此。則民之鞫訓息矣王如行平易之政則民之惡怒去矣夫權奸之播非能令君信之其黨與即心疑之而未嘗不外信之其士大夫又未敢顯然不信之而無忌無畏彼其奸而亡其私者惟此庶民耳故不平之應先見諸謳謡焉

**六章** 定止也式用斯生言月月益甚也憂心如酲家父自道也誰秉國成怨聞之辭言不平於昊天喪亂未有所止式月斯益甚而俾民不寧我爲之憂心如病酒之未醒也誰秉國成者乃使至於此也是王不自爲政故卒勞百姓如此蓋歸咎于王也

**七章** 蹙蹙縮小之貌騁訓極極即至也言駕四牡之項領我瞻四方日見侵削蹙蹙然無可至之地也夫駕彼四牡則非不能取遠矣四牡項領則非馬力之瘠矣而蹙蹙靡所騁見日見侵削於夷狄焉立言之妙如此

**八章** 茂訓勉勉勉勸也爾指尹氏相視也言方勸爾改行而相惡則視爾矛矣不可向邇既相平既懌服則相與歡然如賓主飲酒相醻酢也其喜怒無常如此

**九章** 昊天不平言天怒也我王不寧言王危也覆猶背也言師尹不平遂致昊天之怒俾我王不寧天怒君危而曾不懲創而改其心故下民皆背

怨其君長也蓋言鞫訩也卒章究窮訩化也爾亦指尹氏畜養也言家父作此詩而誦之以窮王政所以致鞫訩之由冀式化爾心以畜養萬邦也孔安國云詩人之情不一或微加諷諭或指斥愆咎或隱匿姓名或自顯官字家父盡忠竭誠不憚誅罰故自載字焉寺人孟子亦此類也然此詩主諫尹氏而非諫王故無嫌自稱其字

正月大夫刺幽王也

正月繁霜我心憂傷正月夏之四月繁多也民之訛言亦孔之將將大也念我獨兮憂心京京哀我小心癙憂以痒京京憂不去也癙痒皆病也○父母生我胡俾我癒不自我先不自我後父母謂文武也我我天下癒病也好言自口莠言自口莠醜也憂心愈愈是以有侮愈愈

憂懼也○憂心惸惸念我無祿惸惸憂意也民之無辜并其臣僕古者有罪不入於刑則役之圜土以爲臣僕哀我人斯于何從祿瞻烏爰止于誰之屋富人之屋烏所集也○瞻彼中林侯薪侯蒸中林林中也薪蒸言似而非民今方殆視天夢夢王者爲亂夢夢然既克有定靡人弗勝勝乘也有皇上帝伊誰云憎皇君也○謂山蓋卑爲岡爲陵在位非君子乃小人也民之訛言寧莫之懲召彼故老訊之占夢故老召之訊問也具曰予聖誰知烏之雌雄君臣俱自謂聖也○謂天蓋高不敢不局謂地蓋厚不敢不蹐維號斯言有倫有脊局曲也蹐累足也倫道脊理也哀今之人胡爲虺蜴蜴螈也○瞻彼阪田有菀其特言朝廷曾

無僕臣天之扤我如不我克扤動也彼求我則如不我得執我
仇仇亦不我力仇仇猶謷謷也○心之憂矣如或結之今茲之正
胡然厲矣厲惡也燎之方揚寧或滅之滅之以水也赫赫宗周褒
姒威之宗周鎬京也褒國也姒姓也威滅也有褒國之女幽王惑焉而以爲后詩人知其必滅周也○
終其永懷又窘陰雨窘困也其車既載乃棄爾輔大車重載又棄其輔
載輸爾載將伯助予將請伯長也○無棄爾輔員于爾輻員益也
屢顧爾僕不輸爾載終踰絶險曾是不意○魚在于沼亦
匪克樂潛雖伏矣亦孔之炤沼池也憂心慘慘念國之爲虐
慘慘猶戚戚也○彼有旨酒又有嘉殽殽言禮物備也洽比其鄰昏姻孔

云洽合鄰近云旋也是言王者不能親親以及遠念我獨兮憂心慇慇慇慇然痛也佌佌彼有屋蔌蔌方有穀佌佌小也蔌蔌陋也民今之無祿天夭是椓君天之在位椓之哿矣富人哀此惸獨哿可獨單也

正月十三章八章章八句五章章六句

案竹書紀年云幽王四年夏六月隕霜詩人詠繁霜益非空言矣夏之四月建巳之月於周爲六月是月也純陽用事爲正陽之月故謂之正月訛言謂譸張爲幻以罔上惑衆也夫純陽之月而霜多豈非大戾洪範所謂急恒寒若之異也詩人之憂固非一日之積矣不徒憂繁霜也又憂民之訛言之訛者好莠無常能使薪蒸眩其視崇卑移其位雌雄淆其辨清寧失其家如下各章所云亦孔之大矣而舉朝不之覺也獨我念之憂心京京不已哀乎我小心痛憂以至於病也二章斯民也文武之所以造生也胡俾我遭此暴虐而病此何不出

我前居我後而適當我身也自傷我生之不幸也好言自女口出醜言亦自女口出好醜同出一口而其好巧不可倪也我爲之憂心愈愈終與訛言者殊塗是以有見侵侮也**三章**無祿猶言不幸也左傳云無祿獻公即世是也斯語辭從祿言從食祿也言憂心惸惸自傷我不幸值今生也民之無罪亦幷罪之以爲臣僕將國亡哀乎我人斯從何人而受祿乎瞻烏爰止不知于誰之屋蓋言不知天命歸於何所民將歸有德之人也**四章**侯維殆危也視天言上之所爲下仰之譬如視天也爾雅云夢夢亂也皇上帝謂天也夫林中大木之處也自外瞻之其樹如大木焉而就諦之則維薪維蒸以喻朝廷在位似賢而非也民今方危殆視王之所爲夢夢然亂既克有定之者一朝爲之所乘矣上有昭昭皇上帝伊誰其所憎者言天憎暴虐必降之喪亂也**五章**山脊曰岡廣平曰陵懲止也故老元老也具俱也凡烏之雌雄多以首尾毛色不同而別之惟烏之雌雄相似而難辨故引以爲喩言謂山蓋卑反以爲岡爲陵以喻謂賢爲不肖也而其所賢在位非君子乃小人也民之訛

言如此而曾莫之止也侮慢元老召之不問政事但問
占夢信徵祥之甚也班固有言惑者不稽諸躬而忌妖
之見是以詩刺召彼故老訊之占夢傷其舍本而憂未
不能勝凶咎也其君臣俱自謂予聖巧言亂眞如烏之
雌雄誰能別其是非乎夫具曰予聖則滿朝師心自用
誰知烏之雌雄則是非顚倒莫辨君子欲不局天蹐地
得乎益爲次章張本六章蹐小步也步小而輕則必累
足故訓累足鄭玄云虺蜴之性見人則走言遭世之亂
天高而不敢不曲身地厚而不敢不累足此言上下畏
罪而無所自容也亂世之景況大率如此民之號呼而
發此言誠有道理是非誕矣哀乎今之人胡爲虺蜴之
態也孔子讀詩于正月六章惕焉如懼曰彼不達之君
子豈不殆哉從上依世則道廢違上離俗則身危時不
興善己獨由之則曰非妖即妄也賢者既不遇時恐不
終其命焉桀殺龍逢紂殺比干皆是類也七章阪田崎
嶇墝埆之處菀茂盛之貌特謂茂特之苗也扤我我克
皆我特苗也克勝也彼指王也力謂汝力瞻彼阪田有
菀然茂特之苗以喩賢者在側陋也賢者在側陋則朝

廷曾無傑臣可知矣天之以風雨搖動我如惟恐不我勝以喩徵召之甚急迫也方其求我以爲法也如惟恐不我得既執我也待我謷謷曾不使我得以效力于國也是以不棄棄之耳書所云未見聖若已弗克見既見聖亦不克由聖也蓋有貪賢之名而無用賢之實則非眞欲爲法矣大氐亂世之求賢多如此

**八章** 或猶有也玆此正政也火田爲燎揚謂熾也威訓滅陸德明云齊人語也言我心之憂矣如有結之者今此政胡如是暴惡矣蓋不曰政而曰正政者正也而正胡爲厲燎之方熾水以滅之興赫赫宗周褒姒將滅之也歐陽修云上七章皆述王信訛言亂政至此始言滅周主於褒姒謂王溺女色而致昏惑推其禍亂之本以歸罪也

**九章** 此及下章皆以商人之大車爲喩終其永懷猶云永思其終也孔穎達云考工記車人爲車不言作輔輔是可解脫之物蓋如今人縛杖於輻以防輔車也張文潛云輔之爲物有功於車而非車也考一車之物而輔不與焉然止六轡謹輪輻僕在前馬伏軛而輔不至則車不安輸墮也幽王日爲淫虐譬如大車載物而行於險嵓以

車之載物，喻王之任國事也。陰雨則泥濘，而車易以陷也。故言君子永思其終，又困於陰雨矣。其車既重載，又棄其輔，喻國多難而遠賢也。及則隕女之載，乃請長者求見助，亦已晚矣。【十章】朱熹云：輔，所以益輻也。益輪輻車中所有，故以喻政。輔則車外之物，故以喻賢。顧猶視也。僕，將車者也。比當時用事者。此承上章言，若能無棄爾輔，以益其輻，屢視爾僕，則庶幾不墮爾之載矣。終是踰陷絕之險，而曾不以爲意也。其覆敗必矣。此二章復借商車以明救亂之道。惓惓然憂君愛國之意，有不忍恝然者。此詩之所以爲厚也。【十一章】上章既言以賢者爲輔，則庶幾免覆敗。此章言若能求賢，賢者可致也。亦詩人惓惓之義也。魚在于沼，喻賢者隱居於幽處也。而是豈其好乎哉？以道不行故爾，故曰亦匪克樂。夫賢者潛雖伏矣，其德音孔之炤，非無所求也。其心慘慘然憂思國之爲虐，則非不欲效力於國矣。但不眞求賢，亦不我力耳。蓋本第七章而言也。【十二章】彼與七章彼求我則之彼同。彼有旨酒，有嘉殽，禮物備矣。然惟合比其鄰近左右與鎖鎖昏姻相與周旋宴樂而已。不能親親以及遠與鹿鳴南有嘉魚殊矣獨我念之憂心慇慇然痛孔叢子云昔人有言燕雀處屋子母相哺呴呴然其相樂也自以爲安矣竈突炎上棟宇將焚燕雀怡不變不知禍之將及也今國勢如此而不知求賢以防輔冷鄰姻云飲酒相樂其爲燕雀也甚矣卒章仳仳蔌蔌皆謂王所用之小人也穀祿也天與四章視天夢夢之天同天禍椓擊也言仳仳彼小人有屋富矣蔌蔌陋者有祿貴矣今民之不幸君天禍之在位椓擊之其富人猶可勝也哀乎此惸獨何以勝之呂祖謙云困苦之甚者又就其間自較其輕重故曰哿矣富人哀此惸獨使民至是甚可憐矣

十月之交大夫刺幽王也

十月之交朔日辛卯日有食之亦孔之醜（之交日月之交會醜惡也）彼月而微此日而微（月臣道日君道）今此下民亦孔之哀○日月告

凶不用其行四國無政不用其良彼月而食則維其常此日而食于何不臧○爗爗震電不寧不令爗爗震電貌震雷也百川沸騰山冢崒崩沸出騰乘也山頂曰冢高岸爲谷深谷爲陵言易位也哀今之人胡憯莫懲○皇父卿士番維司徒家伯維宰仲允膳夫聚子内史蹶維趣馬楀維師氏豔妻煽方處豔妻褒姒美色曰豔煽熾也○抑此皇父豈曰不時胡爲我作不卽我謀徹我牆屋田卒汙萊時是也下則汙高則萊曰予不戕禮則然矣○皇父孔聖作都于向擇三有事亶侯多藏皇父甚自謂聖向邑也擇三有事有司國之三卿信維貪淫多藏之人也不憖遺一老俾守我王擇有車馬以居徂

向○黽勉從事不敢告勞無罪無辜讒口囂囂下民之孽匪降自天噂沓背憎職競由人噂猶噂噂沓猶沓沓職主也○悠悠我里亦孔之痗悠悠憂也里居也痗病也四方有羨我獨居憂羨餘也民莫不逸我獨不敢休天命不徹我不敢傚我友自逸徹道也親屬之臣心不能已

十月之交八章章八句

案宋儒皆以十月建亥純陰之月辛卯又純陰之日此時日食尤爲大變夫日食自是變之大者詩人不過紀其支干如春秋書月書日例耳藉非純陰遂可目爲常事乎且假夏時以記周變何以徵實詩人意必不爾故十月乃建酉月也鄭箋是也又竹書紀亦云幽王六年冬十月辛卯日有食之正與鄭說合傳云之交日月之

交會也謂朔也周天三百六十五度四分度之一日月皆右行于天一晝一夜日行一度月行十三度十九分度之七二十九日有餘而月行天一周追及於日而與之會交會而日月同道則食月或在日道表或在日道之裏則不食矣又曆家爲日月交會之法大率以百七十三日有奇爲限然月先在裏則依限而食者多若月在表雖依限而食者少杜預見其參差乃云日月動物雖行度有大量不能不少有盈縮故有雖交會而不食者或有頻交而食者此得之矣日有食之者月食之也何休云不言月食之者其形不可得而覩故疑言日有食之蓋言若有物食之也微不明也言彼食而不明也言十月朔日日月交會而日食是陰侵陽臣侵君之象也其異孔可醜惡夫月臣道也彼月而微則固其所日君道也此日而微則非其常君臣失道災害將生災害一起天下蒙毒故今此下民亦甚可哀孔穎達云日月之食於算可推而知之則是雖數自當然而云爲異者人君位貴居尊恐其志移心易聖人假之靈神作爲鑒戒耳夫以昭昭大明照臨下土忽爾殲亡俾晝作夜其爲

怪異莫斯之甚故有伐鼓用幣之儀旣膳去樂之數皆所以重天變警人君者也而天道深遠有時而驗或亦人之禍釁偶與相逢故聖人得因其變常假爲勸戒使智達之士識先聖之深情中下之主信妖祥以自懼但神道可以助教而不可以爲教神之則惑衆去之則害宜故其言若有若無其事若信若不信期於大通而已矣

**二章** 日月告凶兼日食月食而言行道度也不用行者謂相干犯也于何不臧猶言一何不善也言日月不用其常行之道以告凶災者蓋四方之國無政理不用其善人也夫月食旣非常矣而比之日食猶常也准此日而食一何不臧乎春秋日食必書而月食則無紀焉蓋亦以此爾左傳晉侯問於士文伯曰詩所謂此日而食于何不臧者何也對曰不善政之謂也國無政不用善則自取讁於日月之災故政不可不愼

**三章** 寧安令善也卒危高也案竹書紀幽王三年冬大震電是時也雷當收聲而爗爗然震電是天下不安政教不善之徵也百川沸出而相乘山頂崒然者崩落小人橫行君道敗衰之徵也高岸爲谷深谷爲陵君子小人易位之徵

也國家將亾。災異先出哀哉今之人。何爲曾莫懲創也
詩人不指幽王而曰哀今之人微而婉也鄭忠胤云朱
熹以十月而雷電爲災異之甚此亦據夏正爲言若周
正十月建酉雷故當收聲然猶未爲甚異况此與日食
原非並時事按竹書紀幽王二年涇渭洛竭岐山崩即
周語所云三川皆震川竭山必崩者也三年冬大震電
四年夏六月隕霜六年冬十月辛卯朔日有食之夫三
川震即此詩之百川沸騰岐山崩即此詩之山冢崒崩
大震電即此詩之爗爗震電而日食乃在六年冬詩人
蓋因日食而追數之。若曰昔年天已示變如此胡不少
悛改而復致天象于今也。山崩川竭已是亡國之徵况
冬電夏霜頻仍不已又繼之以日食乎【四章】皇父稱號
也猶太公望號師尚父管仲稱仲父也竹書紀幽王元
年錫太師尹氏皇父命是也皇父即尹氏也卿士謂王
卿之執政者左傳鄭武公莊公爲平王卿士是也番棸
蹶楀皆氏家伯仲允皆字。司徒掌邦教宰冢宰也掌邦
治皆卿也朱本呂本皆維宰作冢宰非也鄭箋以爲冢
宰王肅以爲小宰。是註家有兩說則古本作維宰可知

矣膳夫上士也掌王之食飲膳羞內史中大夫也掌爵祿廢置殺生予奪之法趣馬下士也掌王馬之政師氏亦中大夫也掌司朝得失之事司徒當在宰下而序于其上膳夫趣馬以士而各序于大夫之上者蓋便文以取韻耳方處言方處勢未變徙也此言所以致變異者由小人用事於外而豔妻蠱惑王於內故也特著其姓字者所以深疾也

五章此皇父興役築都邑而徙民民怨之之辭鄭玄云抑之言噫噫此皇父疾而呼之也作役作也即就徹毀也汙者池停水之名萊者草穢之名下田可以種稻無稻則爲池高田可以種禾無禾則生草萊殘也言噫女皇父豈曰己所爲不是乎言其不自知惡也何爲役我徙我不先與我謀乎蓋三代之君不敢鄙夷其民以從己之欲每有興作謀及庶民如盤庚遷殷登進厥民而告故曰胡爲我作不即我謀乃遽徹毀我牆屋令我不得趨農田卒爲汙萊乃反曰予非欲殘敗女田業下供上役禮則然矣其託辭文過有如此者

六章都大邑也周禮畿內大都方百里小都方五十里皆天子公卿所封也禮畿內諸侯一卿擇　有事旨

其僃也亶信也多藏多藏財貨者愁者心不欲自殭之
辭不憖遺一老言不自殭遺　老成人也徂往也以居
徂向猶言以往居向也此倒文法也言皇父甚自謂聖
心無所憚作都于向擇立三卿以比列國諸侯其所擇
信維貪淫多藏之人也鄭忠風云向在東都畿內而此
時周尚都西鎬皇父既總執朝權何旨舍此而徂彼大
亦見西戎方殭王室方騒自知負天下之怨而營狡窟
以自固耶且如鄭桓公亦賢司徒也懼周難之及謀何
所可以逃死乃東寄孥與賄於虢鄶蓋當時諸侯皆有
鄢鄔之營焉而皇父實爲之倡故曰不憖遺一老俾守
我王其背公植私如此又擇民之富有車馬者以往居
于向言豐實私邑也七章囂囂衆多貌孽妖孽也甾害
過常水溢山崩之類皆是也噂噂聚語也沓沓語多重
復也噂沓背憎言讒口之狀也言黽勉以從王事不敢
告勞者無罪無辜皆爲讒口所愬蓋言忠臣不撓衆枉
則橫罹讒毀也天之降下民妖孽實匪降自天噂噂沓
沓相對談笑背則憎毒讒言害忠良是以致此妖孽是
本尊之競起由人也耳八章四方有羨謂去王朝而營

處于四方如皇父之爲者逸逸豫也爾雅云命告也天告不道卽日月告凶山崩川竭是也我友謂僚友也當是之時天下皆病矣而悠悠我之居憂特亦孔之病四方有饒餘而我獨居憂衆皆逸豫而我獨不敢休息比年謫見于天我甚恐懼不敢傚我友之自逸也此親屬之臣心不能已也按鄭玄以此篇爲刺厲非刺幽其說云節彼刺師尹不平此篇譏皇父擅恣正月惡褒姒滅周此篇疾豔妻煽處又幽王時司徒乃鄭桓公友非此篇所云番也是以知然歐陽修駁之曰幽王在位十一年至其八年始以友爲司徒就使番不爲幽王司徒亦安知爲厲王司徒也謂褒姒非王后不得稱妻遂以豔妻是厲王之后就使褒姒不稱妻亦安知豔妻爲厲王后也使厲王因豔妻用事以致亂以國語史記不應都沒而不見旣無所見鄭玄何從知之又以皇父等七子皆是后之親黨是皆其臆說之謬妄者今觀鄭氏之謬妄辨之誠不勝辨卽考申后以幽王五年廢則褒姒已輒立爲后矣日食在六年此詩之作在日食後褒姒正位中宮已久而鄭玄尚疑其不得稱妻何耶

雨無正大夫刺幽王也雨自上下者也衆多如雨而
非所以爲政也
浩浩昊天不駿其德降喪饑饉斬伐四國駿長也穀不熟曰饑蔬不熟曰
饉昊天疾威弗慮弗圖舍彼有罪既伏其辜若此無罪淪
胥以鋪舍除淪率也○周宗既滅靡所止戾戾定也正大夫離居
莫知我勩勩勞也三事大夫莫肯夙夜邦君諸侯莫肯朝夕
庶曰式臧覆出爲惡覆反也○如何昊天辟言不信如彼行
邁則靡所臻辟法也凡百君子各敬爾身胡不相畏不畏于
天○戎成不退飢成不遂曾我暬御憯憯日瘁戎兵遂安也暬御侍

御也瘁病也

凡百君子莫肯用訊聽言則答譖言則退

以言進退人也

○哀哉不能言匪舌是出維躬是瘁

哀賢人不得言不得出是舌也

哿矣能言巧言如流俾躬處休

哿可也可矣世所謂能言也巧言從俗如水轉流

○維曰于仕孔棘且殆云不可使得罪于天子亦云可使怨及朋友

于往也

○謂爾遷于王都曰予未有室家

賢者不肯遷于王都也

鼠思泣血無言不疾

無聲曰泣血無所言而不見疾也

昔爾出居誰從作爾室

遭亂世義不得去思其友而不肯反者也

雨無正七章二章章十句二章章八句二章章六句

案浩浩廣大貌四國四方之國也疾迅也疾威言天怒之迅烈可畏也胥皆也鋪徧也言幽王所下教令煩苛衆

多而無正浩浩昊天爲此不長其德降此死喪饑饉之災以戕害四方之人夫天以仁覆閔下爲德者也故又謂之旻天今旻天而疾威如此而王曾漠弗慮弗圖舍彼有罪可伏其辜者反不問矣若此無罪之人相率皆以偏得罪也序所謂非所以爲政是已鄒忠胤云韓詩篇首有雨無其極傷我稼穡二句元城劉氏葢嘗及見之或謂前二章皆十句今遽增之則長短不齊愚意此十二句當分爲二章其韻乃叶顧韓詩首二句何以不載於毛詩曰失之也自毛氏失之乎曰前此矣漢專門之學各習其師前此失之而毛氏無從見也所受然也或曰得非孔子刪之乎使孔子刪之則并無其目矣今存其目則知孔子未嘗刪也意非刪非逸秦火之後有脱句焉葢亦如鄭詩東門之墠耳

**二章** 周宗宗周也謂鎬京也正大夫六官之長皆上大夫也離居謂營處于四方若皇父之居向也我不去者自我也葢親屬之臣也三事大夫三事之屬大夫也何楷云三事鄭玄以爲三公殊無據按周書立政云任人准夫牧作三事周官云三事暨大夫敬爾有官亂爾有政則明指六卿而言

因六卿職掌六典皆爲天子理事故以任人稱皆爲天子守法故以准夫稱皆爲天子愛民故以牧稱著其職業所在非官名也二事之屬各有中下大夫夙夜者早夜在公以供職業也朝見曰朝夕見曰夕曰粤通發語辭臧善也言宗周將有滅亡之禍喪亂饑饉靡所止定矣我獨憂之而正大夫皆離居莫知我勞三事之大夫莫肯夙夜以勤王事者邦君諸侯莫敢朝夕以省王者庶幾王之粤自改悔以爲善政反出教令復爲惡也

三章如何昊天呼天而愬也凡百君子王正大夫羣而言不欲斥之故汎指之也言如何乎昊天先王之法言王曾不之信也其所爲如彼行邁而靡所臻也凡百在位當各敬爾身爾身是供天職者也胡爲離居而莫相畏乎是不畏于天也夫王者受天命有天下故法天而治天下奉天道以行政教羣臣居其官者敬天以供天職古之道也

四章憯憯憂貌訊問也言兵寇已成而不禦而退之外患日將偪饑饉已成而不恤而安之民生日將瘁曾但我侍御小臣日憂之而至於病而已凡百在位莫肯問之凡事惟讒佞是聽聽其言則進之讒其人

則退之。言惟以言進退人也。五章 哀哉傷時之辭。言王信讒好佞。讒佞害忠良。故賢者不得言。匪舌是出維躬是瘁。猶云言未脫於口而禍已隨之也。可矣世所謂能言也。巧言從俗。旋轉無滯。如水轉流。善使非是能使邪正。故俾其躬處於休息安樂之地也。衰亂之朝。忠良屈下。奸佞得志。類如此。六章 棘急也。朋友謂同僚也。言人皆曰往仕耳。然仕途孔急且危。執正守義則云不可使矣。將得罪于天子。阿諛順旨則亦云可使矣。將見怨于朋友。蓋得志於君則不免於同僚忌怨也。臣工不和。轉相非怨。衰世之情態皆如此。卒章 朱熹云鼠思猶言癙憂也。人淚必因悲聲而出。若血出則不繇聲也。今無聲而涕出如血之出。故曰泣血。言幽王無道。賢者出去朝廷。其友義不得去者思之。謂曰爾可復遷于王都。去者不聽。托於無家以拒之。但痛憂泣血而不敢言其情。以當時無所言而不見憎毒也。所謂無家者則非其情也。故詰之曰昔爾之出居也。誰從爾作室宅於彼乎。出既能作室。則還何患無家哉。

小旻大夫刺幽王也

旻天疾威敷于下土敷布也謀猶回遹何日斯沮回邪遹辟沮壞也謀臧不從不臧覆用我視謀猶亦孔之邛邛病也○潝潝訿訿亦孔之哀潝潝然患其上訿訿然不思稱其上謀之其臧則具是違謀之不臧則具是依我視謀猶伊于胡底○我龜既厭不我告猶猶道也謀夫孔多是用不集集就也發言盈庭誰敢執其咎謀人之國國危則死之古之道也如匪行邁謀是用不得于道○哀哉爲猶匪先民是程匪大猶是經維邇言是聽維邇言是爭古曰在昔昔曰先民程法經常猶道邇近也爭爲近言如彼築室于道謀是用不潰于

成（潰，遂也）○國雖靡止，或聖或否。民雖靡膴，或哲或謀，或肅或艾（靡止，言小也。人有通聖者，有不能者，亦有明哲者，有聰謀者。艾，治也。有恭肅者，有治理者）。如彼泉流，無淪胥以敗○不敢暴虎，不敢馮河。人知其一，莫知其他（也。馮，陵也。徒涉曰馮河，徒搏曰暴虎。一，非也。他，不敬小人之危殆也）。戰戰兢兢（戰戰，恐也。兢兢，戒也），如臨深淵（恐墜也），如履薄冰（恐陷也）。

小旻六章，三章章八句，三章章七句。

案：旻天疾威，解見上篇。猶，道也。言天怒迅烈，敷災于下土，宜恐懼而改圖矣，而王心猶未悛，謀猶邪僻，何日斯壞止矣。謀之善者不從，其不善者反用之。我視其謀猶，我心亦孔之病矣。鄭忠亂云：小旻作於幽王之世，與召旻相表裏。彼云「潰潰回遹，靖夷我邦」，此謀猶回遹所自來也。國語史伯策周之必弊，謂其棄和而與剸同，猶之聲一無聽色一無文味一無果物一不講此正所謂舍臧而用不臧者夫臧者不從則誰復效其嘉謨不臧覆用則誰不逞其臆見耶二章爾雅云潝潝訿訿莫供職也傳云潝潝然患其上訿訿然不思稱其上益解其意也孔穎達云專權爭勢與上爲患背公營私不思稱其上皆是不供職之事也召旻訓訿訿爲窳不供事也其義皆同具俱通于往底至也言小人專權潝潝然自作威福訿訿然不思稱上事臣行如此不亂何待甚可哀也謀之善者羣小議而俱是違謀之不善者皆附和而俱是依我視今之謀猶伊往行而將何所至乎言必至于亂也三章昏闇之主不務人事而卜筮數瀆龜亦既厭之矣故不我告所謂謀事者甚衆而是非相奪是用所爲終不就矣訩訩盈庭而無敢任其咎責而決之者言小人爭知而讓過也是如不行邁而坐圖遠近於道路無進於跬步矣洪範云謀及乃心謀及卿士謀及庶人謀及卜筮緜之詩亦云爰始爰謀爰契我龜夫必有預定之人謀而後有協從之神謀今龜所以厭而不告者蓋以矢謀者衆孰咎者寡盈廷之議總不過首鼠

兩端。如所謂謀人之軍。軍敗則死之。謀人之國。國危則死之者無有也。人既不任咎。龜其能代人任咎乎。四章先民。古之聖賢也。言哀哉今之爲道。匪以先民爲法。匪以大道爲經。惟所聽而爭者皆鄙近淺末之言。以是相持。如彼當路築室。與行人謀之。人人持異論。是用不得遂成也。朱熹云。古諺言作舍道邊。三年不成。蓋出於此。鄒忠胤云。向猶有臧否之兩端。至此則能爲臧者咸思卷舌退矣。向猶有從違之兩見。至此則具是依者。又相與攘臂起矣。纖計小談。不勝異指。兆云詢多職競作羅。聽者聽所不必聽。爭者爭所不必爭。國是其何定之有。五章孔穎達云。靡。止。猶言彼小無所居止。故傳以爲小也。膴。大也。靡大。言少也。論語解見上篇。言國雖小乎。民雖少乎。猶有賢者在焉。豈可謂無人乎。苟能用之。愚者可賴以皆濟也。使小人獲於上。則賢愚相率皆以敗矣。譬如泉流疏而流之。則淤者亦清。壅而瀦焉。則清者亦濁矣。魯論云。舉直錯諸枉。能使枉者直。舜選於衆舉皋陶。不仁者遠矣。正與此章相發。卒章此言人惟知暴虎馮河此一事。非而莫知其他言小人之不可不畏也。君子戰戰兢兢如臨深淵如履薄氷懼及其禍也蘇轍云小旻小宛小弁小明四詩皆以小名篇所以別其爲小雅也其在小雅者謂之小故其在大雅者謂之召旻大明獨宛弁闕焉意者孔子刪之矣雖去其大而其小者猶謂之小蓋卽用其舊也朱熹錄之以從其說郝敬則謂凡篇目皆作者自命或太史記之太師目之未有二雅先有篇目如蘇說是先有小雅而後以此詩從之非也且小雅詩多矣何獨別此四篇若然大東名小東正宜反以大名何也至謂大宛大弁夫子刪之然則頌有小毖又焉得有大毖乎皆猜說也

小宛大夫刺幽王也

宛彼鳴鳩翰飛戾天興也宛小貌鳴鳩鶻鵰翰高戾至也行小人之道責高明之功終不可得

我心憂傷念昔先人先人文武也

明發不寐有懷二人明發發夕至明

人之齊聖飲酒溫克齊正克勝也

彼昏不知壹醉日富醉而日富

矣各敬爾儀天命不又又復也○中原有菽庶民采之中原原中也菽藿也力采者則得之螟蛉有子蜾蠃負之螟蛉桑蟲也蜾蠃蒲盧也負持也教誨爾子式穀似之○題彼脊令載飛載鳴題視也脊令不能自舍君子有取節爾我日斯邁而月斯征夙興夜寐毋忝爾所生忝辱也○交交桑扈率場啄粟交交小貌桑扈竊脂也言上為亂政而求下之治終不可得也哀我塡寡宜岸宜獄握粟出卜自何能穀塡盡岸訟也○溫溫恭人溫溫和柔貌如集于木恐隊也惴惴小心如臨于谷恐隕也戰戰兢兢如履薄冰

小宛六章章六句

案明本序作刺宣王何楷謂孔穎達徑改爲刺幽王然陸德明釋文不言本又作宣歐陽修呂祖謙皆以序爲刺幽王而無復異義則非孔穎達改之矣作宣者明本字誤也何楷見當時本序作宣而正義作幽乃以爲孔穎達改之耳鳴鳩小鳥也一名鸒鳩莊子所謂蜩與鸒鳩笑之者是也二人亦謂文武也言宛彼鳴鳩欲高飛至天喻行小人之道責高明之功終不可得已君子憂傷念其先人文武哀其業之將墜也從夕至明不寐惟有懷此二人也夫小鳥而思飛天力絀志長大有天下之憂欲力任其幹旋則孤忠莫濟欲置之度外相與淪胥以敗取興于鳴鳩非獨喻小人也亦以自鳴其鬱勃之志云爾

二章

聖通也彼者有所指而諱之之辭謂幽王也壹專壹也富猶甚也日富言日甚一日也言齊聖之人飲酒雖醉猶能溫藉自持以勝彼昏不知者醉而日甚矣今女君臣各當敬爾威儀天命所去不復來也時王以酒敗德故大夫刺之凡喪儀之事非一而湎酒爲甚故以敬儀言之或疑飲酒小節未必係天命之去留不知蕩心敗德縱欲荒政皆自酒啓之酒誥云

天降威我民用大亂喪德亦罔非酒惟行禹惡旨酒知
有以酒亡國者前史所載足以監矣**三章**上章既言天
命將去故此章申述天命無常之意螟蛉細腰蜂也一
名蒲盧取其形之似瓠之細腰者曰蒲盧故蜂之細腰
者亦名蒲盧蒲盧取桑虫之子負持而去煦嫗養之以
成其子楊雄所謂祝之曰類我類我久則肖之矣者是
也爾子謂王民也王者作民父母故以民爲子穀善也
言原中有菽非有主也庶民采之力采者則得之以喩
王位無常家惟有德者則得之也有萬民不能治則能
治之者將得之如螟蛉有子蜾蠃負之也敎誨爾民用
善道者將似己矣**四章**勸其速自改悔也我我王也言
視彼脊令則飛則鳴不能自舍君子之所當取節也我
王宜日斯邁而月斯征矣遷善不懈之謂也夙興夜寐
勉強自新以無辱女之父祖哉**五章**桑扈肉食之鳥也
淮南子所謂桑扈不食粟是也郭璞云食肉喜盜脂膏
食之故曰竊脂塲解見豳風七月我我民也自從穀生
也言肉食之鳥啄粟以求生活喩上爲亂政而求下之
治終不可得已哀哉我窮盡寡財之人枉濫罹罪上謂

之賓宜其有衰亂之世政以賄成貧人無財自救但手握粟出卜其勝負從何能得生耶朱熹云言握粟以卜貧窶之甚**卒章**溫溫恭人節首章明發不寐之人也惴惴憂懼貌言當時亂政淫刑既如此賢人君子雖無罪猶恐懼故如集于木如臨于谷如履薄氷言危懼之甚也

## 小弁刺幽王也太子之傅作焉

弁彼鸒斯歸飛提提興也弁樂也鸒卑居卑居鴉烏也提提羣貌民莫不穀我獨于罹幽王取申女生太子宜咎又說褒姒生子伯服立以爲后而放宜咎將殺之何辜于天我罪伊何舜之怨慕日號泣于旻天于父母心之憂矣云如之何踧踧周道鞫爲茂草踧踧平易也周道周室之通道鞫窮也我心憂傷惄焉如擣假寐永歎維憂用老心之憂矣疢如疾首惄思也擣心疾也維

桑與梓必恭敬止父之所樹已尚不敢不恭敬靡瞻匪父靡依匪母不屬于毛不離于裏毛在外陽以言父裏在內陰以言母天之生我我辰安在辰時也○菀彼柳斯鳴蜩嘒嘒有漼者淵萑葦淠淠蜩蟬也嘒嘒聲也漼深貌淠淠衆也譬彼舟流不知所屆心之憂矣不遑假寐○鹿斯之奔維足伎伎雉之朝雊尚求其雌伎伎舒貌謂鹿之奔走其足伎伎然舒也譬彼壞木疾用無枝壞瘣也謂傷病也心之憂矣寧莫之知○相彼投兔尚或先之行有死人尚或墐之墐路冢也君子秉心維其忍之心之憂矣涕既隕之隕隊也○君子信讒如或醻之君子不惠不舒究之伐木掎矣析薪扡矣伐木者掎其巔析薪者隨

其理舍彼有罪予之佗矣。佗加也。○莫高匪山莫浚匪泉。浚深也。君子無易由言耳屬于垣無逝我梁無發我笱我躬不閱遑恤我後念父孝也。高子曰小弁小人之詩也。孟子曰何以言之曰怨乎。孟子曰固哉夫高叟之爲詩也。有越人於此關弓而射之。我則談笑而道之。無他疏之也。兄弟關弓而射我。我則垂涕泣而道之。無他戚之也。然則小弁之怨親親也。親親仁也。固哉夫高叟之爲詩。曰凱風何以不怨。曰凱風親之過小者也。小弁親之過大者也。親之過大而不怨是愈疏也。親之過小而怨是不可磯也。愈疏不孝也。不可磯亦不孝也。孔子曰舜其至孝矣。五十而慕。

小弁八章章八句

案斯語辭下柳斯鹿斯皆同。或云爾雅禽經及楊雄法言劉孝標類苑皆名此鳥爲鸒斯非以爲辭也愚意斯本是語辭盍自此詩而遂名爲鸒斯耳。穀養。罹憂也。言樂乎彼鵯烏親子俱出俱歸羣飛提提凡民莫不得以相養而我獨見棄於父。于以自憂。胥鸒斯之不如也乃怨慕號泣于旻天言我何以得辜于天而至此乎我罪其伊如何乎。盍遲廻自諦以探其辭之辭。非謂自反果無鈌也。心之憂矣終云如之何以處此。無聊賴之辭也

**二章** 不脫衣冠而寐曰假寐。疢病也此章言王信讒非特悲已身也又憂國之將亡也言踧踧周之通道鞠爲茂草矣猶漢伍被謂淮南王曰臣將見宮中荊棘露沾衣也預言之也我心憂傷惄焉悲悶如有物之擣心事關心者夢中亦長吁。故雖假寐永歎憂愁多者年少而髮白故維憂用致於老。心之憂矣疢如疾首憂〻更甚矣

**三章** 桑梓二木名古者五畝之宅樹之牆下以遺子孫。給蠶食具器用。止語辭。瞻者尊而仰之也依者親而倚之也。屬連離麗也。辰謂生時之吉凶也以五行甲子推其人休咎古蓋有其法司馬遷所謂孤虛之術許愼所謂空亡之說王充所謂覩命祿而知骨體皆是已。其來已久矣。言維桑與梓父之所樹尚不敢不恭敬况父

母之身人子之所怙恃所瞻者惟有一父所依者惟有一母然父母之不我愛豈我獨不連屬于父乎不係離于母乎天之生我我所遇值之辰果安在哉豈適逢其凶時而然乎何使我至此極也無復所歸咎之辭亦併言母者映帶之語耳**四章**菀茂盛貌者語辭猶皇皇者華之者届至也鄭玄云柳木茂盛則多蟬淵深而旁生萑葦言大者之旁無所不容今太子不爲王所容而見放逐狀如舟之流行無制之者不知終所至也初時猶假寐至此則不遑其禍亟矣**五章**雖雉鳴也寧猶曾也言鹿性易驚其奔走宜疾而足伎伎然留其羣也雉性耿介朝雊而求其雌物無不有恩於其親者親之不可去非獨以其愛亦以其助也今王獨棄后而逐太子几然如瘣木之無枝我獨心之憂矣王曾莫之知**六章**相視也投兎投入之兎也先之導之使前進也行道也墐者埋藏之名行人之死埋于路旁故傳以爲路冢左傳道墐相望是也君子斥幽王也下章皆同言視彼彼迹而投兎猶或先之使脱行道有死人猶或掩而墐之是以其心不忍故也今王信讒逐子曾視投兎行死之不

如其秉心亦忍矣心之憂矣無可奈何但涕隕而已至此求哀乞憐之意不復可加闔廻感悟之方更無餘術矣夫兎乃異類行道之人于我無親猶有憐而恤之者子歸命于父何啻兎之投人出必在死而無所歸勢亦必轉乎溝壑耳曾是天性之親而漠不動念何哉蓋枕席之愛有甚焉者漢祖創業號爲英主而杯羹可分則笑慢自若羽翼已成則欷歔不止乃知尤物移人雖英雄乎而不能免況其下者乎

七章　醻謂即受而行之惠愛舒緩也掎倚也良木倒以物倚其巔也扡隨其理也言王信讒如受獻酬之辭得即飲之惟無愛于之心故不復舒緩以究其實伐木者尚倚其巔析薪者尚隨其理不欲妄伴析之苟舒緩以究之則讒人之情得矣舍彼有罪之人而加我以非其罪言其遇予曾伐木析薪之不若也

卒章　易輕易也由用也無逝我梁以下訓俱見邶風谷風蓋古有此成語故二詩皆引用之亦猶王鄭揚之水也言莫高匪山莫浚匪泉高下不可易矣以喻嫡庶之分不可易其位也王無輕易用讒人之言人將有屬耳於垣而聽之者恐羽翼伯服者愈多而廢立

必成矣。蓋此時宜咎雖已在申。尚未見廢。故屬望如此。案竹書紀。幽王五年。宜臼奔申。至八年。王始立褒姒之子爲太子。且國語史伯謂王欲殺太子以成伯服。必求之申。可以見已。無逝我梁。無發我笱。欲諭禁伯服據儲位也。而又自絕思。我躬尚不見容。何遑恤我去之後哉。徐微茲云。人情奮於自決者。其中有不決者在也。小弁之終。則曰我躬不閱。遑恤我後。離騷之亂。則曰國無人兮莫我知。又何懷乎故都。蓋惟其不忍情於君父。所以爲是決絕之詞耳。或云。驪山之難。平王蓋與夫弒。在安在其爲親親。而孟子以小弁爲親親何也。曰此太子之傅所作。非太子自作也。然則何謂之親之過大而怨。曰傅述太子之情。以爲是詩。高叟以爲小人之詩。斥作者也。孟子以爲親親。斷其義已矣。

巧言。刺幽王也。大夫傷於讒。故作是詩也。

悠悠昊天。曰父母且。無罪無辜。亂如此幠。幠大也。昊天已威予慎無罪。昊天大憮。予慎無辜。威長慎誠也○亂之初生。僭始旣涵。僭數涵容也亂之又生。君子信讒。君子如怒。亂庶遄沮。遄疾沮止也君子如祉。亂庶遄已。祉福也○君子屢盟。亂是用長。凡國有疑會同則用盟而相要也君子信盜。亂是用暴。盜逃也盜言孔甘。亂是用餤。餤進也匪其止共。維王之邛。○奕奕寢廟。君子作之。秩秩大猷。聖人莫之。他人有心。予忖度之。躍躍毚兔。遇犬獲之。奕奕大貌秩秩進知也莫謀也毚兔狡兔也○荏染柔木。君子樹之。往來行言。心焉數之。荏染柔意也柔木椅桐梓漆也蛇蛇碩言。出自口矣。蛇蛇淺意也巧言如簧。顏之厚矣。○彼何人斯。居河之麋。水草交謂之麋無拳無勇。職為亂階也。拳力。既微且尰。爾勇伊何。骭瘍為微、腫足為尰。為猶將多。爾居徒幾何。

巧言六章。章八句。

案。悠悠。遠大之意。天之於人。若父母然。呼昊天曰父母。親之之辭也。且語辭。已大皆甚也。大夫傷遭亂世被讒毀。乃呼天而訴曰。悠悠昊天為我父母。我無罪無辜。何為使我遭亂如此大也。昊天之威甚可畏矣。予自反誠無罪也。昊天之威甚之大矣。予自反誠無辜也。此自訴而求免之辭也。二章傳訓僭為數。數煩數也。蓋煩數則瀆。瀆則不敬。勢之所必至也。故曰僭始。君子指幽王也。下章同。怒者。怒褻瀆不敬也。祉者。福賢者以爵禄言。亂之初生也。由近臣煩數之始見容也。日漸褻狎此讒之所以得入也。亂之又生也。王遂信讒而用之也。王如怒責小人不敬。福禄君子有德。則亂庶幾可疾止矣。今王狎近於小人。退遠於君子。是以讒者益勝。而君子益病也。三章 屢數也。盜謂讒人也。傳訓爲逃。言其晝伏夜奔。逃避人也。讒人投閒伺隙。爲讒言以中士。其狀亦如盜然。故以盜目之。其供通卭病也。言世衰亂多相背違。上不脩德。而惟盟誓相要。夫信不繼。盟無益也。盟若可尋也。亦可寒也。王屢盟。亂之所以長也。加之讒人間賢王信之。是亂之所以暴也。讒人務諛說。其言之甘如食美味。使人嗜之不厭。是亂之所以進也。小人在位。匪徒不供其職。又以爲王之病害。已韓詩外傳云。弓調然後求勁焉。馬服然後求良焉。士信慤而後求知焉。士不信焉。多知。譬之豺狼。其難以身近也。周書曰。爲虎傅翼也。不亦殆乎。詩曰。匪其止恭。惟王之卭。言其不恭其職事。而病其主也。四章 前曰廟。後曰寢。君子以有德言猷道也。予詩人自謂也。言寢也廟也雖成於衆工。其規模制度。則出乎君子。先王大道者。聖人之所謀造也。非非凡人之所得而議也。至乎他人有心。則雖非聖也。予能忖度之。言易知也。如狡兔雖騰躍逃隱其迹。與犬遇而獲之。其焉度哉。蓋小人用事。多變亂舊典。故言秩秩大猷聖人莫之。小人之所爲。必有所私利。不待聰明。易忖度故言他人有心予忖度之。歎幽王獨不能知。而爲讒邪所惑也。此因聯似相興而事皆有所關係。而愛宗社思禮法之意。自存焉。詩人立言之婉順微妙有如此者。**四章**柔木。是中用木也。顏厚者。頑不知恥也。荏染柔木君子樹之。喩君子之言之可用也。君子出言行必從之。往行其所言。來行其所言。君子恥躬之不逮。於其言無所苟。心焉思數之而後言。如彼小人。蛇蛇大言。信口而出矣。非出心也。巧言悅聽其美如笙簧。結構虛僞。曾不知愧於人。其顏亦之厚矣。**卒章**何人者。斥讒人也。蘇轍云。猶有是人也。朱熹亦云。必有所指矣。觀下文曰既微且尰誠然賤而惡之。故曰何人斯。語辭。麋湄古字通用。職主。猶謀。將大也。言彼何人居河之湄。既無拳力。又無勁勇而敢亡爲亂之階梯。女既病微又且病尰。即有勇伊何能哉。況復無拳勇乎。而爲讒佞之謀。則大且多是必有助之者矣。然女所與居之徒衆幾何人哉。亦不甚多。蓋言此不難誅除。特王不悟耳。

何人斯。蘇公刺暴公也。暴公爲卿士而譖蘇公焉。故

蘇公作是詩以絶之

彼何人斯其心孔艱胡逝我梁不入我門伊誰云從維暴之云也 ○云言 ○二人從行誰爲此禍胡逝我梁不入唁我始者不如今云不我可 ○彼何人斯胡逝我陳我聞其聲不見其身 ○陳堂塗也 不愧于人不畏于天 ○彼何人斯其爲飄風胡不自北胡不自南胡逝我梁祇攪我心 ○飄風暴起之風攪亂也 ○爾之安行亦不遑舍爾之亟行遑脂爾車壹者之來云何其盱 ○爾還而入我心易也還而不入否難知也壹者之來俾我祇也 ○易説祇病也 ○伯氏吹壎仲氏吹篪 ○土曰壎竹曰篪 及爾

如貫諒不我知出此三物以詛爾斯三物豕犬雞也民不相信則盟詛之君以豕臣以犬民以雞○爲鬼爲蜮則不可得有靦面目視人罔極蜮短狐也靦姡也作此好歌以極反側反側不正直也

何人斯八章章六句。

案左傳隱十一年桓王奪蘇忿生之田以與鄭人蓋是蘇公被譖失國也蘇也暴也皆畿內國名春秋之時蘇稱子子爵而爲三公故稱公何人者斥暴公也艱難也梁魚梁也歐陽修云古今世俗不同故其語言小異所謂魚梁者古人於營生之具尤所顧惜者常不欲他人輙至其所於詩屢見之曰毋逝我梁者谷風小弁皆有之谷風夫婦乖離之詩也其棄妻之被逐者爲此言矣小弁父子乖離之詩也於太子宜咎之被廢又爲此言矣胡逝我梁者何人斯有之此朋友乖離之詩也於蘇公之被譖其語又然夫谷風小弁之道乖則夫婦父子

恩義絶。而家國喪。何獨於一魚梁。而每以爲言者。假設之辭也。詩人取當時世俗所甚顧惜之物。戒人無幸我廢逐。而利我所有也。言彼何人斯。其心甚難知乎。日與我相好。胡欲利我所有耶。蘇公且信且疑。尚未決。至於過我門而不入。而後知其譖我也。王之疏我。伊從誰言。果維從暴公之言也。**二章** 穀梁傳云。弔失國曰唁。時蘇公既奪其邑矣。云不我可。猶言云我不可也。劉向傳朝臣斷斷不可光祿勳。不可字義同此。言我與女二人俱仕王朝。相從行政。誰使我遇此禍。胡逝我梁。不入唁我失邑乎。女始者於我甚厚。不如今日也。今有何所見。云我不可乎。**三章** 逝我陳。言近來也。聞其聲不見其身。言不入見我也。夫自省無私則不愧于人。不畏于天矣。女今不入見我。何所愧畏乎。**四章** 飄風。喻忽得而聞忽不得而見也。不自北不自南。言蹤跡不可量。皆言逃避於我之狀也。女何利我所有。適使我心攪亂乎。**五章** 朱熹云。安徐。舍息。亟急。盱望也。字林云。盱張目也。言女下時徐行。猶不遑息。而況亟行則何遑脂女車哉。今脂其車則非亟矣。乃託以亟行。不入見我也。女宜一來見我。如何使我望女之切乎。**六章**否不通也。言女儻還而入我門則我心猶庶乎其悅也。還而不入則我與女情不通。女之心復難知也。女宜一來見我。何俾我病也。此與上章皆不責其譖我。而惟望其壹來。惟望其入見。如初不知譖我者。而彼心中必有慙恧而恨無穴可入者矣。是不責之責。其甚於責矣。**七章**伯仲喻兄弟也。壎篪皆樂器也。如貫如繩之貫物也。言相聯比也。以禍福之言相要曰詛。言我與女俱為王臣。其親交如兄弟。其應和如壎篪。其聯比如貫索。而女諒不我知。以至於此。當出此三物以詛於爾焉耳。夫暴之譖蘇不過私與利而已。然猶曰諒不我知。又欲詛之。君子過人之心也。絕人固非我所願也。彼若悔悟更以善意來。我豈若小丈夫一絕則醜詆固拒。惟恐復合哉。**卒章**蜮一名射工。在水中含沙射人影。其人輒病。而不見其形。靦訓姡。姡人面之貌。言女為鬼為蜮。則我不可得而知女。今女乃人。爾有姡然面目與人相視無窮極。不可隱藏。我安得不知女之譖我乎。故作此。與女相好之歌以究極女反側之心。至此始峻辭責之。

巷伯刺幽王也寺人傷於讒故作是詩也

萋兮斐兮成是貝錦　興也萋斐文章相錯也貝錦錦文也　彼譖人者亦已大甚○哆兮侈兮成是南箕　哆大貌南箕箕星也侈之言是必有因也斯人自謂辟嫌之不審也昔者顏叔子獨處于室鄰之釐婦又獨處于室夜暴風雨至而室壞婦人趨而至顏叔子納之而使執燭放乎旦而蒸盡縮屋而繼之自以爲辟嫌之不審矣若其審者宜若魯人然魯人有男子獨處于室鄰之釐婦又獨處于室夜暴風雨至而室壞婦人趨而託之男子閉戶而不納婦人自牖與之言曰子何爲不納我乎男子曰吾聞之也男子不六十不閒居今子幼吾亦幼不可以納子婦人曰子何不若柳下惠然嫗不逮門之女國人不稱其亂男子曰柳下惠固可吾固不可吾將以吾不可學柳下惠之可孔子曰欲學柳下惠者未有似於是也　彼譖人者誰適與謀○緝緝翩翩謀欲譖人　緝緝口舌聲翩翩往來貌　愼爾言

也。謂爾不信。〇捷捷幡幡謀欲譖言捷捷猶緝緝也幡幡猶翩翩也豈不爾受既其女遷。遷去也〇驕人好好勞人草草好好喜也草草勞心也蒼天蒼天視彼驕人矜此勞人。〇彼譖人者誰適與謀取彼譖人投畀豺虎。投棄也豺虎不食投畀有北北方寒涼而不毛有北不受投畀有昊昊昊天也〇楊園之道猗于畝丘楊園園名猗加也畝丘名。寺人孟子作爲此詩凡百君子敬而聽之。寺人而曰孟子者罪已定矣而將踐刑作此詩矣

巷伯七章四章章四句一章五句一章八句一章六句。

案巷宮內道名秦漢所謂永巷是也伯長也是宮內道官之長即寺人也故詩名巷伯序以寺人解之貝錦言

錦文如貝文也。言女工集衆采。斐然成錦文。以喻譖人者文致小過而飾成大罪也。彼之譖人亦已太甚矣。謂使己得重罪也。**二章**孔穎達云。侈者。因物而大之名。禮於衣袂半而益一。謂之侈袂。是也。故傳云。必有因也。南箕四星。二爲踵。二爲舌。踵狹而舌廣。適主也。言南箕之星本非箕也。因踵星而益舌星。哆然侈然成是南箕之名。以自況因己之辟嫌之不審。讒人得飾成其罪也。彼譖人者誰主與女謀乎。怪其謀之巧也。貝錦南箕。皆曰成是。各言因細小而飾大罪。因疑似而成實罪也。**三章**愼誠也。爾斥讒人。言女口舌緝緝。往來翩翩。惟謀欲譖人。自以爲得意矣。然虛僞不可久保。終將敗露。更宜誠女言也。苟不誠女言。王必以女爲不信矣。此蓋忠告之辭也。下章倣此。**四章**王好讒。一日豈不爲女受之乎。然譖人者。人亦譖之。王將去女之他。則女亦不免矣。**五章**驕人。謂讒人也。勞人。寺人自謂也。言驕人得意而好好。勞人遇譖而草草。乃仰天告曰。蒼天蒼天。視察彼驕人。有罪乎。矜哀此勞人無辜乎。蓋無可奈何。但恃有天耳。**六章**陸佃云。地於四方。止言有北者。朔地也。朔地寬閒之至天於四時止言有昊者南天也南天辨察之至言彼譖人者姦巧無所不至取彼譖人投畀豺虎欲其死亡之甚也譖讒之人物所共惡也豺虎若不肯食當投畀有北使凍殺之若有北不肯受當投畀昊天使制其罪蓋所向交無所投仍舉而畀之天斯亦惝怳無聊之極也夫豺虎之食人寒鄉之凍物非有所擇言不食不受者惡之之甚也故戴記云好賢如緇衣惡惡如巷伯

**卒章** 楊園下地以況卑人畝丘高地以況大臣欲陵畝丘則必道楊園言將譖大臣必始於卑人也寺人孟子自署其名作爲是詩以告衆云凡百在位敬而聽之讒人罔極不獨譖我而已必將上及大臣骨肉矣鄭忠胤云詩作於寺人聖人錄之夫亦閔其受禍之酷爲不聰聽者永鑒耶夫幽王之時哲婦煽處以傾城羣小如簧而競進惡惡如巷伯且不難自署其詩尾固宜不免於口哉其爲君子謀則忠矣抑巷伯此詩非僅爲百君子謀也嘗按班固史贊歷數春秋以來禍敗曰昔子翬謀桓而魯隱危欒書構郤而晉厲弒豎牛奔仲叔孫卒郈伯毀季昭公逐費忌納女楚建走宰嚭譖胥夫差喪李

園進妹。春申斃。上官訴屈。懷王執。趙高敗斯。二世縊。伊戾盟坎。宋座死。江充造蠱。太子殺。息夫作姦。東平誅。皆自小及大。踈逖親。可不懼哉。因斯以觀。讒人之禍。豈止被讒者受之。併使信讒者還自受之。是故申后黜。宜臼廢。而幽王亦竟不免於僇。向令早聽巷伯之詩。不及此。噫吾猶慮夫譖之近而易以信受而莫之遷者。無過於寺人也。

節南山之什十篇。七十九章。五百五十二句。

毛詩補義卷七終

# 毛詩補義卷八

漢　趙人　毛公　傳
日本　西播　岡白駒補義

## 谷風之什詁訓傳第二十

谷風刺幽王也天下俗薄朋友道絶焉

習習谷風維風及雨興也風雨相感朋友相須將恐將懼維予與女將安將樂女轉棄予言朋友趨利窮達相棄○習習谷風維風及頹頹風之焚輪者也風薄相扶而上喩朋友相須而成將恐將懼寘予于懷將安將樂棄予如遺○習習谷風維山崔嵬無草不死無木不萎崔嵬山巔也雖盛夏萬物茂壯草木無有不死葉萎枝者忘我大德思我小怨

谷風三章章六句

案習習和舒貌東風謂之谷風生長之風也恐懼謂危難憂患之時也言風雨相感風而有雨則潤澤行喩朋友相須而恩愛成也在將恐將懼之時維予與女獨受此難至乎纔得將安將樂之日女奈何便轉棄予哉**二章**鄭玄云寘置也置我于懷言至親己也如遺者如人行道遺忘物忽然不省存也言風之焚輪者從上而下力薄不能上升得谷風併力焉相扶而上喩朋友相須而成也**卒章**根絶曰死枝枯曰萎德恩惠也習習谷風及於崔嵬其所被廣矣然盛夏茂壯之時草木猶有萎槁者以喩朋友安能不時有小訟乎女奈何忘我大德思我小怨乎夫急則相求緩則相棄大德忽忘小怨必記友義安在天下俗薄朋友道絶悲夫

蓼莪刺幽王也民人勞苦孝子不得終養爾

蓼蓼者莪匪莪伊蒿（興也蓼蓼長大貌）哀哀父母生我劬勞〇蓼

蓼者莪匪莪伊蔚蔚牡菣也哀哀父母生我勞瘁〇缾之罄矣維罍之恥缾小而罍大罄盡也鮮民之生不如死之久矣鮮寡也無父何怙無母何恃出則銜恤入則靡至〇父兮生我母兮鞠我拊我畜我長我育我顧我復我出入腹我鞠養腹厚也欲報之德昊天罔極〇南山烈烈飄風發發烈烈然至難也發發疾貌民莫不穀我獨何害〇南山律律飄風弗弗律律猶烈烈也弗弗猶發發也民莫不穀我獨不卒

蓼莪六章四章章四句二章章八句

案爾雅云蒿菣也嚴粲云始生爲莪長大爲蒿莪之始生香美可食至秋高大爲蒿則麤惡不可食蓼蓼然莪

匪莪伊蒿。喻父母生長我身。至于長大。乃是無用之子。不能終養也。此孝子自怨其身之辭也。思父母之生我。其劬勞至矣。而我不得終養以報其情。有不堪哀者。故重言哀哀。以自傷也。**二章** 邢昺云。蔚卽蒿之雄無子者也。故云牡菣。蒿蔚皆其始生爲莪。上章匪莪伊蒿。蒿猶有子者。匪莪伊蔚。蔚則無子。蓋喻有我之如無也。**三章** 缾罍皆酒器也。鮮民。謂寡弱之民也。古者無餘子。養其親者免役。恤憂靡無也。言缾資於罍者也。缾譬則民也。罍譬則君也。缾之罄矣。維罍之恥。喩民之窮。則君之恥也。寡弱之民從役。其生不如死之久矣。其父母賴誰以活。無父何怙。無母何恃。出則中心銜無涯憂。旋來則如無所歸矣。**四章** 拊循也。畜亦養也。育覆育也。謂身體嫗之覆。近而愛育也。顧旋視也。復反復也。謂去而顧之。反復不能暫捨也。出入腹我。謂出則目送。旋則喜接。出入皆愛厚也。之猶是也。言父母之恩如此。欲報是恩。而其大如昊天罔極。不知所以報之也。蓋罔極之恩本難酬也。卽雖得養。亦非報德。而況不得終養乎。**五章** 烈烈。高峻嚴威之貌。故云至難也。穀養也。南山烈烈。飄風發發以喻驅役嚴猛號令急迫也憑高布威其爲逼迫亦甚矣他得孝養我獨遇害此怨者之常辭也**卒章**卒終也不卒言不終養也前詳述父母罔極之恩又後二章爲悲怨哀訴之辭嫋嫋不絕其情益悲孔子曰於蓼莪見孝子之思養也

大東刺亂也東國困於役而傷於財譚大夫作是詩以告病焉

有饛簋飧有捄棘匕○興也饛滿簋貌飧熟食謂黍稷也捄長貌匕所以載鼎實棘赤心也周道如砥其直如矢○如砥貢賦平均也如矢賞罰不偏也君子所履小人所視睠言顧之潸焉出涕睠反顧也潸涕下貌○小東大東杼柚其空空盡也糾糾葛屨可以履霜佻佻公子行彼周行佻佻獨行貌公子譚公子

也。既往既來、使我心疚。○有冽氿泉、無浸穫薪。契契寤歎、哀我憚人。冽、寒意也。側出曰氿泉。穫、艾也。契契、憂苦也。憚、勞也。薪是穫薪、尚可載也。哀我憚人、亦可息也。載、載乎意也。○東人之子、職勞不來。西人之子、粲粲衣服。東人、譚人也。來、勤也。西人、京師人也。粲粲、鮮盛貌。舟人之子、熊羆是裘。舟人、舟楫之人。熊羆是裘、言富也。私人之子、百僚是試。私人、私家人也。是試、用於百官也。○或以其酒、不以其漿。或、醉於酒。或、不得漿。鞙鞙佩璲、不以其長。鞙鞙、玉貌。璲、瑞也。維天有漢、監亦有光。漢、天河也。有光而無所明。跂彼織女、終日七襄。跂、隅貌。襄、反也。○雖則七襄、不成報章。不能反報成章也。睆彼牽牛、不以服箱。睆、明星貌。何鼓謂之牽牛。服、牝服也。箱、大車之箱也。東有啓明、西有長庚。日旦出謂明星爲啓明。日既入謂明星爲長庚。庚、續也。有捄天畢。載施之行。捄、畢貌。畢所以掩兔也。何嘗見其可用乎。○維南有箕。不可以簸揚。維北有斗。不可以挹酒漿。挹、斞也。維南有箕。載翕其舌。維北有斗。西柄之揭。翕、合也。

大東七章。章八句。

案。鄭玄云。飧者。客始至。主人所致之禮也。凡飧饔餼以其爵等。爲之牢禮之數。陳。孔穎達云。主人供賓客。有禾有米。此以盛于簋。故傳以爲熟食也。禮通例。簠盛稻粱。簋盛黍稷。周禮。掌客云。凡介行人宰史皆有飧饔餼。凡諸侯之卿大夫士爲國客。則如其介之禮以待之。棘匕以棘爲匕。取其赤心也。君子小人。謂在位與民庶也。言我也。我于大夫。言周之盛時。其待諸侯之客。簋飧棘匕之設。禮意殷勤如此。當是時也。周道平直。貢賦賞罰不

偏其君子履行此道其小人瞻而視之我從今顧視之
在前世過而去矣潸然出涕傷今不然也先王之制邦
畿之外侯服貢祀物甸服貢嬪物男服貢器物采服貢
服物衛服貢材物要服貢貨物是皆有常數矣幽王政
偏使東國力疲不勝役財殫不勝求非獨譚然也譚國
在東其受病最甚故譚大夫賦此以告病焉二章杼機
之持緯者柚卷織者鄭玄云譚國無他貨維絲麻爾杼
柚其空則財殫矣糾糾解見魏風葛屨篇葛屨夏屨也
行道路也案詩言周行者不一周南周行謂周之列位
也鹿鳴周行謂至道也並見于傳惟此章傳闕而曰行
曰往來則知此周行周之道路也言王政偏賦役不均
凡貢賦無小無大皆取於東譚國杼柚為之盡矣雖其
公子衣屨不能順時葛屨履霜佻佻然奔走于周道往
來頻數使其力疲而心病也蓋公子不宜服役今公子
佻佻於周行則餘人可知矣三章凡諸服之國厥貢有
常數矣此外有所徵求非正供譬如側出之泉而文嚴
矣故以洌沈泉興焉寤歎與曹風下泉篇義同念周盛
時而歎也言有洌沈泉無浸所艾之薪浸之則濕腐不

中用大夫契契寤歎哀我民人之勞苦者欲周之無更殫殘之也更殫殘之則不堪罷弊矣薪是所艾之薪者尚意欲載歸也哀我民人之勞苦者可以使休息之也此告病之辭也鄧元錫云周轍東而諸侯之職貢不復至則浸穫薪之效也當是時即欲來憚人豈有及哉故九經於遠人於諸侯曰柔曰懷有以也夫**四章**職主也來撫勞也傳訓勤勤即勞也采薇序云杕杜以勤歸是也言譚人主勞苦而曾不見勞周人衣服粲粲而且逸豫賤如舟人亦衣熊羆之裘而私家之人皆用於百官而祿食蓋東人困憊雖貴者葛屨履霜西人逸豫雖賤者美服厚祿皆言其不均也**五章**漿水米汁相將也佩璲佩瑞玉也禮以玉爲瑞信其官玉藻云古之君子必佩玉是也監視也織女三星跂然如隅也襄訓反蓋天有十二次日月星辰所止舍也經星行天自卯至酉七次是終日七襄也晝夜循環于十二次終而復反故以反言之言或有醉於酒者或有不得一漿者以喻小人祿食而賢者不試也佩璲鞙鞙居其官職者非其材之所長也譬如維天有漢仰監視之有光而無所明譬如

跂彼織女終日七襄而會不能織而成章皆言徒有名位而無其實也

**六章**

以用也爾雅云明星謂之启明晨在東所以啟日之明夕在西所以續日之長蓋一星在東西而異名也天畢畢星也狀如掩兎之畢行行列也此承續上章而言織女雖則七襄不能反報成章也睆彼牽牛不可用於牝服之箱也啓明長庚不能續日爲晝採然天畢何嘗見其可用乎但施之行列而已

**卒章**

箕星夏秋之間見于南方斗北斗也舌南箕下一星也詳見巷伯篇揭舉起也斗七星四星爲斗三星爲柄秋時柄指西故云西柄之揭言維南有箕不可以簸揚糠粃維北有斗不可以挹酒漿徒存空名耳箕斗非徒存空名而已箕合其舌反若將有所吞噬斗西其柄反若將有所挹取於東也蓋言佩璲在位非徒非其材而已又將有所害也皆怨訴之辭也

四月大夫刺幽王也在位貪殘下國構禍怨亂並興焉

四月維夏六月徂暑徂往也六月火星中暑盛而往矣先祖匪人胡寧忍予○秋日淒淒百卉具腓淒淒涼風也卉草也腓病也亂離瘼矣奚其適歸離憂瘼病適之也○冬日烈烈飄風發發民莫不穀我獨何害○山有嘉卉侯栗侯梅廢爲殘賊莫知其尤廢忕也○相彼泉水載清載濁我日構禍曷云能穀構成曷逮也○滔滔江漢南國之紀滔滔大水貌其神足以綱紀一方盡瘁以仕寧莫我有○匪鶉匪鳶翰飛戾天○匪鱣匪鮪潛逃于淵鶉鵰也鵰鳶貪殘之鳥也大魚能逃處淵○山有蕨薇隰有杞桋杞枸檵也桋赤楝也君子作歌維以告哀

四月八章章四句

案序云怨亂而不言所怨孔叢子載孔子曰於四月見孝子之思祭也蓋下國構禍征役屢興大夫從役者怨不祭也上篇言東國困于役此篇言南國困於役也滔滔江漢可以見已四月六月皆以夏正言之四月維夏六月徂暑孝子感時而思祭也禮卿大夫宗廟四時皆有祭我先祖豈非人乎宜祭享今予不得歸何爲忍使予不得修子道耶鄭玄以先祖匪人爲作詩之大夫詆先祖朱熹從之然推諸人情既屬無理即使有之不可垂訓聖人刪詩必不錄也**二章**秋日猶云秋時也下冬日倣此具與俱通秋時涼風用事百草俱病亦孝子感時而思祭也祭義云霜露既降君子履之必有悽愴之心非其寒之謂也況又遭亂憂苦亦甚病矣我其安得之歸乎哉**三章**按此章全與蓼莪五章同惟南山作冬日則烈烈言寒氣嚴烈也彼專言征役之嚴急此兼有感時之意彼專怨不得終養此兼有思祭之意言存者尚不得養况祭祀乎**四章**嘉美侯維尤過也言山有美卉維生於梅栗之下人貪取其實而踐害美草以喻在位貪殘富家小民皆受病害也然習爲殘賊曾莫知其

過也。五章相視也。我，我下國也。穀，養也。言視彼泉水澄之則清，撓之則濁。譬如下國之於周也。在位貪殘，我下國日構禍，何逮能得養乎。六章仕，事也。言滔滔江漢，其神足以綱紀一方，言能保有也。今下國諸侯力疲財竭盡瘁以事于周，寧幾乎莫保有我土。此亂之所以興也。七章翰，高。戾，至也。鱣鮪皆大魚也。言在位雖非鶉雖非鳶，高飛至天，言貪殘而且有勢也。雖非鱣雖非鮪，潛逃于淵，言賢者避亂而潛遁隱也。蓋貪殘得志，賢者潛遁，上下失所，此其所以大亂而不振也。卒章山有蕨薇，隰有杞桋，言草木尚各得其所也，以傷人反不得其所。下國構禍，怨亂並興，孝子不得養其親，故作歌以告哀也。

北山，大夫刺幽王也。役使不均，己勞於從事而不得養其父母焉。

陟彼北山，言采其杞。偕偕士子，朝夕從事。偕偕，強壯貌。士子，有王事者也。

王事靡盬憂我父母○溥天之下莫非王土率土之濱莫非王臣溥大率循濱涯也大夫不均我從事獨賢賢勞○四牡彭彭王事傍傍彭彭然不得息傍傍然不得已嘉我未老鮮我方將將壯也旅力方剛經營四方旅衆也○或燕燕居息燕燕安息貌或盡瘁事國盡力勞病以從國事或息偃在牀或不已于行○或不知叫號或慘慘劬勞叫呼號召也或棲遲偃仰或王事鞅掌鞅掌失容也或湛樂飲酒或慘慘畏咎或出入風議或靡事不爲

北山六章三章章六句三章章四句

案此首章上下四語與杕杜三章相襲然彼出於上人之閔慰此出于勞臣之怨嗟則興意亦不同矣夫杞非

常菜也陟彼北山我采其杞喩王之役使士子朝夕從
事非其常職也王事無不堅固久不得歸使我父母憂
也二章傳云賢勞也愚案此非訓賢爲勞也釋獨賢之
義也言獨以我爲賢而勞之也此蓋本于孟子孟子解
是詩云此莫非王事我獨賢勞也是加一勞字而成其
義言溥天之下莫非王土率土之濱莫非王臣人臣之
義固不以家事辭王事也惟其役使不均我獨賢勞不
能無不平爾三章嘉鮮皆善也旅訓衆衆力如目力耳
力手力足力也方剛如耳目聰明手足輕捷也言四牡
彭彭然不得息王事傍傍然不得已王其善我未老乎
善我方壯乎謂我旅力方剛乎何獨使我經營四方也
四章或有燕燕私居安息者或有盡力勞病從國事者
或有休息偃臥在牀者或有日馳驅于道路者皆以人
之逸樂對己之勞苦形容役使不均也下章倣此五章
不知叫號居家閑逸不知上有徵發呼召也棲遲遊息
也王事鞅掌言王事煩勞不暇爲容儀也六章咎猶罪
過也畏咎言救過不暇其焉能樂風議謂議論不根如
風飄蕩曾無用心也言出入但風議而已何嘗以身親

之乎

無將大車大夫悔將小人也

無將大車祇自塵兮大車小人之所將也無思百憂祇自疧兮疧病也

無將大車維塵冥冥無思百憂不出于熲熲光也○無將大車維塵雝兮無思百憂祇自重兮

無將大車三章章四句

案將扶進也大車平地載任之車此小人之所將也故以比小人祇適也大車所過塵必揚言無將大車適自塵汙其身以喩無將小人適自害累於己也蓋誤推轂小人至于困憊不前誤國債事乃思百憂適自病耳言無及也無思者至此無可奈何之辭也二章鄭玄云冥冥者蔽人目明令無所見也夫憂以生思思復生憂愈

思愈憂無以自解矣如在昏闇中而不得出於光明之道也韓詩外傳云魏文侯之時子質仕而獲罪焉去而北游謂簡主曰從今已後而不復樹德于人矣簡主曰何以也質曰吾所樹堂上之士半吾所樹朝廷之大夫半吾所樹邊境之人亦半今堂上之士恐我以法邊境之人劫我以兵是以不樹德於人也簡主曰噫子之言過矣夫春樹桃李夏得陰其下秋得其實春樹蒺藜夏不可採其葉秋得其刺焉由此觀之在所樹也今子所樹非其人也故君子先擇而後種也詩曰無將大車維塵冥冥卒章鄭玄云雍猶蔽也重猶累也何楷云朱熹以爲行役勞苦而憂思之詩則誤此詩眞是將大車者所作殊可笑也

小明大夫悔仕於亂世也

明明上天照臨下土我征徂西至于艽野二月初吉載離寒暑艽野遠荒之地初吉朔日也心之憂矣其毒太苦念彼共人涕零

如雨豈不懷歸畏此罪罟罟網也○昔我往矣日月方除除除陳生新也曷云其還歲聿云莫念我獨兮我事孔庶心之憂矣憚我不暇憚勞也念彼共人睠睠懷顧豈不懷歸畏此譴怒○昔我往矣日月方奧奧煖也曷云其還政事愈蹙歲聿云莫采蕭穫菽蹙促也心之憂矣自詒伊戚戚憂也念彼共人興言出宿豈不懷歸畏此反覆○嗟爾君子無恒安處靖共爾位正直是與神之聽之式穀以女靖謀也正直為正能正人之曲曰直○嗟爾君子無恒安息息猶處也靖共爾位好是正直神之聽之介爾景福介景皆大也

小明五章。三章章十二句。二章章六句。

箋周大夫。遭時不偶役則偏苦。行則過期然後於得罪不敢懷歸。此其所以悔仕也。征行徂往也。二月夏正建卯之月也。離歷也。毒言心中如有毒藥也。共共恭同。共人謂溫恭之人隱居不仕者也。言西征大夫困于行役乃呼天而訴之而曰明明上天照臨下土。宜無不察我行往西至于遠荒之地。以二月初吉始出暑往寒來尚未得歸心之憂矣。如毒在于心。於是乃悔仕而進退旣難念彼共人閒居自樂。欲似之而不得故涕零如雨也。豈不懷歸畏此罪罟。言欲去而畏離罪也。**二章**日月方除謂夏正十二月也。是月也歲功終而將興。故傳云除陳陳生新也。說者以與下文日月方奧殊時亦以爲二月。然除陳陳生新殊非二月之時候矣。且建卯之月亦未遠奧也。愚謂上章二月此章日月方除下章日月方奧各不同也。蓋詩人互擧以記初行之時耳。言去年十二月行役者。今年二月三月行役者。皆過期而不得歸也。曷逮庶衆也。睠睠反顧也。譴怒罪責也。言昔我西往矣日月方除逺云其還歳聿云莫矣是以去年十二月始行今年歳莫乃得還也古者行役不踰時今則以匝歳爲期也我獨念之我事甚衆言王政不均也心之憂矣身獨而事衆故勞我日不暇給也念彼共人睠睠懷顧欲去則畏此譴怒悔而弗及矣

**三章**

日月方奥謂夏正三月也愈猶益也詒遺與起也出宿夜臥起宿於外也反覆謂不以正罪見罪案昌云其還以下四語蓋倒句也言在役政事更益促急逺其還來既是采蕭穫菽之時歳聿云莫矣自詒伊戚悔仕之辭與言出宿不能安寢也

**四章**

嗟爾君子無恒安處大夫自相勞苦之辭也靖訓謀謂用心也共與恭同與周語夙夜恭也之恭義同謂敬事也式用穀祿也以猶與也呂祖謙云上三章皆悔仕亂世欲安處休息而不可得故每章有懷歸之歎至此知不可去矣則與其同列自相勞苦曰嗟爾君子無恒欲安處也但靖恭于爾位之職惟正直是與則神將佑之矣何必去爲哉

**卒章**

又申言之也鄭玄云名篇曰小明者言幽王日小其明損其政事歐陽修非之云大雅明明在下謂之大明小雅明明上天謂之小明自

是名篇者偶爲誌別爾不關詩義苟如鄭說則小旻小宛之類有何義乎

## 鼓鍾刺幽王也

鼓鍾將將淮水湯湯憂心且傷。幽王用樂不與德比會諸侯于淮上鼓其淫樂以示諸侯賢者爲之憂傷淑人君子懷允不忘。○鼓鍾喈喈淮水湝湝憂心且悲。喈喈猶將將湝湝猶湯湯悲猶傷也淑人君子其德不回。回邪也○鼓鍾伐鼛淮有三洲憂心且妯。鼛大鼓也三洲淮上地妯動也淑人君子其德不猶。猶若也○鼓鍾欽欽鼓瑟鼓琴笙磬同音。欽欽言使人樂進也笙磬東方之樂也同音四縣皆同也以雅以南以籥不僭。爲雅爲南也舞四夷之樂大德廣所及也東夷之樂曰昧南夷之樂曰任西夷之樂曰株離北夷之樂曰禁以爲籥舞若是爲和而不僭矣。

## 鼓鐘四章章五句

案鼓擊也。如鼓瑟鼓琴之鼓。樂器多矣必以鼓鐘言之者。以作樂必擊鐘。左傳謂之金奏。是先擊金以奏諸樂也。將將聲也。湯湯流盛貌。淑善也。淑人君子。指先王也。嚴粲云。周家以仁厚立國。故以善人君子稱其先王。懷思。允信也。言王者功成作樂。以與德比。幽王用樂不與德比。鼓淫樂于淮上。以示諸侯。與先王之典悖矣。夫聞其樂而知興亡。賢者知禍之必不免。爲之寒心。憂而且傷。乃思彼先王用樂之意。而信不能忘也。凌濛初云。此詩之刺。最爲微婉。若非憂心一句。後人必以爲升歌雅樂矣。

**二章** 樂以象德。觀其樂之有節。即知其德之不回。亦思之而不忘也。

**三章** 鼛即考工記所云皐鼓也。鼛皐古通。憂心且妯。心由是以動也。不猶謂不若。幽王也。

**四章** 愚謂此章。蓋言王者之樂。雖廣及四夷。而未嘗及淫樂也。其用夷樂。亦止表大德廣所及耳。故云不僭。欽欽亦聲也。其和感動。使聞者樂進於善。故傳云。欽欽言使人樂進也。笙磬。磬之名也。笙生也。東方物生之位。故謂

其磬爲笙磬雅周樂也對夷樂而言故爲雅雅正也南
南夷之樂也特舉南則西北可知矣故傳備言四夷之
樂也籥吹籥而舞也言鼓鐘欽欽使人樂進堂上琴瑟
堂下笙磬四縣皆和同以舞雅樂以舞南樂以爲籥舞
若是爲和而不僭矣焉用淫樂之爲哉論詩云辟廱淮
水同一鼓鐘也於論鼓鐘則庶民樂鼓鐘將將則賢者
憂信乎樂在人不在器也唐大宗謂杜淹曰夫聲音之
所感各因人之哀樂今玉樹伴侶之曲尚存試奏之知
必不悲與
匹同音

楚茨刺幽王也政煩賦重田萊多荒饑饉降喪民卒
流亡祭祀不饗故君子思古焉

楚楚者茨言抽其棘自昔何爲我蓺黍稷楚楚茨棘貌抽除也我黍
與與我稷翼翼我倉既盈我庾維億露積曰庾萬萬曰億以爲酒食

以享以祀以妥以侑以介景福妥安坐也侑勸也○濟濟蹌蹌絜
爾牛羊以往烝嘗或剝或亨或肆或將濟濟蹌蹌言有容也亨飪之也肆陳
將齊也或陳于牙或齊于肉祝祭于祊祀事孔明祊門內也先祖是皇神保
是饗皇大保安也孝孫有慶報以介福萬壽無疆○執爨踖踖
爲俎孔碩或燔或炙爨饔爨廩爨也踖踖言爨竈有容也君婦莫莫爲豆孔
庶爲賓爲客莫莫言清靜而敬至也豆謂內羞庶羞也繹而賓尸及賓客獻醻交錯禮
儀卒度笑語卒獲東西爲交邪行爲錯度法度也獲得時也神保是格報以介
福萬壽攸酢格來酢報也○我孔熯矣式禮莫愆工祝致告徂
賚孝孫熯敬也善其事曰工賚予也苾芬孝祀神嗜飲食卜爾百福如

幾如式幾期式法也既齊既稷既匡既勑永錫爾極時萬時億稷疾勑（　）問也禮儀既備鐘鼓既戒戒孝孫徂位工祝致告致告告利成也神具醉止皇尸載起鼓鐘送尸神保聿歸皇大也諸宰君婦廢徹不遲諸父兄弟備言燕私燕而盡其私恩（　）樂具入奏以綏後祿爾殽既將莫怨具慶綏安也安然後受福祿也將行也既醉既飽小大稽首神嗜飲食使君壽考孔惠孔時維其盡之子子孫孫勿替引之替廢引長也

楚茨六章章十二句

案幽王之時政煩賦重下民廢農田萊多荒饑饉民散祭祀不饗故詩人思古以作是詩所以刺今之不然也

茨蒺藜也言我也棘指蒺藜也蒺藜能刺人故以棘稱
與與翼翼皆蕃蕪貌享獻也妥謂迎尸使處神坐而食
之故訓爲安坐侑爲其嫌不飽祝以主人之辭勸之也
介景皆大也言先王之政以農爲本乃伐除蒺藜抽去
其棘自古之人何乃勤苦爲此事乎爲我藝黍稷也我
黍稷既蕃我倉庾皆盈矣夫聖王先成民而後致力于
神於是以爲酒食以享祀妥侑以大景福也亦敬云農
事國之根本祭祀國之大事洪範以農政繼五行周官
以三農先九職洛誥以明農敘正父自后稷肇祀不窋
失業公劉古公彊理力田遂拓丕基子孫守先訓力農
奉祀以此占國運興衰故后稷配天而生民作文武功
成而思文頌二叔不不乃咏七月幽王政亂乃咏楚茨
平王東遷乃歌黍離皆推本農事不忘先業也二章自
此以下言先王祭祀之事也濟濟蹌蹌言與祭大夫士
儀容也曲禮云大夫濟濟士蹌蹌是也絜者在滌而芻
之也冬祭曰烝秋祭曰嘗剝解剝其皮也祭于祊謂博
求神祭於門内也明猶備也對祖稱孫孝子孝孫事神
之通稱言其將祭也與祭之臣濟濟蹌蹌儀容嚴整乃

絜所祀之牛羊以往烝嘗其享或有剝者或有亨者或有陳于牙者或有齊于肉者牢具既備孝子不知神之所在乃使祝博求之門內之旁待賓客之處祀禮於是甚備矣然故先祖於是美大洋洋乎如在其上神安之於是饗其祭祀報之以介福孝孫有慶矣朱熹以神保爲尸之嘉號其說至于次章神保是格而窮矣**二章**祭以饋熟爲正故此章言薦熟遂及繹祭也爲俎載牲體于俎也孔碩言肥腯而得禮也君婦謂后也祭祀對祖考故稱婦祭祀之禮后夫人主供籩豆庶衆也兼內羞庶羞故曰衆爲賓謂繹而賓敬於尸也爲客謂薦衆賓也主人酌賓爲獻賓既酢主人主人又自飲酌賓曰醻至旅而爵交錯以偏卒盡也古者於旅也語故曰笑語萬壽卽介福也言執爨之人儀容踖踖爲俎孔肥大矣或燔燎報陽或炙肉薦獻君婦莫莫然供豆孔衆多矣其繹祭也賓敬尸及賓客獻醻交錯禮儀盡有法度於旅矣語蓋得時宜坊記云七日戒三日齊承一人焉以爲尸過之者趨走以致敬也醴酒在室醍酒在堂澄酒在下示不淫也尸飲三衆賓飲一示民有上下也因

其酒肉聚其宗族以敎民睦也此之謂也故神安之以來格報以介福也四章我我孝孫工祝善於爲祝者苾芬馨香也卜者前知之辭齊整也稷不息緩也故傳訓爲疾匡正也極者謂王者大寶也蓋王者擁福祿而立于兆民之上爲民所準據者也極本準據之義故謂其位曰極永錫爾極是也又名其德亦曰極思文莫匪爾極是也周禮爲民極洪範建其有極祭義制爲之極皆準據之義也後世多不得其解故特詳焉時是也言孝孫甚敬矣禮法無有過差祝以此故致神意以告主人徂予孝孫嘏曰女之飲食苾芬孝敬享祀神乃歆嗜女之飲食神之報女卜女百福其來當如有期矣多少當如有法矣女奉祭祀整齊勤疾誠正愼固故永錫女極是萬世是億世世世相繼無有限數矣皆嘏辭也五章此章言受嘏之後祭畢之事也戒告也擊鐘鼓以告諸在廟中之人祭禮畢也位堂下西面位也具皆也所祭羣廟非止一神故門皆辭天子之尸尊之稱皇尸古者祭必立尸所以象神天子諸侯大夫士皆有尸宗廟之祭皆用同姓之嫡鼓鐘尸出入奏肆夏也鬼神無形言

辭言歸者誠敬之至如見之也廢去也諸宰徹去諸饌君婦籩豆而已不遲以疾爲敬上章禮之意也備猶徧也言禮儀既備鐘鼓告衆孝孫乃徂於位於是祝告利成於孝孫神醉而尸謖送尸而神歸諸宰廢諸饌君婦徹籩豆誠敬不敢怠緩祭事已畢歸賓客豆俎同姓則留與之燕以盡其私恩所以尊賓客親骨肉也或曰祭義云樂以迎來哀以送往今鼓鐘送尸豈孝子之情也哉夫哀以送往孝子之心也鼓鐘送尸先王之禮也以禮廢心則不仁以心忘禮則不智二者並行然後全之盡之也**卒章**此章言燕私之事也小大猶長幼也稽首謂首拜至地也惠順也時者祭義云霜露既降必有悽愴之心是也盡之內盡志外盡物也祭於廟而燕於寢燕時祭時之樂復皆入奏故曰樂具入奏蓋骨肉歡而君之福祿固是安然後受福祿也女之歡慕已行同姓之臣無有怨者而皆慶君燕已醉飽長幼皆拜稽首曰神乃歆嗜君之飲食報君以壽且考甚順於禮甚得其時維其盡矣願子孫勿廢而長行之此皆慶辭也蓋古之祭祀如此君子思古焉故詳言之蘇轍云凡詳言之

者皆思而不得見之辭也

信南山刺幽王也不能脩成王之業疆理天下以奉禹功故君子思古焉

信彼南山維禹甸之畇畇原隰曾孫田之甸治也畇畇墾辟貌曾孫成王也我疆我理疆畫經界也理分地理也南東其畝或南或東○上天同雲雨雪雰雰雰雰雪貌豐年之冬必有積雪益之以霢霂既優既渥小雨曰霢霂既霑既足生我百穀○疆埸翼翼黍稷彧彧埸畔也翼翼讓畔也彧彧茂盛貌曾孫之穡以爲酒食畀我尸賓壽考萬年○中田有廬疆埸有瓜是剝是菹剝瓜爲菹也獻之皇祖曾孫壽考受天之

祊○祭以清酒從以騂牡享于祖考周尚赤也執其鸞刀以啓其毛取其血膋鸞刀刀有鸞者言割中節也○是烝是享苾苾芬芬祀事孔明烝進也先祖是皇報以介福萬壽無疆

信南山六章章六句

案劉彝云昔者洪水汎濫禹治九川暨稷奏庶艱食蒸民乃粒是田法成於禹稷久矣夏道衰微而公劉紹興后稷之業商道廢墜而太王王季緒理公劉之遺文武既有天下而周公輔翼成王推后稷之法以踐禹功至于幽王政煩賦重田萊多荒故君子思古以賦是詩其意與楚茨同高平曰原下濕曰隰孔穎達云成王而謂之曾孫者以古者祖有德而宗有功因爲之號文武受命而定天下之基以爲祖宗祭法云祖文王而宗武王是也成王繼文武之後爲大平之主特與其號故稱曾孫田之謂成田也畝壟也言信乎彼南山之野本禹所

治墾辟原隰，則成王成之。畫其經界，分其地理，或南其畝，或東其畝，以順地勢之便。王安石云：言信彼者，以見幽王之時王政衰矣，然不明乎得失之迹者，聞有道先王之事，則疑其不能如彼故也。

二章 此言成王之時陰陽和，風雨時也。冬爲上天同雲，雲一色也，將雪之候如此。彭執中云：蝗產子于地，至春夏而出地，若冬有雪寒氣逼之，深入于地，春夏不能出矣。一雪入地三尺，三雪則入地九尺，故三白爲豐年之兆也。優，多也。渥，洽也。既言年豐，冬有積雪，春而益之以小雨，潤澤則饒洽矣，既霑潤既充足，是以能生我衆穀也。夫三農之事，雪則欲盛而遍也，雨則欲微而潤也。然豐年之冬，必有積雪，其春必有小雨，故是詩雨言小，雪言盛也。雪則欲其盛矣，然又欲其潤澤之甚周也，故繼之曰既優既渥。雨則欲其微矣，然又欲其膏潤之僅足也，故繼之曰既霑既足。

三章 從此以下，因農事遂言祭祀之事也。疆埸翼翼，承首章我疆我理言。黍稷彧彧，承次章生我百穀言。翼翼本從容閑整之義，農人理田而從容閑整，讓畔之敬可知矣。穀可收曰穡。同井之中，有公田，其稼皆天子所有

故曰曾孫之穡畀予也尸謂酌齊獻尸及獻熟食是
也賓謂助祭之賓於祭末行獻酬之禮是也言農人
理疆埸翼翼有禮讓或種黍或種稷皆彧彧茂盛成王
以其穡爲酒食以畀我尸與賓尊尸與賓所以敬神也
敬神則得壽考萬年此章及下章皆先事擬議之辭至
五六章方言祭時事四章中田田中也古者宅在都邑
廬在田中一井之田方一里是爲九夫八家共之人受
田百畝公田十畝是爲八百八十畝餘二十畝分八家
爲廬舍以便田事祜福也言農人於畔上種瓜瓜新熟
獻于天子乃剝削淹漬以爲菹以供祭祀鄭玄云獻於
先祖者貴四時之異物順孝子之心也孝子則獲福五
章清酒清潔之酒鬱鬯之屬也從者牽牲從其後也騂
赤色也享獻也啓告也膋脂膏也祭之禮先以鬱鬯祼
而降神然後迎牲乃令卿大夫執其鸞刀毛以告純也
血以告殺也膋以升臭也謂合之黍稷實之於蕭以燔
之也郊特牲云周人尚臭灌用鬯臭鬱合鬯臭陰達於
淵泉灌以圭璋用玉氣也既灌然後迎牲致陰氣也蕭
合黍稷臭陽達於牆屋故既奠然後焫蕭合羶薌凡祭

慎諸此魂氣歸于天形魄歸于地故祭求諸陰陽之義也卒章是烝是享言既有牲物而進獻之也其餘觧見楚茨篇何楷云楚茨詳于後而畧于前自祭祊以前但以祀事孔明一語該之信南山詳于前而畧于後自薦熟以後亦但以祀事孔明一語該之古人文字互見之妙如此

谷風之什十篇五十四章三百五十六句

甫田之什詁訓傳第二十一

甫田刺幽王也君子傷今而思古焉

倬彼甫田歲取十千倬明貌甫田謂天下田也十千言多也我取其陳食我農人自古有年尊者食新農夫食陳今適南畝或耘或耔黍稷薿薿耘除草也耔雝本也攸介攸止烝我髦士烝進髦俊也治田得穀俊士以進○以我

齊明與我犧羊。以社以方。器實曰齊。在器曰盛。社，后土也。方，迎四方氣於郊也。我田既臧。農夫之慶。琴瑟擊鼓。以御田祖。以祈甘雨。以介我稷黍。以穀我士女。田祖，先嗇也。穀，善也。○曾孫來止。以其婦子。饁彼南畝。田畯至喜。攘其左右。嘗其旨否。禾易長畝。終善且有。易，治也。長畝，竟畝也。曾孫不怒。農夫克敏。敏，疾也。○曾孫之稼。如茨如梁。曾孫之庾。如坻如京。茨，積也。梁，車梁也。京，高丘也。乃求千斯倉。乃求萬斯箱。黍稷稻粱。農夫之慶。報以介福。萬壽無疆。

甫田四章章十句

案此篇亦傷今思古，義與上篇同。言倬彼者，蓋證之之辭也。甫，大也。孫毓云：十千，猶頌云萬億也。所在有大田皆有十千之收。推而廣之。以見天下皆豐焉。故傳謂甫田爲天下田也。陳舊粟也。有年豐年也。今者今成王之時也。畝大抵以南爲正。故每曰南畝。薿薿茂盛貌。介大也。與下章以介我稷黍之介同。止息也。言倬彼天下大田。皆歲有十千之收。取其陳粟。食於農夫。新者供于尊老。蓋三年餘一。九年餘三。自古豐年其積如此。成王奉脩其業。民不廢其時。適彼南畝。或耘草萊。或壅禾根。功至力盡。黍稷薿薿然茂盛。夫倉廩實而知禮節。黍稷之所大。農人之所安息。俊士成焉。故於此進我俊士。古者士出於農。而工商不與焉。班固云。古之學者且耕且養。三年而通一經。用日少而蓄德多。**二章**齊與粢通。明猶潔也。粢明。明粢也。曲禮云。稷曰明粢。犧羊純色之羊也。臧善也。慶福也。鼓土鼓也。杜子春云。以瓦爲匡。以革爲兩面。可擊也。御迎也。孟春以琴瑟土鼓迎田祖。以祈年。蓋自冬徂春。農事則終而復始。百穀則死而復生。故於此時祈年于田祖。言以我潔粢與犧羊。秋祭社與四方。爲五穀成熟。報其功也。我田既善。而農夫皆有福慶矣。以孟春乃以琴瑟。及擊其土鼓。以迎田祖之神。而祭之。以求甘澍之雨，大得我稷黍，以善我男女。蓋言民富而後可致也。**三章** 曾孫，謂成王也。止，語辭。田畯解見上篇。攘除嘗試旨美。有，多也。言成王親循畎畝，而勸稼穡，見農夫率其婦子，饁彼南畝，其田畯來至，見其勤農樂業而喜之。乃攘除田之左右，辟其草萊，試上地肥美與否，以隨其宜。故其禾易治，竟畝如一。則其收穫終善，而且多可知矣。是以曾孫無所恚怒，而農夫益以不怠慢也。**卒章** 鄭玄云：稼，禾也。曾孫之稼，義與上篇曾孫之穡同。茨，屋蓋也。其積聚高大，如屋蓋。故傳以爲積也。坻，水中之高地也。庾，露積穀也。斯，語辭。箱，車箱也。言曾孫之稼，其積如屋蓋，其狀如車梁，其露積如渚坻，如高丘。於是乃求千倉以處之，求萬車箱以載之。蓋先治倉而後箱載以輸之也。有黍稷焉，有稻粱焉。公田之入既如此，則私田之所獲亦如之。是農夫有福也。然此皆王德之所致也。故天報之以萬壽無疆之介福也。朱熹云：此詩述公卿有田祿者，力於農事，以奉方社田祖之祭。夫茨梁坻京，千倉萬箱，豈公卿之富所有乎哉。

大田刺幽王也言矜寡不能自存焉

大田多稼既種既戒既備乃事以我覃耜俶載南畝覃利也播厥百穀既庭且碩曾孫是若庭直也○既方既阜既堅既好不稂不莠實未堅者曰阜稂童粱也莠似苗也去其螟螣及其蟊賊無害我田穉食心曰螟食葉曰螣食根曰蟊食節曰賊田祖有神秉畀炎火炎火盛陽也○有渰萋萋興雨祁祁雨我公田遂及我私渰雲興貌萋萋雲行貌祁祁徐也彼有不穫穉此有不斂穧彼有遺秉此有滯穗伊寡婦之利秉把也○曾孫來止以其婦子饁彼南畝田畯至喜來方禋祀以其騂黑與其黍稷以享以祀以介景福騂牛也黑

羊豕也

## 大田四章。二章章八句。二章章九句。

箋此篇亦刺幽王。義與上篇同。大田猶甫田也。大田多稼。總言之也。種擇其種也。戒謂脩耒耜具田器也。俶始載事。碩大若順也。言天下豐熟。大田多稼矣。此先相地之宜。而擇其種。先事脩田器。種既擇矣。器既備矣。而後乃事之。取其利耜。而始事於南畝。既耕而播厥百穀。其耕也勤。而種之也時。故其生者皆直而大。成王於是則止力役。以順民事。不奪其時。二章方房也。謂孚甲始生而未合時也。稂亦莠類也。稺幼禾也。蟲之災禾之稺者偏甚。故擧以言之。言禾盡生房矣。盡成實矣。盡堅熟矣。盡齊好矣。而無稂莠。去其螟螣及蟊賊。而無害我田之幼禾。此田祖有神。秉此四蟲。付之盛陽。使消亾也。蓋昆蟲生於陰濕。故制之以盛陽也。言明君爲政。能得田祖之福也。然此繇不素德脩政擧使然。若以爲上篇祭方社田祖之應。則是操豚蹄而望歲。其須君德淺矣。三章公田者方里而井。井九百畝。其中爲公田。八家皆私百畝。而同養公田也。草曰刈。穀曰穫。穧禾之已刈而未束者。秉刈禾盈手之把也。滯滯漏也。鄭玄云古者陰陽和。風雨時。其來祁祁然。而不暴疾。其民之心。先公後私。故見此雲雨。而曰雨我公田。而遂及我私田乎。冀侍君德而蒙其餘惠也。及其穫收。豐成有餘。不暇盡斂。彼有不及穫之穉。此有不及斂之穧。彼有遺棄之禾把。此有滯穗之禾穗。聽矜寡之取以爲利。蓋言太平之時。不費之惠。足以使矜寡自有所取活也。夫天澤怙君德而降。則私田之澤。亦君之澤也。地利得天澤而盛。則寡婦之利。亦君之利也。**卒章**精意以享曰禋。言王親省民之斂所來之方。乃致其禋祀。以報成收。來南方則用騂牲。求北方則用黑牲。各用其方色。此獨言騂黑。略舉二方。以見其餘也。

瞻彼洛矣。刺幽王也。思古明王能爵命諸侯。賞善罰惡焉。

瞻彼洛矣。維水泱泱。興也。洛、宗周漑浸水也。泱泱、廣大貌。君子至止。福祿如茨。韎韐有奭。以作六師。韎韐者、茅蒐染草也。一曰韎韐。所以代韠也。天子六軍。

○瞻彼洛矣。維水泱泱。君子至止。鞞琫有珌。鞞、容刀鞞也。琫、上飾。珌、下飾也。天子玉琫而珧珌。諸侯璗琫而璆珌。大夫鐐琫而鐐珌。士珕琫而珕珌。君子萬年。保其家室。

○瞻彼洛矣。維水泱泱。君子至止。福祿既同。君子萬年。保其家邦。

瞻彼洛矣三章章六句。

案。洛、水名。周禮職方氏云。正西曰雍州。其浸渭洛是也。鄭玄云。君子至止者。謂諸侯來受爵命者也。爵命為福。賞賜為祿。如茨。言多也。韎、茅蒐所染色也。韐、蔽膝之衣。合韋為之。兵事之服也。奭、赤貌。作、起也。瞻彼洛矣維水泱泱以興天子恩德廣大也。嚴粲云。詩人瞻洛水之深廣。思昔天子於此朝會諸侯。其錫予之福有如茨之盛。若國有征伐之事。又使韎韐臨戎。以作六師而行之。當是之時。朝覲會同。四海來格。爵賞征伐自天子出。何其盛也。乃今泱泱之水猶昔也。而盛事遠矣。【二章】鞞。今刀鞘也。言征伐有功。則特受賞賜。得長保其家室也。【卒章】既同。蓋謂以父祖之功。其爵命賞賜與其先君同也。郝敬云。周京邇于西戎。故諷以作六師。慮有夷狄之禍也。保家室。諷太子申后之事也。保家邦。知西周之將亡也。君子至止。諷以朝會也。福祿。諷以賞善也。戎服佩刀。諷以罰惡也。

裳裳者華。刺幽王也。古之仕者世祿。小人在位。則讒諂並進。棄賢者之類。絶功臣之世焉。

裳裳者華。其葉湑兮。興也。裳裳猶堂堂也。湑。盛貌。我覯之子。我心寫兮。

我心寫兮。是以有譽處兮。○裳裳者華。芸其黃矣。芸黃盛也。我覯之子。維其有章矣。維其有章矣。是以有慶矣。○裳裳者華。或黃或白。我覯之子。乘其四駱。乘其四駱。六轡沃若。言世祿也。○左之左之。君子宜之。右之右之。君子有之。左陽道朝祀之事。右陰道喪戎之事。維其有之。是以似之。似嗣也。

裳裳者華四章章六句

案。裳古文作常。常古文本是一字。非通用也。覯見也。我天子自我也。之子謂賢者功臣之子孫也。心寫譽處解並見蓼蕭篇。裳裳者華。其葉湑兮。道華葉相承而並茂也。以興賢者前後相繼而榮顯也。孔子曰。於裳裳者華。見古之賢者世保其祿。是也。我見是人。我心爲之輸寫。君臣相得。其情無間。是以皆有美譽也。上篇言韎韐有奭以作六師。其心或思得一干城之寄。今一覯之子。而有當焉。心之寫。固其所也。二章章禮文也。言君子禮文之美。如華之盛也。鄒忠胤云。以芸黃與有章。黃者中央正色。易坤卦曰。含章可貞。曰黃裳元吉。蓋陰雖有美。含之以從王事。美在中而暢四肢。發事業。則章莫美於黃矣。有慶。謂君寵錫之也。兼祿位言。三章鄒忠胤云。以黃白之華。與四駱。蓋黃馬黑鬣曰駱。白馬朱鬣亦曰駱。之子所乘非一。或黃或白。有如此華矣。禮天子之卿駕純駟。之子而乘四駱。言世先人之祿也。卒章有謂所蘊不竭也。劉向云。君子者無所不宜也。是故韠冕厲戒。立于廟堂之上。有司執事。無不敬者。斬衰裳苴絰杖。立于喪次。賓客弔唁。無不哀者。被甲纓冑。立于桴鼓之間。士卒無不勇者。此左之宜之。右之有之也。維其有此德。是以能嗣先人之祿位也。幽王之時。讒諂並進。棄賢者之類。絶功臣之世。故詩人陳古以刺王不能也。

桑扈。刺幽王也。君臣上下。動無禮文焉。

交交桑扈。有鶯其羽。興也。鶯然有禮文。君子樂胥。受天之祜。胥皆也。○交交桑扈。有鶯其領。領頸也。君子樂胥。萬邦之屏。屏之也。○之屏之翰。百辟爲憲。翰幹。憲法也。不戢不難。受福不那。戢聚也。不戢戢也。不難難也。那多也。不多多也。○兕觥其觩。旨酒思柔。彼交匪敖。萬福來求。

桑扈四章章四句。

案。交交飛往來貌。桑扈鳥名。是鳥採桑時來。故謂之桑扈。一名竊脂。以其色名之。竊脂淺白色也。樂胥猶云胥樂也。楊愼云古人倒句法類如此。祜福也。言交交桑扈鶯然有文章。以喩君臣以禮法威儀升降於朝廷也。夫上之所爲下成其俗。上下有禮分則國安。而君寧是受天之福。而與天下皆樂者也。故曰君子樂胥。受天之祜。

孫毓云。與天下皆樂。樂之大者。天子四海之內無違命。則天子樂矣。諸侯四封之內無違命。外內無敵。則諸侯樂矣。大夫官府之內無違命者。諮謀行於上。則大夫樂矣。士進以禮。退以義。則士樂矣。庶人耕稼樹藝。以養父母。刑罰不加於身。則庶人樂矣。幽王直情而恣行。不用先王禮法。故詩人盛陳古者君臣循禮文如此。所以刺今之不然也。二章鳥將飛則先奮其頭。文采四張。鶯然可愛也。王者能用禮義治。則上下各得其所。名分辨紀綱正。外侮不侵。天下和平。足以爲萬邦之屏蔽也。如此而後能與天下皆樂矣。三章之屏承上章言。翰訓幹。榦牆所立兩木曰楨。當牆兩邊障土者曰幹。幹是牆之主也。辟君也。戢訓聚。檢束之謂也。難危懼之謂也。言王者外能爲萬邦之屏蔽。內能爲百事之楨幹。則百辟卿士莫不修職而法象之。不戢乎不難乎。能自檢束而危懼是以受福多矣。傳云。高而不危。所以長守貴。滿而不溢所以長守富。此戢難那福之說也。卒章兕觥罰爵也。酒者陽物。能發人之剛。其過在抵觸。故先王制兕觥爲罰爵以寓戒。兕善觸者也。用其角爲之。欲人顧此也。觩角上曲貌。敖傲通。此章言能循先王之禮也。言王者與羣臣燕飲必設兕觥觩然。對旨酒而思和柔。上下無失禮者。彼升降酬酢之際。絕無傲慢荒耽雜之見于飲酒者也。此無意於求福而福來。而求之猶云富貴來逼人耳。

鴛鴦刺幽王也。思古明王交於萬物有道。自奉養有節焉。

鴛鴦于飛。畢之羅之。興也。鴛鴦匹鳥。大平之時。交於萬物有道。取之以時。於其飛乃畢掩而羅之。君子萬年。福祿宜之。○鴛鴦在梁。戢其左翼。言休息也。君子萬年。宜其遐福。○乘馬在廄。摧之秣之。摧莝也。秣穀也。君子萬年。福祿艾之。艾養也。○乘馬在廄。秣之摧之。君子萬年。福祿綏之。

鴛鴦四章章四句。

案。畢小罔長柄者。羅鳥罟也。君子謂明王也。鳥之小者未能飛。必待其長大。於其能飛乃畢之羅之。不夭胎不射宿之義也。夫禽蟲之微。如鴛鴦者。凡取之以時。令舉一物以興其餘。其交於萬物有道如是。則宜也壽考受福祿也。呂祖謙云。獨以鴛鴦爲興者。詩人偶見人之掩捕適有所感耳。二章鄭玄云。梁石絶水之梁。戢斂也。鴛鴦休息於梁。明王之時。人不驚駭。斂其左翼。以右翼掩之。自若無恐懼。遐遠也。遠猶久也。列子載周宣王牧正有役人梁鴦。能養野禽獸。委食園庭之內。無不柔馴者。雌雄在前。孳尾成羣。異類雜居。不相搏噬。梁鴦之名蓋取鴛鴦在梁不驚擾之義。詩之古義亦可以見已。三章明王之時。其所乘之馬。繫於廄。無事則委之以莝。有事乃予之穀。言愛國用也。舉馬以興於自奉養有節亦然也。

頍弁。諸公刺幽王也。暴戾無親。不能宴樂同姓。親睦

九族孤危將亡故作是詩也

有頍者弁實維伊何興也頍弁貌弁皮弁也爾酒既旨爾殽既嘉豈伊異人兄弟匪他蔦與女蘿施于松栢蔦寄生也女蘿菟絲松蘿也喩諸公非自有尊託王之尊未見君子憂心弈弈既見君子庶幾說懌弈弈然無所薄也○有頍者弁實維何期爾酒既旨爾殽既時時善也豈伊異人兄弟具來蔦與女蘿施于松上未見君子憂心怲怲既見君子庶幾有臧怲怲憂盛滿也臧善也○有頍者弁實維在首爾酒既旨爾殽既阜豈伊異人兄弟甥舅如彼雨雪先集維霰霰暴雪也死喪無日無幾相見樂酒今夕君子維宴

頍弁三章章十二句。

案。序云諸公刺幽王。諸公謂同姓之公也。嚴粲云。幽王危亡已迫。而不自知。族人與國同休戚。心竊憂之。而疎遠。九族無繇進其忠告。故因王不燕樂同姓。以爲辭而告以敗亡之兆也。非欲王宴樂之也。旨嘉皆美也。君子斥幽王也。言幽王服是皮弁之冠。實維伊何。所爲乎此不過曰爲淚宮之飲而已。列女傳所云飲酒沉湎。以夜繼晝是已。爾酒既美矣。爾殽既美矣。而曾不宴樂同姓。豈伊異人乎。皆兄弟至親。匪他人矣。諸公之於王。如蔦與女蘿依於松柏也。松柏存而茂。松柏殞而亡矣。故無繇志告。則憂心弈弈然。若已得見王諫止之。則庶幾其變改意解懌也。箋餘云。人知蔦蘿得松柏而弱者有所依。不知松柏得蔦蘿而強者亦有所護也。二章何期言欲爲何也。具通作俱。俱皆也。有臧言庶幾以吾言爲善。其變改也。卒章阜猶多也。謂吾舅者。吾謂之甥。先集者。謂雪集聚也。將大雨雪。始必微溫。雪自上下。遇溫氣消釋集聚。而摶謂之霰。久而寒勝。則大雪矣。此從宴樂上說來以及危亡警懼也言國將亡必先離其九族如彼將雨雪必先下霰死亡無有日數矣相見能幾耶而不自知猶樂酒今夕怡然宴樂長夜之飲不徼來朝之事未可知也其所以警告于王者至剴切矣鄭敬云此如後世敵兵四合而帳中夜飲亡國之慘千古一轍杜甫所謂東方漸高奈樂何者也長歌可以代泣其類爾之謂乎此篇朱熹以爲燕兄弟親戚之詩末章詞旨哀傷果可與伐木行葦例觀否耶且如彼雨雪二句當作何解比老至則將死之徵可謂牽強矣

車舝大夫刺幽王也褒姒嫉妬無道並進讒巧敗國德澤不加於民周人思得賢女以配君子故作是詩也

間關車之舝兮思孌季女逝兮興也間關設舝也孌美貌季女謂有齊季女也匪

飢匪渴德音來括括會也雖無好友式燕且喜○依彼平林有集維鷮辰彼碩女令德來敎依茂木貌平林林木之在平地者也鷮雉也辰時也式燕且譽好爾無射○雖無旨酒式飲庶幾雖無嘉殽式食庶幾雖無德與女式歌且舞○陟彼高岡析其柞薪析其柞薪其葉湑兮鮮我覯爾我心寫兮○高山仰止景行行止四牡騑騑六轡如琴景大也覯爾新昏以慰我心慰安也

車舝五章章六句

案間廁也關本門牡也橫木持門者車之橫軸似之舝軸頭鐵也加鐵于軸端使鐵與木相間而不得脫是謂間關故傳訓爲設舝也舝無事則脫行乃設之逝往也褒姒之惡敗亂其國大夫不能救止顧無如之何因思

得賢女以配君子。乃設間關之車舝。思孌彼季女。以往迎之。曰思孌則非有其人也。是思得賢女之辭也。匪饑而如饑。匪渴而若渴。乃思賢女以德音來與我王會也。雖無衆妾與相好友。祇得一人。亦足以承王之燕喜也。婦人以相好爲友。見關雎之文。幽王昏亂。止諫不聽。所信惟婦人言。故詩人冀其改德於賢女。是亦補救無策不得已而思此着耳。二章 此惡褒姒嫉妬之辭也。碩女。稱季女也。爾爾碩女。射厭也。言依然平林之廣。能容飛鳥。故有集維鷮。以喩王后無妬忌之行。能容其所賴。則淑女亦從焉也。蓋應上章無好友。時若得此賢女與王燕樂而享榮譽。則王遂化之。好爾無厭也。三章 此擬設得賢女之辭也。式飲庶幾。倒語也。雖無德與女。首章雖無好友之意。時幽王與褒姒沈湎無度。酒旨殽嘉。其見于類弁者如彼。此欲反其所爲也。言雖無旨酒嘉殽庶幾飲之食之。萬不至如褒姒所爲也。雖無德與女。自宮中以至大夫羣臣。得爾賢女。忻喜之深。咏歌舞蹈有不能自已者。蓋好樂賢女如此。則厭惡褒姒甚矣。四章此欲黜褒姒也。故以析薪託興。陟登也。岡山脊也。柞木名。孔穎達云。言爲薪是廢棄不用之辭。滑解見裳裳者華篇。鮮少也。爾亦爾碩女。柞之生於高岡。其葉滑然。與豔妻在王后位。而方媚也。登彼高岡。析其柞以爲薪。必析其柞以爲薪者。爲其葉茂盛蔽岡之高也。以喻黜除褒姒爲其蔽君之明也。惟賢女難得。鮮我覯爾。我得覯爾則我憂心亦傾寫矣。卒章。仰瞻望也。止語辭。行道路也。騑騑辭見四牡篇。如琴謂調和如琴瑟也。歐陽修云高山仰止。景行行止者。勉其不已之辭也。言賢女難得。求之不已。將有得也。高山則仰。大道則行。四牡騑騑調其六轡。行而不息。以求此賢女。使我見王得此賢女爲新昏。則慰我心矣。孔子曰。詩之好仁如此。鄉道而行。中道而廢。忘身之老也。不知年數之不足也。俛焉日有孳孳。斃而後已。是之謂也。詩志云。風之有關雎。所以興治也。雅之有車舝。所以救亂也。鳩在河洲。鷮集平林。其託興同。寤寐之求。饑渴之思。其用情同。荇菜之采。柞薪之析。其寫事同。獨文王聖德。非俔天之妹。不足以作配故曰淑女。曰好逑。幽王失德。必具回天之力。乃可悟主故曰碩女。曰來教。朱熹以此篇爲燕樂新婚之詩。楊愼云禮云昏禮不賀人之序也又云娶婦之家三日不舉樂思嗣親也新昏安得有燕耶序云幽王無道詩人思得賢女以配君子此義爲得此序説所以不可輕變也

青蠅大夫刺幽王也

營營青蠅止于樊興也營營往來貌樊藩也豈弟君子無信讒言○營營青蠅止于棘讒人罔極交亂四國○營營青蠅止于榛榛所以爲藩也讒人罔極構我二人○

青蠅三章章四句

案豈弟樂易也君子謂王也蠅之爲蟲點白爲黑點黑爲白喩讒人變亂善惡也讒人雖善營若我不信之彼烏得而營之是由王之信讒耳青蠅止于樊流言止于智者故戒之曰豈弟君子無信讒言下二章言讒言之

禍無極也。棘亦所以爲藩也。四國。四方之國也。構者。構合兩端。令彼此相嫌也。言于棘于榛。蠅之營營。猶有所止。而讒人罔極。何所底止。遠則亂四國。近則構二人。鑠金銷骨。甚哉其不可信也。鄒忠胤云。曰構我二人。則此大夫似亦嘗親近于王者。斯固讒人所最忌。而務欲擕其交者邪。臣主之交擕。而後小人得乘其閒。擧四國惟吾所顛倒。而無不如意。則交構又交亂之本哉。高伯宗辯讒論云。君子之讒於小人。亦可悲哉。忠臣不得而卒寵于君。孝子不得而終愛于父。貞女不得而畢志于夫。良士不得而全交于友。是故晁錯削國。討安宗社。可謂智矣。朝衣東市。慘何極焉。然猶可誘曰深刻之賈禍也。屈原定令。修潔無私。可謂忠矣。汨羅之沈。至令悲之然猶可誘曰婞直之招謗也。子胥之功。何負于吳。而有鴟夷之浮乎。則又誘曰君寵之不篤也。楚之美人。何疎于王。而有劓鼻之禍乎。則又誘曰嬪婦之愚自見欺也。西伯之聖。足自全矣。而羑里之囚。幾不免焉。則又誘曰王臣之疎。人易閒耳。申生致胙。分非疎矣。而待烹之訣奚爲而至。則又誘曰父之不道。人倫之變也。伯奇掇蜂。非不遇賢父矣而何至有伯勞之傷乎吁智如鼂錯忠如屈平功如子胥寵如美人聖如周伯戚如父子聽者如尹吉甫亦可保矣而皆不能免則不及此者當何如也甚哉讒之爲禍而君子之不可不辨也嗟夫青蠅爲祟一至於此中冓之言可勝道哉斯誠來世之永鑑矣

賓之初筵衞武公刺時也幽王荒廢媟近小人飲酒無度天下化之君臣上下沈湎淫液武公既入而作是詩也

賓之初筵左右秩秩秩秩然肅敬也籩豆有楚殽核維旅楚列貌殽豆實也核加籩也旅陳也酒既和旨飲酒孔偕鐘鼓既設舉醻逸逸逸逸往來次序也大侯既抗弓矢斯張大侯君侯也抗舉也有燕射之禮射夫既同獻

爾發功。發彼有的，以祈爾爵。的，質也。祈，求也。○籥舞笙鼓，樂既和奏。烝衎烈祖，以洽百禮。秉籥而舞，與笙鼓相應。百禮既至，有壬有林。壬，大。林，君也。錫爾純嘏，子孫其湛。嘏，大也。其湛曰樂，各奏爾能。賓載手仇，室人入又。手，取也。室人，主人也。主人請射於賓，賓許諾，自取其匹而射。主人亦入于次，又射以耦賓也。酌彼康爵，以奏爾時。酒所以安體也。時，中者也。○賓之初筵，溫溫其恭。其未醉止，威儀反反。曰既醉止，威儀幡幡。舍其坐遷，屢舞僊僊。反反，言重愼也。幡幡，失威儀也。遷，徙。屢，數也。僊僊然。其未醉止，威儀抑抑。曰既醉止，威儀怭怭。是曰既醉，不知其秩。抑抑，愼密也。怭怭，媟嫚也。秩，常也。○賓既醉止，載號載呶。亂我籩豆，屢舞僛僛。是曰既醉不知其郵。側弁之俄。屢舞傞傞。號呶號呼讙呶也。僛僛舞不能自正也。傞傞不止也。既醉而出。並受其福。醉而不出。是謂伐德。飲酒孔嘉。維其令儀。○凡此飲酒。或醉或否。既立之監。或佐之史。彼醉不臧。不醉反恥。立酒之監。佐酒之史。式勿從謂。無俾大怠。匪言勿言。匪由勿語。由醉之言。俾出童羖。羖羊不童也。三爵不識。矧敢多又。

賓之初筵五章。章十四句。

案此詩前二章以射與祭發端。蓋古人造酒原爲燕饗祭祀而設。射義云。古者諸侯之射也。必先行燕禮。卿大夫之射也。必先行鄉飲酒之禮。書酒誥云。惟天降命。肇我民惟元祀。又云。爾尚克羞饋祀。爾乃自介用逸。然則酒之爲用可知已幽王荒廢沈湎無度故武公作是詩以刺之首章二章畧陳古之燕射祭祀之禮三章以下摹寫今之酒人狂態可恥此其所以刺也初筵初即席也左右謂折旋揖讓也凡非穀而食之曰殽核邊實也梅桃之屬故稱核和旨調美也偕齊一也國君無故不徹縣於是特言鐘鼓既設者爲射改縣以辟射位也射必須樂既設則其奏亦可知矣所謂天子以騶虞爲節諸侯以貍首爲節卿大夫以采蘋爲節士以采蘩爲節是也醻酬同擧醻擧所奠之酬爵也儀禮云主人酌賓曰獻賓既酢主人主人又自飲而酌賓曰酬賓受之奠於席前而不擧至旅而遂擧所奠之爵交錯以偏是也既同比其耦也射禮選羣臣爲三耦三耦之外其餘各自取匹謂之衆耦獻猶奏也發彼有的謂發矢於彼的也祈爾爵者射義云祈求也求中以辭爵也酒者所以養老也所以養病也求中以辭爵者辭養也射禮勝者飲不勝者言先王用酒必射而飲祭而飲將射也先行燕禮賓之初即席左右秩秩然肅敬邊豆楚然殽核維陳矣酒既調美賓之飲者威儀齊一矣其將射也鐘鼓

既設。于是改縣也。舉醻爵。逸逸然。言方旅之時也。既旅之後。止飲而行射事。君侯既舉。弓矢亦張。射事將起也。射夫既比其耦。各奏其發矢中的之功。捨發彼有的以求於爾爵。

**二章** 此言祭而飲也。先王之禮。既祭而燕燕則又射。此章是也。籥舞文舞也。烝進。衎樂也。烈祖功烈之祖也。洽合也。百禮事神之衆禮也。任訓大。謂大禮大樂也。純全也。純嘏皆指福。言湛樂也。其湛曰樂。爲射發端也。奏爾能。謂奏中的之功。載則仇匹又復康安也。酒所以安體也。故曰康爵。即飲不勝者之爵也。奏進也。傳訓時爲中者。進爾中。謂勝者之黨酌以進中者。令以飲彼不中者也。言將祭也。籥舞笙鼓樂既和奏乃進樂於烈祖以備百禮。夫有大禮斯有大樂以和之。有備樂斯有備禮以成之。故百禮既至有禮樂之大。有孝子之人若神之歆也。錫之全大之福。子孫皆獲湛樂。其湛樂也。於是乎又射。各奏爾能。賓則自取其匹耦而射主人亦入於次又射以耦賓。賓主射畢乃酌彼康爵。以進爾中者也。古者酒之爲用如此而已矣。性情和于笙鼓之中。容貌嚴于百禮之間。何繇至沈湎淫液乎哉。

**三章** 此

以下刺今之君臣上下飲酒無度也再提賓之初筵以分今古之異也止語辭僊僊舞貌言賓之初即席尚溫溫然恭敬其未醉也威儀猶反反然至於既醉威儀幡幡舍其本坐而遷於他位屢起舞僊僊然又重言既醉怭怭者其狂態不一而足也遂犯貴朝廷犯齒位席是既醉不知其常禮也

四章

僛僛本醉舞貌故傳訓爲不能自正也郵與尤同過也俄傾貌令善也言既失威儀又號呶雜亂籩豆亦無次序與夫籩豆有楚者反矣屢舞僛僛冠弁傾側威儀廢失而不自知其過與飲酒孔偕者異矣燕禮云賓醉北面坐取其薦脯以降奏陔賓所執脯以賜鍾人於門內霤遂出卿大夫皆出是既醉而出並受其福也醉而不出至其若此是謂誅伐其德飲酒之所以孔嘉者以其有令儀爾今王若此則無復有儀矣論語云惟酒無量不及亂謂不失威儀也

五章

古者人君燕飲必立酒之監史監即執法也史即御史也淳于髠說齊威王云賜酒大王之前執法在傍御史在後此其制尚存于戰國者也臧善也失禮爲不臧式勿從謂以下禁戒之也式用從就謂言由從也語大聲

牛羊之無角者。曰童羖。羊之性。牝牡有角。童羖必無之物也。三爵者。獻也。酬也。酢也。言凡此飲酒之法。或醉或否。既立之監。以察儀法。或佐之史。以書之。古之飲法如此。今也乃使監史督不飲者。令之皆醉。彼醉者不善。不自知。反以不醉爲恥。乃戒之曰。人之已醉。勿就而與之言。與之言。則愈更號呶。是使之大爲慢惰也。其所不當言者勿言。彼所不當從者勿告。女若從醉者之言。使女出無角之羖羊矣。蓋戒醉言不可聽也。大氐飲至三爵。已昏然無所記識矣。故玉藻云。三爵而油油以退。矧敢又多飲乎。韓詩云。夫燕之禮。不脫屨而即序者謂之禮。跣而上坐者謂之宴。能飲者飲之。不能飲者已。謂之醧。此詩所謂或醉或否是已。齊顏色。均衆寡。謂之沈。閉門不出者。謂之湎。君子可以宴。可以醧。不可以沈。不可以湎。是故工告樂備。乃立司正。知其能和樂而不流。朝不廢朝暮不廢夕。知其能安燕而不亂。非然未有不至於伐德者。禹戒旨酒。湯儆酣歌。易著濡首之失。禮嚴萍氏之幾。先王所以防酒禍者至矣。此詩醉人狂態。歷歷殆盡。亦足以爲箴矣。

甫田之什十篇三十九章二百九十六句

魚藻之什詁訓傳第二十二

魚藻刺幽王也言萬物失其性王居鎬京將不能以自樂故君子思古之武王焉

魚在在藻有頒其首頒大首貌魚以依蒲藻爲得其性王在在鎬豈樂飲酒魚在在藻有莘其尾莘長貌王在在鎬飲酒樂豈魚在在藻依于其蒲王在在鎬有那其居

魚藻三章章四句

案萍藻魚之所庇網罟所不加處也故水靜則萍藻生焉魚養于此乘流喰波數露其首故見有頒其首豈亦

樂也。一作愷。夫王政衰。則陰陽不和。陰陽不和則羣生不得其所矣。歐陽修云。幽王時。萬物失其性。而不安其生。上亦將不能長有其樂也。乃思古武王之時萬物得其性。故王亦安其樂。魚在在藻者。言萬物之得其性也。蓋舉一物而萬物該矣。王在在鎬者。謂武王安其樂也。稱古所以刺今也。孔穎達云。幽王之詩思古多矣。皆不陳武王。此獨言之者。居鎬京。武王爲始。幽王將喪鎬京。故陳武王也。二章有莘其尾見魚戲于藻之內焉得其所之狀也。卒章鄭玄云。那安貌。天下平安無四方之虞。故居處那然安也

采菽。刺幽王也。侮慢諸侯。諸侯來朝。不能錫命以禮。數徵會之。而無信義。君子見微而思古焉

采菽采菽。筐之筥之。興也。菽所以芼太牢而待君子也。羊則苦。豕則薇。君子來朝。何錫予之。雖無予之。路車乘馬。君子謂諸侯也。又何予之。玄袞及

黼玄衮卷龍也白與黑謂之黼○觱沸檻泉言采其芹觱沸泉出貌檻泉正出也君子來朝言觀其旂其旂淠淠鸞聲嘒嘒載驂載駟君子所届淠淠動也嘒嘒中節也○赤芾在股邪幅在下彼交匪紓天子所予諸侯赤芾邪幅幅偪也所以自偪束也紓緩也樂只君子天子命之樂只君子福祿申之申重也○維柞之枝其葉蓬蓬蓬蓬盛貌樂只君子殿天子之邦樂只君子萬福攸同殿鎮也平平左右亦是率從平平辯治也○汎汎楊舟紼纚維之紼繂也纚緌也明王能維持諸侯也樂只君子天子葵之樂只君子福祿膍之葵揆也膍厚也優哉游哉亦是戾矣戾至也

采菽五章章八句。

案是詩亦思古以刺今之不然也菽大豆也采其葉以爲藿周禮鉶羹牛藿是也筐筥所以受所采之菜也諸侯不指定一人故以君子稱之雖無予之者其意尚以爲薄也五路惟玉路不以賜其餘皆得賜曰路車則自金路以至木路兼擧之矣四馬爲乘玄袞玄衣而畫以卷龍也九章之第一章也曰玄袞及黼則自九章以至一章兼擧之矣黼作斧形刺之於裳取割斷焉蓋半白半黑似斧刃白而身黑故傳云白與黑謂之黼言采菽采菽筐筥以盛之所以芼大牢而待君子也君子來朝何錫予之於時雖無可予之尚有路車乘馬車馬之外又何予之袞龍玄衣及黼裳也采菽之錫予其物有加其意歟然古昔明王敬待諸侯如此幽王以烽火侮戲諸侯君子見其禍亂必起於此故序云見微而思古焉是詩傳以爲興謂四章率章也特於章首言之耳

二章

言我也芹所以充豆實也周禮芹菹兔醢是也旂車上所建也鸞解見蓼蕭駕者既服而三之曰驂四之曰駟

屆至也。言就觱沸檻泉我采其芹。亦所以待君子也。君子來朝我觀其旂旂影淠淠鸞聲嘒嘒則驂則駟君子所至車乘之威儀如此蓋形容來朝之威儀車服之盛也。**三章** 芾太古蔽膝之象太古田獵而食因衣其皮先知蔽前後知蔽後後王易之以布帛而獨存其蔽膝是服謂之芾其他服謂之韠以韋爲之脛本曰股邪纏於足謂之邪幅如後世行縢偪束其脛自足至膝故曰在下。彼交謂上交于天子也。天子所予即首章錫予。車服是也。古者天子賜諸侯也以禮樂樂之而後命予之故曰樂只君子。天子命之謂命爵祿也。言諸侯入朝也亦芾在股邪幅在下其見于天子也恭敬齊遫不敢紓緩也。天子乃命車服又申之以福祿稱樂只君子不一而足者或命爵祿或賜車服非指定一人也。鄭忠胤云孔子曰於采菽見明王所以敬諸侯夫非獨君敬其臣亦繇臣自爲敬則彼交匪紓一語盡之矣。**四章** 率循也。維柞之枝其葉蓬蓬然者繇其根本之堅固也。根本以喻天子枝葉以喻諸侯也。而枝以衛根株葉以庇其幹猶天子寵賜諸侯反能殿天子之邦也。故曰樂只君子殿天子之邦萬福攸同君臣並受其福也平平然上下左右亦是率從道上下不相亂也荀子云分不亂於上能不窮於下治辯之極也詩曰平平左右亦是率循卒章汎汎浮貌楊舟楊木之舟也汎汎楊舟紼纚維之喻明王以爵命維持諸侯也天子揆其功德以命賜之又厚之以福祿優哉游哉道威儀從容和緩也夫存乎內者形乎外其德亦是至矣

角弓父兄刺幽王也不親九族而好讒佞骨肉相怨。故作是詩也

騂騂角弓翩其反矣興也騂騂調和也不善紲檠巧用則翩然而反兄弟昏姻無胥遠矣○爾之遠矣民胥然矣爾之教矣民胥傚矣○此令兄弟綽綽有裕不令兄弟交相為瘉綽綽寬也裕饒瘉病也○民

之無良相怨一方受爵不讓至于己斯亡爵祿不以相讓故怨禍及之此周而黨愈愆少鄙爭而名愈辱求安而身愈危○老馬反爲駒不顧其後已老矣而孩童慢之如食宜饇如酌孔取饇飽也○毋敎猱升木如塗塗附猱猨屬塗泥附著也君子有徽猷小人與屬徽美也○雨雪瀌瀌見晛曰消晛日氣也莫肯下遺式居婁驕○雨雪浮浮見晛曰流浮浮猶瀌瀌也流流而去也如蠻如髦我是用憂蠻南蠻也髦夷髦也

角弓八章章四句○

案角弓以角飾弓也翩反貌兄弟同姓之通稱胥相也言雖騂騂角弓不善紲檠巧用則翩然反矣以喻宗族骨肉不善恩待則憤然怨恨也故告之曰兄弟昏姻無相遠矣此本言兄弟而兼及昏姻若曰昏姻且不可相

遠兄兄弟乎杜鄭云人情恩深者其養謹愛至者其求詳大戚而不見殊孰能無怨此棠棣角弓之詩所爲作也二章此承上章言爾爾幽王遠謂不親九族也民胥然矣猶言民亦相與如此也上所施下所效曰教言王與骨肉如此則下民亦將傚上之所爲也三章令善也言王化之不善此善兄弟則或有綽綽有裕而不變彼不善兄弟則由此而交相病矣四章良善也一方猶言一隅也謂各有所執而不肯相下也言民之無良者但相怨一方耳彼兄弟之無良相怨相讒以取爵祿而不相讓怨之所歸禍必及之貪爭不已至于亡身也明王教以禮讓文王之朝士讓爲大夫大夫讓爲卿朝廷之上讓而就賤民猶犯上況爾之教矣如此則下必有甚者焉五章鄭玄以孔取爲度其所勝多少然與宜飫並言則非度量之義愚謂孔器中空虛受物之處滿而後止是孔取之謂也蓋喻快意行事而不少抑撙也言人之老矣而慢待之如孩童父兄反聽於子弟是老馬反爲駒也不自顧念後至年老人之遇己亦將然惟如食宜飫如酌孔取自恣曾無所顧也幽王不親骨肉下之

皆倣有如此者六章猱性善升木不待教而能也塗附猶言附塗也蓋倒語也君子小人以分而言即德風德草之意猷道也言小人骨肉之恩本薄幽王疎薄親族倡不善於上是教猱升木也如泥上著泥益愈甚矣荀君子有美道則小人皆倣亦皆連屬而相親矣孔子曰君子篤於親則民興於仁此之謂也七章瀌瀌盛貌遺棄婁數也言讒邪雖盛遇明者則自止如雨雪瀌瀌見日氣則日消也而王甘信之不肯貶下遺棄反使以居位數驕何以化下民哉卒章髦西夷別名故傳云夷髦也言其無禮義而相殘賊如夷狄也幽王卒死犬戎之難詩人之憂其意深矣

歌謠爲讖自古而然

菀柳刺幽王也暴虐無親而刑罰不中諸侯皆不欲

朝言王者之不可朝事也

有菀者柳不尚息焉興也菀茂木也上帝甚蹈無自暱焉蹈動暱近也

俾予靖之後予極焉。靖，治。極，至也。○有菀者柳不尚愒焉。愒，息也。上帝甚蹈無自瘵焉。瘵，病也。俾予靖之後予邁焉。○有鳥高飛亦傅于天彼人之心于何其臻曷予靖之居以凶矜。曷，害。矜，危也。

菀柳三章章六句。

案不尚尚也尚庶幾也上帝天也不敢斥王故以上帝言之此蓋非尊而稱也亦以見其暴虐焉俾予代當時賢者言予極予於諸侯言有菀然茂盛之柳行路之人豈不庶幾就之止息乎以與人誰不欲朝事王者也而王心無恒甚變動故畏而無自近耳若俾予治之後諸侯至焉言朝王也夫君不君則臣不臣此寧復有人臣禮哉雖然以先王盛時其所以懷諸侯者春朝而圖事秋覲以比功夏宗以陳謨冬遇以協慮時會以發禁

殷同以施政時聘以結好殷頫以除慝間問以諭志歸脤以交福賀慶以贊喜致禬以補裁其人王則使逆勞于畿及郊勞眡館將幣又有牢禮飱獻飲食之數是恩常過于威以固結人心招使來耳凡威太用究至失威乾上九所以致戒于亢龍也**二章**無自瘵焉言自遠而無至病也**卒章**傳臻皆至也彼人謂幽王也亦不敢斥也居猶徒然也言鳥之高飛極至於天耳王心無恒於何所至乎言人不知其所屆也何不俾予靖之居然自爲凶危之行也

都人士周人刺衣服無常也古者長民衣服不貳從容有常以齊其民則民德歸壹傷今不復見古人也

彼都人士狐裘黄黄其容不改出言有章彼彼明王也行歸于周萬民所望周忠信也○彼都人士臺笠緇撮臺所以禦暑笠所以禦雨也緇

撮緇布冠也 彼君子女綢直如髮 密直如髮也 我不見兮我心不說

○彼都人士充耳琇實 琇美石也 彼君子女謂之尹吉 尹正也 我不見兮我心苑結○彼都人士垂帶而厲彼君子女卷髮如蠆 厲帶之垂者 我不見兮言從之邁○匪伊垂之帶則有餘匪伊卷之髮則有旟 旟揚也 我不見兮云何盱矣

都人士五章章六句

案城郭之域曰都都人士都邑之士所以別野人也黄黄狐裘色也不改有常也言古明王時都人士衣狐裘黄黄其容貌既有常言語又有文章不惟衣服容貌言語也其行要歸於忠信故下民咸瞻望而法傚之此時在位奢淫巧僞尤甚下民亦傚之故舉古以刺之表記云君子服其服則文以君子之容有其容則文以君子

之辭遂其辭則實以君子之德是故君子恥服其服而無其容恥有其容而無其辭恥有其辭而無其行孝經稱非先王之法服不敢服亦在法言法行先此都人士之狐裘黃黃所以爲服之衷而繼以容不改言有章行歸於周也**二章**臺草名以臺皮爲笠笠本禦暑因可以禦雨故傳分之以充事焉孔穎達云以緇撮爲一知臺笠不二矣緇布冠其制小僅可撮其髻故曰緇撮君子女貴家之女所以別民女也蓋婦人之有爵者即命婦是已綢密也密直如髮謂髮綢密而條直一仍其髮之本然不用髢爲高髻也言彼都人士以臺爲笠緇布爲冠儉且節也彼君子女綢直如髮仍其自然不事修飾也時皆奢淫我不復見士女之然者心思之而憂也鄒忠胤云狐裘臺笠有似郊特牲所謂黃衣黃冠而祭息田夫者然玉藻云君子狐蒼裘豹袖玄綃衣以裼之即燕居之服亦固宜然已**三章**充耳瑱也惟冕服有之鄭玄云苑猶屈也積也言彼都人士以美石爲瑱塞實其耳彼君子女人咸謂之尹而吉也我今不見士女如是我心爲之苑結矣**四章**孔穎達云厲垂帶之貌故傳

以爲帶之垂者。蠆螫蟲也。尾末揵然、似婦人髮末曲上卷然。邁行也。彼都人士垂帶而厲。然道服飾有常也。彼君子女卷髮如蠆。道容儀有法也。我今不可得見。得見則我從之邁矣。思之甚也。**卒章** 匪伊望也。此承上章言、匪伊故垂之也。帶由其有餘而垂之。匪伊故卷之也。髮由其自揚而卷之。葢從其自然而非強之也。我今不得見。使我如何其懸望乎。望之甚也。鄒忠胤云、是詩備述士之衮冠瑱帶。而於女第兩詠其髮。豈古者婦女出、則擁蔽其面。所可見者惟髮邪。然曰謂之尹吉、則婦德婦言婦容婦工亦可知已。垂之卷之皆質任自然。所謂殆與膏首祓服冶容誨淫者異乎。荀子云、亂世之徵其服組其容婦其俗淫其志利其行雜其文章匿而采治世反是。詩人懷古之深情殆如此。

采綠 刺怨曠也。幽王之時多怨曠者。

終朝采綠不盈一匊。興也。自旦及食時。爲終朝。兩手曰匊。予髮曲局薄言歸沐局卷也婦人夫不在則不容飾○終朝采藍不盈一襜衣蔽前謂之襜五日爲期六日不詹詹至也婦人五日一御○之子于狩言韔其弓之子于釣言綸之繩○其釣維何維魴及鱮維魴及鱮薄言觀者

采綠四章章四句

案幽王政亂行役者過時不歸此其所以怨曠也綠王芻也髮曲局猶言首如飛蓬也沐濯髮也夫綠易得之菜也終朝采之而不滿匊心思念夫不專於事也久廢容飾乎髮曲局姑舍之而歸沐以待其君子之還蓋憂深而不安于事之狀可以見焉此詩因采綠以見其憂思之深故以爲興郝敬云夫人情者聖王之田男女居室人之大欲古者用民之力歲不過三日新昏三月不從政恤其私也今使其室家睽離匹婦銜怨故聖人錄是詩以明王道本乎人情云爾二章藍染草也孔穎達云婦人常時以五日爲御之期六日不至尚以爲恨也

今久不歸予舉近以喻遠也。**三章**之子謂其君子也。于往，言我也。韔其弓，謂射訖弛弓納于韔中也。理絲曰綸。朱熹云：言君子若歸而往狩耶，我則為之韔其弓；往釣耶，我則為之綸其繩。蓋見夫久不還而預擬倘使歸來不相離，婦女情態摹寫殆盡，亦以見怨曠之甚焉。**卒章**陸璣云：魴，魚之美者；鱮，魚之不美者。今舉一美一不美，則可以槩衆魚矣。言於其釣而有獲，我往觀之，相親相暱，其情如何哉。憂中忽點綴夫婦不相離而觀魚之樂，蓋以自慰也。

黍苗，刺幽王也。不能膏潤天下，卿士不能行召伯之職焉。

○芃芃黍苗，陰雨膏之。興也。芃芃，長大貌。悠悠南行，召伯勞之。悠悠，行貌。

○我任我輦，我車我牛。我行既集，蓋云歸哉。任者、輦者、車者、牛者。○

我徒我御我師我旅我行既集蓋云歸處徒行者御車者師者旅者〇肅肅謝功召伯營之烈烈征師召伯成之謝邑也〇原隰既平泉流既清召伯有成王心則安土治曰平水治曰清

黍苗五章章四句

案召伯宣王之卿士召穆公是也芃芃黍苗陰雨膏之喩天下之民育養於宣王之恩澤也時宣王封申伯于謝命召伯往營城邑將徒役悠悠南行召伯則能慰其勞苦拊循以勸勉之鄭玄云陳宣王之德召伯之功以刺幽王及其卿士廢此恩澤事業也二章此及下章皆召伯之語呼而喩之所謂勞之也集成也言召伯呼負任者輓輦者將車者牽牛者而云俟我南行之功既成蓋云歸哉此示以歸期安其心也孔穎達云上文既云將車者謂車中有牛而將之下文又云牽牛者此牛在轅之外不在轅中故別言之鄭玄以爲牽傍是也三章

步行曰徒五百人爲旅五旅爲師召伯營謝邑以兵衆行左傳云諸侯之制君行師從卿行旅從天子之卿視諸侯故有師也孔穎達云徒行御車還是師旅中之人別而言之歷數以類上章也義亦與上章同四章肅肅嚴正之貌功工役之事也營治也烈烈威武貌征行也言召伯治謝功則使之嚴正將師旅行則有威武以成其功也卒章原隰就土田言治土高下各得其宜故曰平泉流以溝洫言水壅則流濁爲溝爲遂而無壅塞之患故曰清言召伯營謝邑相其原隰之宜通其水泉之利此功既成則國定矣夫謝爲荆徐要衝之地封申伯于此則足以鎮撫南國案崧高云維甫維申維周之翰四國于蕃四方于宣則王心之所以寧可知矣此詩與大雅崧高相表裏鄭忠胤云崧高何以繫之大黍苗何以繫之小固知體裁音律自爾不等黍苗即非作於行役亡庶亦代爲行役士庶言若崧高鋪叙宏淵自是名公鉅章此大小雅所由別與

隰桑刺幽王也小人在位君子在野思見君子盡心

以事之。

隰桑有阿其葉有難。興也。阿然美貌。難然盛貌。有以利人也。既見君子其樂如何。隰桑有阿其葉有沃。沃柔也。既見君子云何不樂。隰桑有阿其葉有幽。幽黑色也。既見君子德音孔膠。膠固也。心乎愛矣遐不謂矣中心藏之何日忘之。

隰桑四章章四句。

案下濕曰隰。言隰中之桑枝條阿然長大其葉又難然茂盛可以庇廕人。喻君子野處而有覆養之德也。我皆得見此君子則其樂如何哉。鄭玄云反求此義則原上之桑枝葉不能然以刺時小人在位無德於民。言隰而不言原蓋陰刺之也。二章葉有沃則可以養蠶亦有以利人也。三章葉老大則漸幽黑也。德音孔膠謂君子之德音膠結于我心，心而不可解也。卒章遐之言胡也，謂言也。言心誠愛君子，何不言矣，然國無道則言遜，故中心藏之而未敢言，何日忘之，思之無出而忘也。

白華，周人刺幽后也。幽王取申女以為后，又得褒姒而黜申后，故下國化之，以妾為妻，以孽代宗，而王弗能治，周人為之作是詩也。

白華菅兮，白茅束兮。興也。白華野菅也，已漚為菅。之子之遠，俾我獨兮。○英英白雲，露彼菅茅。英英白雲貌。露亦有雲，言天地之氣無微不著，無不覆養。天步艱難，之子不猶。步行，猶可也。○滮池北流，浸彼稻田。滮流貌。嘯歌傷懷，念彼碩人。○樵彼桑薪，卬烘于煁。卬我。烘燎也。煁烓竈也。桑薪宜以養入者也○維彼碩人實勞我心○鼓鐘于宮聲聞于外○有諸宮中必形見於外○念子懆懆視我邁邁○邁邁不說也○有鶖在梁有鶴在林○鶖禿鶖也○維彼碩人實勞我心○鴛鴦在梁戢其左翼之子無良二三其德○有扁斯石履之卑兮○扁扁乘石貌王乘車履石○之子之遠俾我疧兮○疧病也○

白華八章章四句○

案白華在野曰野菅漚之柔韌異其名謂之爲菅之子斥褒姒也我我於申后言白華以爲菅白茅以束之以賤承貴與尊卑各異所施也菅以喻申后茅以喻褒姒今亡亂貴賤之分廢后立妾蓋推本其由出於褒姒所爲也故曰之子棄遠我使我獨也老而無子曰獨幽王已廢申后褒姒譖太子宜咎宜咎奔申王欲求而殺之

是例獨也序言刺幽后而鄭以詩所謂之子爲斥幽王
今考詩八章五章常言之子則是所斥在下之子矣何
待以之子爲幽王也二章步訓行天行猶言時運也艱
難謂將亂也言英英白雲露於彼菅茅天地之氣無微
不落無不覆養以興嫡妾當皆被王恩而各得其所也
今時運艱難天生褒姒以使爲此不可之事蓋不歸咎
於之子而歸諸天命不悲己失意而慮國祚之將廢其
詞怨而不懟是可以怨者與三章碩人尊大之稱斥幽
王也嚴粲云滮然北流則止能浸彼在北之稻田耳喩
幽王之澤有所偏也但嘯歌傷懷而念彼碩人而已以
見安于命焉四章采薪曰樵桑薪薪之善者也宜炊爨
以養人我反以燎於烓竈物失其所也以喩嫡后之尊
而反見卑賤也王之所爲如此實使我思之極至于勞
但自傷其所遭之不幸而已五章懆懆愁不申也子亦
斥褒姒也我我下申后言褒姒爲不循于深宮人所不
聞見也而有諸宮中必形見於外如鼓鐘于宮聲聞于
外下國化之使天下敗亂申后深知其情故念子懆懆
然幽王已聽從於褒姒故王之視我邁邁然六章陸佃

云鶖性貪惡狀如鶴而大長頸赤目頭高八尺善與人
鬪梁魚梁也蘇轍云鶖鶴皆以魚爲食然鶖之與鶴貪
潔則異矣今鶖在梁而鶴在林鶖則飽而鶴則饑矣幽
王進襃姒而黜申后譬之如養鶖而棄鶴也七章鴛鴦
雌雄相好之鳥也戢斂也斂左翼謂右掩左也二三其
德謂變移其心志也言鴛鴦在梁不失其匹耦出之子
之無良使王變移其心志曾鴛鴦之不如也八章不乘
石也人履以升車者也有扁斯石履之卑兮喩妾止當
在下位而佐人也之子之棄遠我使我困病也鄒忠胤
云夫王后閫奉神靈之統理萬物之宜者爲龍漦之妖
倖而至下見黜幽之三綱於是乎淪矣史遷謂妃匹之
際或雖合而不能成子姓或能成子姓而不能要其終
人能弘道無如命何是故京室將降任姒幸逢其盛宗
周將滅申后不幸遇其艱豈非命也哉讀白華之雅有
餘恫焉嗟夫周失申后而殞於戎衛失莊姜而燔於狄
聖人錄白華及綠衣終風諸篇以著亂敗之原非直爲
怨婦寫侘
傺而已

緜蠻微臣刺亂也大臣不用仁心遺忘微賤不肯飲食敎載之故作是詩也

緜蠻黃鳥止於丘阿興也緜蠻小鳥貌丘阿曲阿也鳥止於阿人止於仁道之云遠我勞如何飲之食之敎之誨之命彼後車謂之載之○緜蠻黃鳥止於丘隅豈敢憚行畏不能趨飲之食之命彼後車謂之載之○緜蠻黃鳥止于丘側豈敢憚行畏不能極飲之食之命彼後車謂之載之

緜蠻三章章八句

案止託也後車副車也鄭玄云古者卿大夫出行士爲末介存所云微臣是已幽王之時國亂禮廢微臣從

行大臣而不見恤也言緜蠻黃鳥知止於丘阿喻小臣微賤託息於仁人也傳云止於仁謂仁人也道之云遠我勞甚矣如何者冀恕之也飲食以慰藉之先事敎之臨事誨之命後車以載之此大臣之所當施於從行小臣之事也今大臣不用仁心遺忘微賤故述盛時之禮義以刺今之不然也二章丘隅丘角也趨疾行也豈敢憚行但畏不能疾行言罷勞也卒章丘側丘旁也極至也畏不能至其所義與上章同鄒忠胤云大學引中章首二句謂鳥知其所止此特斷章取義乃賦詩者意正自不然夫鳥則擇木寧集苑無集枯丘阿丘隅丘側以爲岑則可安况其爲緜蠻若通篇皆託爲鳥言益又舛矣

瓠葉大夫刺幽王也上棄禮而不能行雖有牲牢饔餼不肯用也故思古之人不以微薄廢禮焉

幡幡瓠葉采之亨之君子有酒酌言嘗之　幡幡瓠葉貌庶人之菜也○

有兔斯首。炮之燔之。君子有酒。酌言獻之。毛曰。炮加火曰燔。獻奏也。○有兔斯首。燔之炙之。君子有酒。酌言酢之。炕火曰炙。酢報也。○有兔斯首。燔之炮之。君子有酒。酌言醻之。醻道飲也。

瓠葉四章。章四句。

案亨熟也。熟瓠葉者以爲菹也。菹酢菜也。君子稱主人言我也。我于主人。幡幡瓠葉。采之亨之。以爲飲酒之菹也。君子有酒。酌我使賓嘗之。言古之人庶人尚不以微薄廢禮。瓠菹兔炙。與賓客享之。以刺今幽王雖有牲牢饔餼不肯用也。首章斯此也。有兔斯首一兔也。數兔以首。猶數魚以尾也。鄭玄云。炮之燔之者。以爲飲酒之羞也。飲酒之禮。既奏酒於賓。乃薦羞。二三章鄭玄云。賓既卒爵。洗而酌主人。謂之報也。卒章欲醻賓而先自飲以導之。此舉醻之初也。故傳以爲道飲也。

漸漸之石下國刺幽王也戎狄叛之荊舒不至乃命將率東征役久病於外故作是詩也

漸漸之石維其高矣山川悠遠維其勞矣漸漸山石高峻武人東征不皇朝矣○漸漸之石維其卒矣山川悠遠曷其沒矣卒竟沒盡也武人東征不皇出矣○有豕白蹢烝涉波矣豕豬也蹢蹄也將久雨則豕進涉水波月離于畢俾滂沱矣畢噣也月離陰星則雨武人東征不皇他矣

漸漸之石三章章六句

案武人謂將率也皇遑古字通言遠征戎狄戍役不息路塗所歷漸漸高石人傷足馬割蹄山川長遠程途無窮其勞苦亦甚矣武人東征久處於外不得朝見天子也二章維其竟矣言既徧歷也曷何也何其盡矣言何

時其盡也不皇出矣謂深入險阻之地將不得出也卒章豕性負塗曳泥今涉水波故其蹄白矣烝進離歷也畢星名滂沱大雨貌言豕涉於水月離于畢而雨滂沱矣征役在險阻惟雨是憂何遑及於他事哉歐陽修云履險遇雨征行所尤苦故以爲言蓋雖治世固未嘗無征伐也然治世則行者未嘗自言而上之人豫已序其情而閔之亂世則上之人未嘗念之而行者自言其勞而不置是故周公東征東山歌之幽王東征漸石怨焉夫使勞者自言而上之人不加恤則烏在其爲民之父母也

苕之華大夫閔時也幽王之時西戎東夷交侵中國師旅並起因之以饑饉君子閔周室之將亡傷己逢之故作是詩也

苕之華芸其黃矣興也苕陵苕也將落則黃心之憂矣維其傷矣○苕

之華其葉青青（華落葉青青然）知我如此不如無生○牂羊墳首三星在罶（牂羊牝羊也墳大也罶曲梁也寡婦之笱也牂羊墳首言無是道也三星在罶言不可久也）人可以食鮮可以飽（治日少而亂日多）

苕之華三章章四句

箋芸黃貌苕之華芸其黃矣喻周室之將亡也君子閔周之將亡傷己之逢之故心之憂矣維其傷矣朱熹謂身逢周室之衰如苕附物而生雖榮不久故以爲比鄒忠胤駁之云然則裳華亦曰芸其黃矣杕杜亦曰其葉青青凡物有榮必有瘁何獨苕華爲不久榮乎【二章】上言華將落此言華已凋落稍見其葉青青也知我之所遭如此不如不生之愈也深傷逢今世也夫人情莫不貪生然方是時戎夷入寇人趨車馳兵火所逮屋宇寶爲煨燼鋒鏑縱橫街巷化爲戰場都人士女風行雨散東播西流又因之以饑饉世道之屯期生民之否運於

是極矣。人之生趣亦絕矣。此詩人所以興無生之感也
**卒章**牝羊首小牡羊首大三星心星也星隨天運晝夜周魚笱之間暫見心星之光言牂羊而責其大首終無是道以喻周至此求其復興不可得也且將亡如心星之光耀見於魚笱之中豈其久乎夫治世則豐食亂世則乏食今治日少而亂日多故人可粗得食少可以飽矣。

何草不黃下國刺幽王也四夷交侵中國背叛用兵不息視民如禽獸君子憂之故作是詩也

何草不黃何日不行何人不將經營四方言萬民無不從役○何草不玄何人不矜哀我征夫獨爲匪民○匪兕匪虎率彼曠野兕虎野獸曠空也哀我征夫朝夕不暇○有芃者狐率彼幽

有棧之車行彼周道芃小獸貌棧車役車也

何草不黃四章章四句

案草凋衰則黃言軍旅自春草始生而出何草而不黃乎至歲晚也何日而不行乎用兵不息也何人而不將經營四方乎萬民無不從役也一章鄭玄云玄赤黑色始春之時草芽蘖者將生必玄於此時也無妻曰矜矜鰥古通用韓詩作鰥征夫從役者也我征夫猶云我輩征夫也言何草而不玄又至明年之春也從役者皆過時不得歸何人不鰥哀我征行之夫豈獨爲非民乎夫東山出車諸篇序情憫勞皆以室家爲言同爲天民血氣嗜欲豈有異哉先王之政以民待民幽王待民視之如禽獸故曰獨爲匪民二章率循也言征夫非兕非虎何爲使循曠野與兕虎無異乎哀我征夫朝夕常行而不得閒暇三章幽隱也幽草謂草中也周道周之道路也孔穎達云狐本是草中之獸故循彼幽草今征夫非禽獸何爲使輓棧車行彼周道常在外野幽草不輔

廣　苕華言國家之衰微人民之不聊其生天運窮矣。此爲言征役之勞苦上之視之如禽獸人事極矣嗟爾至此無可爲矣。

魚藻之什十四篇六十二章三百二句

毛傳補義卷八終

# 毛詩補義卷九

## 大雅

說見乎小雅

漢　趙人　毛公　傳

日本　西播　岡白駒補義

### 文王之什詁訓傳第二十三

文王文王受命作周也

文王在上於昭于天在上在民上也於歎辭昭見也周雖舊邦其命維新乃新在文王也有周不顯帝命不時有周周也不顯顯也顯光也不時時也時是也文王陟降在帝左右言文王升接天下接人也◯亹亹文王令聞不已陳錫

哉周侯文王孫子。文王孫子。本支百世。亹亹勉也。哉載。侯維也。本本宗也。支
支子也。凡周之士。不顯亦世。不世顯德乎。世者世祿也。○世之不顯。厥猶
翼翼。思皇多士。生此王國。王國克生。維周之楨。翼翼恭敬。思辭也。皇
天。楨幹也。濟濟多士。文王以寧。濟濟多威儀也。○穆穆文王。於緝熙敬
止。假哉天命。有商孫子。穆穆美也。緝熙光明也。假固也。○商之孫子。其麗不
億。上帝既命。侯于周服。麗數也。盛德不可爲衆也。○侯服于周。天命靡
常。則見天命之無常也。殷士膚敏。祼將于京。厥作祼將。常服黼冔。殷士
殷侯也。膚美。敏疾也。祼灌鬯也。周人尚臭。將行。京大也。黼白與黑也。冔殷冠也。夏后氏曰收。周曰冕。王之藎
臣。無念爾祖。藎進也。無念念也。○無念爾祖。聿脩厥德。永言配命。

自求多福聿述永長言我也我長配天命而行爾庶國亦當自求多福殷之未喪師克配上帝帝乙已上也宜鑒于殷駿命不易駿大也○命之不易無遏爾躬宣昭義問有虞殷自天遏止義善虞度也上天之載無聲無臭儀刑文王萬邦作孚載事刑法孚信也

文王七章章八句

案此周公追述文王受命作周因以戒成王也文王未嘗稱王曰文王者追稱之也見于天謂其德上徹于天也命天命也有周以文單言有以助之猶左傳謂濟爲有濟也帝上帝也不是乎猶云不宜乎也言文王在民上於乎其德見于天周自大王以來居此地雖是舊邦受天命乃新在文王蓋言王基起於此也有周之德豈不光明乎大之命之豈不宜乎文王升接天下接人言奉天道以行政教也在帝左右言莫行而不法天也序

云受命作周者推本之辭也蓋雖武王革命非朝夕之故文王已有三分之二天意所在繇來漸矣故推本言文王受命也夫二南始基之雅訓王頌告廟皆以文王爲首爲此故也其言作周者作造也謂造周之王業猶書云肇造區夏也鄭玄云受天命而王天下果然則是時紂尚在上是二天子也烏在其服事殷歐陽修云文王受命毛以爲受天命而王天下此誤以鄭言爲毛說也余歷考毛傳未嘗言文王王天下其駁鄭則固是矣弁非毛可謂寃已

二章

令聞善譽也陳布也言文王亹亹修德不倦令譽日見稱不已乃布陳大利以錫下民故能載周至於奕世維文王孫子本宗百世爲天子支庶百世爲諸侯非特孫子之盛也凡周之士亦世祿顯德與周匹休焉夫天潰衍汎於無疆多士扞猷以幹國非文王之盛德安能載周如此哉陳錫哉周諸家說各不同案國語芮良父曰夫王人者將導利而布之上下者也使神人百物無不得其極猶日怵惕懼怨之來大雅曰陳錫載周是不布利而懼難乎故能載周以至于今左傳宣十五年晉侯賞桓子亦賞士伯羊舌職云文

上所以造周。不是過也。故詩曰。陳錫載周。能施也。又昭十年齊欒施高彊來奔。陳鮑分其室。晏子謂桓子必致諸公。桓子盡致諸公。而請老于莒。凡公子公孫之無祿者。私分之邑。國之貧約孤寡者。私與之粟。曰詩云陳錫載周。能施也。三子所引。其義皆同。古義可以見已。朱熹云文王非有所勉也。純亦不已。而人見其若有所勉耳。其意謂聖人生知安行。無所勉彊也。夫聖人亦人耳。豈無所勉彊哉。且棫樸明言勉勉我王矣。將何以解之。【三】

【箋】猶謀也。此承上章而言言周士之世祿。豈不顯其德乎。其謀事翼翼然恭敬。乃皇天使此多士生此王國。惟此王國能生此多士。皆莫非周家幹事之臣也。雖聖人不能獨治國家。必得其人而後功業成焉。故濟濟多士文王亦賴之以寧矣。王褒云。聖主必待賢臣而弘功業。俊士亦俟明主。以顯其德。上下俱欲。驩然交欣。千載壹合。論說無疑。是以聖主不徧窺望。而視已明。不單傾耳而聽已聰。遵遊自然之勢。恬淡無爲之場。引此詩云。益信乎以寧也。【四章】於歎辭。止語辭。言穆穆文王。於乎其德光明而能敬矣。堅固哉天之命之也。遂俾其子孫王

天下而臣有商之孫子商之孫子其數不啻億也然盛
德不可爲衆也上帝既命維歸于周而臣服之五章侯
服于周疊上起下也下皆同京訓大公羊傳云京者何
大也天子之居必以衆大之辭言之宗廟之祭以祼爲
主故特舉祼以言之祭服不止於黼舉一章以包其餘
矣王斥成王也藎訓進呂祖謙云忠愛之篤進進無已
也故謂之忠藎言維臣服于周者昔者爲殷之臣今也
乃爲周之臣矣則見天命之無常也殷侯膚美敏疾者
來助周祭于京師其助祭自服殷之服使先代之後仍
其典禮時王不敢變所以爲戒也蓋以方新之制作舊
物猶存以改革之宇宙勝國在目誰不聳然警惕哉今
王之藎臣皆無不念爾祖文王之德蓋言忠藎幹事之
臣皆由文王之德而輔翼王也欲成王述脩文王之德
也其意留在下章六章言訓我我者對庶國辭猶云我
王也師衆也不易言甚難也言王之藎臣無不念爾祖
矣當述脩文王之德我長配天命而行爾庶國亦當自
求多福兼戒庶國也殷之未失天下時能配上帝今
其子孫乃如此宜鑒于殷天之大命豈其易也哉卒章

宣布也。問聞。遹有。又儀象也。言天之命固不易矣。無使天命至爾躬而止。當布明善聞。又虞度殷之興亾皆自天也。然上天之事。無聲無臭。不可得而知。惟象法于文王所爲。則萬邦咸信而歸之矣。眞德秀云。周至成王再世耳。周公已憂其命之不延。讀毋遏爾躬之一語。至今猶使人凜然震懼。況周公親言之。而成王親聽之乎。亦猶堯告舜曰天祿永終也。以後世言之。必且謂此不祥之語。而古者君臣更相告戒。不諱危亡如此。斯其所以不危亾也。

大明。文王有明德。故天復命武王也。

明明在下。赫赫在上。明明察也。文王之德。明明於下。赫赫然著見於天。天難忱斯。不易維王。天位殷適。使不挾四方。忱信也。紂居天位。而殷之正適也。挾達也。○摯仲氏任。自彼殷商。來嫁于周。曰嬪于京。乃及王季。維德

之行。摯國任姓之中女也。嬪婦。京大也。王季大王之子。文王之父也。○大任有身。生此文
王。大任仲任也。身重也。維此文王。小心翼翼。昭事上帝。聿懷多福。厥
德不回。以受方國。回違也。○天監在下。有命既集。文王初載。
天作之合。在洽之陽。在渭之涘。集就。載識。合配也。洽水也。渭水也。涘厓也。○文
王嘉止。大邦有子。嘉美也。大邦有子。俔天之妹。俔磬也。文定厥
祥。言大姒之有文德也。祥善也。親迎于渭。言賢聖之配也。造舟爲梁。不顯其光。
言受命之宜。王基乃始於是也。天子造舟。諸侯維舟。大夫方舟。士特舟。造舟然後可以顯其光輝。○有命
自天。命此文王。于周于京。纘女維莘。長子維行。纘繼也。莘大姒國也。
長子長女也。維行大任之德焉。篤生武王。保右命爾。燮伐大商。篤厚。右助。燮和也。

○殷商之旅。其會如林。矢于牧野。維予侯興。旅、衆也。如林、言衆而不爲用也。矢、陳。興、起也。言天下之望周也。上帝臨女。無貳爾心。言無敢懷貳心也。○牧野洋洋。檀車煌煌。駟騵彭彭。洋洋、廣也。煌煌、明也。駵馬白腹曰騵。言上周下殷也。維師尚父。時維鷹揚。涼彼武王。師、大師也。尚父、可尚可父。鷹揚、如鷹之飛揚也。涼、佐也。肆伐大商。會朝清明。肆、疾也。會、甲也。不崇朝而天下清明。

大明八章。四章章六句。四章章八句。

○箋。鄭玄謂。篇名大明者。二聖相承。其明德日以廣大。難忱、言無常也。斯、語辭。不易、難也。天位、天子之位也。言文王之德明明於下。故赫赫然著見於天。天命難信。有德則眷之。無德則棄之矣。難哉維王也。夫紂爲殷正適。而居天位。以其暴惡。乃棄絶之。使教令不達於四方也。言四方叛之也。說一使字。凜然可畏。首章先泛言天命之故然後及殷亡之由爲美文武張本也**二章**此言文王之聖其所從來者遠自其父母而已然也殷商殷商之諸侯也將述商亡周興故以摯繫商與周對言之也朱熹云曰嬪于京疊言以釋上句之意猶曰釐降二女于嬀汭嬪于虞也及與也言摯國任姓之中女自彼殷商來嫁于周爲婦于京配王季而與之共行德同志意也鄒忠胤云漢儒謂禮惟嫁長女餘皆爲媵自殷以前皆然然則摯任非邪**三章**上言仲任此言大任者上本其未嫁故詳言其國及姓字此言已嫁故以常稱言之身訓重謂懷孕也孔穎達云以身中又有一身故言重小心翼翼恭愼貌昭明也上之所行下仰瞻之故言明事上帝奉天道而行之也懷謂受有于身也言大任既嫁于周有身而生此文王維此文王小心翼翼明事上帝遂能懷多福蓋厥德上不違天下不違人故能受四方來附之國也表記云有君民之大德有事君之小心引此詩以證之此所謂三分天下有其二以服事殷也**四章**將言天復命武王亦推本其所從來言之監視也集訓就就成也水北爲陽言天之監照實在於下其命既

成于周矣。及文王生有識知。天爲生之配。洽之陽。渭之涘。大姒生於此也。夫生聖不可無聖德之母。故天蚤黙定其配如此。

五章 止語辭。大邦謂莘國。子謂大姒也。論語以其子妻之。是女亦稱子也。俔訓磬。韓詩作磬。磬譬也。俔天之妹。蓋言其德足以配文王也。陸化熙云。文王之德與天爲一。譬則天矣。而大姒配以幽閒貞靜之德。譬則天之妹也。梁橋也。造舟爲梁。比舟於水。加板於其上。即浮橋也。言文王有嘉美德。而大邦有此子女。是天之所爲。非人之所能爲也。大邦之子女。譬如天之妹。此有文德。卜而定其祥。納幣既定。請期既畢。於是文王親迎于渭之傍。造舟爲梁。蓋賢女配聖人。以爲宗廟社稷之主。故其敬重如此。豈不顯其光輝乎。亦所以昭示後世敬昏禮也。王通云。愚讀大明之詩。而知人之求配不可不慎擇也。蓋雖大聖賢而配非其人。所生之子必不能全類其父。若不幸而遇妖姤悍陋之女。則其家之敗也忽諸。后夔以玄女而絶其祀。叔向以夏姬之女而滅其族。是可鑒也。詩稱文武之興。必各本其母而言。有旨哉。

六章 保保護也。言天既命文王于周于京矣。而纘先姑之女事者維莘國之長女維能行大任之德焉天厚周室重生武王保之助之命爾伐商蓋武王以保右定功伐商而曰變者師克在和不在衆也有衆而莫爲用直如林而已劉辰翁云古人厚故稱大商 **七章** 牧野商南郊之地名侯維貳疑也言武王伐紂殷商之兵其會聚如林衆而莫爲用也彼無戰意而維我師有興起之勢言天下之望周也按史記武王觀兵盟津諸侯不期而會者八百皆曰紂可伐矣武王曰女未知天命未可也乃還師歸又韓詩外傳云武王伐紂到于邢丘楯折爲三天雨三日不休武王心懼召太公而問曰意者紂未可伐乎是武王之心嘗疑貳矣故諸侯皆勸曰天命臨女無敢懷貳心也宋儒論湯武放伐謂有慙德甚則以爲武王非聖人也皆以己心測聖人可謂妄已夫聖人之心非凡人之所得而測也孔子曰畏聖人之言其言猶可畏況其所爲乎 **卒章** 檀堅韌之木宜爲兵車者也彭彭強盛貌尚父呂望也尊稱焉會朝會戰之朝也期以甲子昧爽故傳以會爲甲牧野洋洋言其戰地寛廣也以明不用權詐焉兵車鮮明馬又強盛尚父勇畧

如鷹之飛揚佐彼武王而疾伐商不崇朝而天下清明無復濁亂終之以尚父鷹揚亦猶緜之敘四輔受命者非佐命者不爲功矣

緜文王之興本由大王也

緜緜瓜瓞民之初生自土沮漆興也緜緜不絕貌瓜紹也瓞㼐也民周民也自用土居也沮水漆水也古公亶父陶復陶穴未有家室古公豳公也古言久也亶父字或殷以名言質也古公處豳狄人侵之事之以皮幣不得免焉事之以犬馬不得免焉事之以珠玉不得免焉乃屬其耆老而告之曰狄人之所欲吾土地吾聞之君子不以其所養人而害人二三子何患無君去之踰梁山邑乎岐山之下豳人曰仁人之君不可失也從之如歸市陶其土而復之陶其壤而穴之室內曰家未有寢廟亦未敢有家室○古公亶父來朝走馬率西水滸至于岐下爰及姜女

聿來胥宇率循也滸水厓也姜女大姜也胥相宇居也○周原膴膴堇荼如飴○爰始爰謀爰契我龜○周原沮漆之間也膴膴美也堇菜也荼苦菜也契開也曰止曰時築室于茲○迺慰迺止迺左迺右迺疆迺理迺宣迺畝自西徂東周爰執事慰安爰於也○乃召司空乃召司徒俾立室家其繩則直縮版以載作廟翼翼言不失繩直也乘謂之縮君子將營宮室宗廟爲先廐庫爲次居室爲後○捄之陾陾度之薨薨築之登登削屢馮馮捄虆也陾陾衆也度居也言百姓之勸勉也登登用力也削牆鍛屢之聲馮馮然百堵皆興鼛鼓弗勝皆俱也鼛大鼓也長一丈二尺或鼛或鼓言勸事樂功也○迺立皐門皐門有伉迺立應門應門將將王之郭門曰皐門伉高貌王之正門曰應門將將嚴正也美大王作

郭門以致皐門作正門以致應門焉

迺立冢土戎醜攸行冢大戎大醜衆也冢土大社也起大事動大衆必先有事乎社而後出謂之宜美大王之社遂爲大社也

◯肆不殄厥慍亦不隕厥問柞棫拔矣行道兌矣肆故今也慍恚隕墜也兌成蹊也

混夷駾矣維其喙矣駾突喙困也

◯虞芮質厥成文王蹶厥生質成也成平也蹶動也虞芮之君相與爭田久而不平乃相謂曰西伯仁人也盍往質焉乃相與朝周入其竟則耕者讓畔行者讓路入其邑男女異路班白不提挈入其朝士讓爲大夫大夫讓爲卿二國之君感而相謂曰我等小人不可以履君子之庭乃相讓以其所爭田爲閒田而退天下聞之而歸者四十餘國

予曰有疏附予曰有先後予曰有奔奏予曰有禦侮率下親上曰疏附相道前後曰先後喻德宣譽曰奔奏武臣折衝曰禦侮

緜九章章六句。

案大曰瓜小曰瓞。蓋本一種。瓜蔓近本之瓜必小。名之曰瓞。狀似瓝。故又謂之瓝。是紹先歲之瓜者也。故爾雅云瓞瓝其紹瓞。傳云瓜紹也。諸侯之臣稱君曰公。古公即大王。王季之父。文王之祖父也。其年歲久古。故稱之曰古公。陶瓦器也。瓴甓之屬。復地室也。穴土室也。隨地而造。若平地則不鑿。但纍土爲之。謂之爲復。言於地上重復爲之也。若高地則鑿爲坎。謂之爲穴。皆以瓴甓之類甃之。所以隔土氣也。故曰陶復陶穴。王安石云先歲之瓜嘗大矣。嗣歲之瓞則小。其蔓緜緜不絶。末則復大。周帝嚳之冑也。中嘗衰小。後至於大王文王更大。故以瓜瓞況之。周之民其初生居沮漆之傍。古公亶父尚在陶復陶穴之中。未有寢廟。亦未敢有家室。此大王始遷于岐下之時也。國土未大。人衆未多。故且復穴而居之。豳民從之如歸市。浸假而成邑。周家八百年業肇基於此。故本周之興云于沮漆也。鄭玄云本其在豳時也。傳自古公處豳而下。爲二章發。皆非毛旨也。二三章傳云周原沮漆之間也是沮漆爲在岐下審矣【二章】朝早也早走馬言其避惡早且疾也岐下岐山之下也及與也胥訓相相視也言初古公之遷岐也避狄之難早走馬循西水滸東行而至於岐山之下與其妃大姜遂來視可居者也特言及姜女者蓋未敢期豳民之必從己但與其私屬去豳遷岐云爾【三章】廣平曰原契訓開漢書注云言刻開之灼而卜之也言古公視其可居者周之原地膴膴肥美其所生荼雖有性苦者甘如飴也於是始與豳人之從己者謀人謀既從矣又灼其龜而卜之嚴粲云曰者龜告之兆也曰止言止居得其地曰時言可以興土功之時築室於茲無容再計矣蔣悌生云詩中凡言龜卜下文必見卜吉之義如爾卜爾筮體無咎言上句言卜下句言吉考卜維王卜也維龜正之亦叶吉之義如不吉之類亦曰我龜既厭不我告猶未有但言灼龜而卜不言兆之吉凶者故知曰止曰時當爲龜兆之繇辭也【四章】迺乃同承上之辭迺慰安慰新遷之民也上章曰止則龜告以宜居於此此言迺止則遂止居於此也左右東西列之也蓋公宮之左右開地置邑以

居其民也。宣，導溝洫也。畝，治田疇也。周，徧也。言民心既定，乃安之，乃止居於此，乃左右開邑，乃疆理其經界，乃宣溝洫，治田疇，從西方往東之人徧爰執事，競出力也。凡民之性安土重遷，離居或有所悔，人競出力，其無悔心可知矣。五章司空掌營國邑，司徒掌徒役之事。立，立位處也。所謂左祖右社、面朝後市之類是也。爾雅云：繩謂之縮。謂繩束版也。傳繩作乘，鄭玄云聲之誤也，當作繩。載，上下相承也。立木兩傍以障土，縛束其版，版滿築訖則升下於上以相承載也。翼翼，嚴顯也。言廟之狀。言民居既定，將營宮室，於是乃召司空，乃召司徒，使立室家之位處，以繩正之。其繩既正矣，縮版以載，埴墉既堅矣，宗廟先成，翼翼然嚴顯也。六章述遂作宮室也。捄，盛土於器也。孔穎達云：傳言捄虆者，謂捄土於虆也。虆者，盛土之器也。薨薨，衆聲也。削屢，牆成而削治之，打鍛頻數也。馮馮，頻疾之聲也。五版爲堵。周禮鼓人以鼛鼓鼓役事。言捄之者陾陾，送至牆上，牆上之人受而居於版中，其聲薨薨；既投版中，則築之登登；牆既成，則削治之，打鍛頻數，其聲馮馮。百堵同時起，鼛鼓不能止之使休息言民皆勸事樂功也。七章宮室既成。乃立郭門。乃立正門。後遂爲伉然天子之皐門。爲將將天子之應門矣。乃立國之社。遂爲王者之大社。起大事。動大衆。必於此宜爲美大王之致王業也。八章自此以下。爲文王之時殄絶也。問聞通。謂聲譽也。柞棫皆叢生有刺者。大王雖避狄遷岐。立冢土以利攸行。則隱然治威嚴之梗槩。故今文王不絶去其恚惡惡人之心。亦不墜其聲聞來附日衆。生齒漸繁。柞棫拔除爲邑。行道兌然成蹊。於是興師伐混夷。混夷奔突。維其困矣。書傳所謂四年伐犬夷是也。犬夷即混夷也。卒章生猶起也。予曰以下。詩人之辭也。言虞芮質厥成。而後歸附益衆。文王由此動厥興起之勢。是雖其德所致。亦其臣與有助焉。故敘四輔如此。鄭忠胤云。自遷岐之始。從者已如歸市。浸假而成邑。成聚成都。如孟子所云。士立其朝。農耕其野。賈藏其市。旅出其途。共臻斯路。而虞芮之質成。特赴愬之一事耳。緜生之勢。豈復猶夫初生之象哉。緜緜者幾何而後得以至此。要之受命者。非佐命者不爲功。周書曰。惟文王尚克修和有夏。亦惟有若虢叔。有若閎夭。有若散宜生。

有若泰顛有若南宮括國語又謂其詢于八虞諏于蔡原訪于辛尹重以周召畢榮億寧百神而柔和萬民然則四輔之力居多矣非文王亦不能有是故曰濟濟多士文王以寧

棫樸文王能官人也

芃芃棫樸薪之槱之興也芃芃木盛貌棫白桵也樸抱木也槱積也山木茂盛萬民得而薪之賢人衆多國家得用蕃興濟濟辟王左右趣之趣趨也濟濟辟王左右奉璋半圭曰璋奉璋峩峩髦士攸宜峩峩盛壯也髦俊也淠彼涇舟烝徒楫之淠舟行貌楫櫂也周王于邁六師及之天子六軍倬彼雲漢爲章于天倬大也雲漢天河也周王壽考遐不作人遐遠也遠不作人也追琢其章金玉其相追彫也金曰彫玉曰琢相質也勉勉我王綱紀四方

# 棫樸五章章四句

箋槱之所以備於用也濟濟解見文王篇辟君也君王謂文王也從後尊稱之辭下屬王我王皆同言芃芃然棫樸茂盛萬民採之爲薪以喻文王養賢衆多國家用之蕃興也王威儀濟濟然左右之臣趨而事之以見君臣之盛也**二章**祭祀之禮君祼以圭瓚諸臣助之亞祼以璋瓚沈括云璋圭之半體也合之則成圭臣奉璋助君蓋取合體一心之義攸宜謂人稱其職也言濟濟辟王有事于宗廟則左右之臣奉璋助之奉璋峩峩者皆髦俊之士所宜於其官者也**三章**淠水名烝衆也楫訓櫂釋名云在旁撥水曰櫂于往邁行也天子六軍文王爲西伯奉王命征伐則亦得抽調六軍及者惟恐後之辭言彼淠水之舟淠淠然行水者由衆人以楫撥之也以喻文王之治國衆臣賢者輔助之也王有所征伐則六軍從之如惟恐後也歐陽脩云王所官人入宗廟居軍旅皆可用言文武之材各任其事也**四章**天文莫大於雲漢故云倬章文章也文王是時九十餘矣故云壽

考作謂化成也遠不作人甚言其作也歐陽脩云漢在上爲天之文章猶賢才在朝爲國之光采也文王壽考遠不作人乎易稱聖人久於其道而天下化成此之謂也文王在位五十年可謂久於其道矣免罝野人皆爲干城是善作人也**卒章**勉勉勤而不已也大者爲綱小者爲紀凡爲綱必先有紀衆目紀焉然後設綱擧綱則目自張爲政立其大者小者隨之故以況焉追琢其章道脩飾也蓋與衞風如切如磋如琢如磨意同金玉其相道成德也玉不琢不成器雖聖人不學不能成德故云追琢其章宋儒謂聖人生知安行是浮屠法身如來之說耳雖學而不得之身非德也故云金玉其質而學以成德之要在勤而已故次之言勉勉我王夫德成然後可以爲政故又次之言綱紀四方大氏雅之述德兼訓嗣王故寓訓意如此

旱麓受祖也周之先祖世修后稷公劉之業大王王季申以百福干祿焉

瞻彼旱麓。榛楛濟濟。旱山名也。麓山足也。濟濟衆多也。豈弟君子。干祿豈弟。干求也。言陰陽和山藪殖。故君子得以干祿樂易。○瑟彼玉瓚。黃流在中。玉瓚圭瓚也。黃金所以飾流鬯也。九命然後錫以秬鬯圭瓚。豈弟君子。福祿攸降。○鳶飛戾天。魚躍于淵。言上下察也。豈弟君子。遐不作人。○清酒既載。騂牡既備。言年豐畜碩也。以享以祀。以介景福。言祀所以得福也。○瑟彼柞棫。民所燎矣。瑟衆貌。豈弟君子。神所勞矣。○莫莫葛藟。施于條枚。莫莫施貌。豈弟君子。求福不回。

旱麓六章章四句

案此言周家世受祖業也。故豈弟君子所指不一。此章君子指大王也。言君上有德則休徵至。為洪範云雨暘燠寒風五者來備各以其敘庶草蕃廡彼旱山之麓榛楛濟濟是由在上有德陰陽和也故君子得以求祿樂易也周語云夫旱麓之榛楛殖故君子得以易樂干祿焉若夫山林匱竭林麓散亡藪澤肆既民力彫盡田疇荒蕪資用乏匱君子將險哀之不暇而何易樂之有二章瑟潔鮮貌玉瓚盛鬯酒之器以圭爲柄黃金爲勺圭以玉爲之指其體謂之玉瓚據成器謂之圭瓚酒從金勺中流出爲金所照色亦黃故謂之黃流君子指王季也子夏謂殷王帝乙之時王季以九命作伯於西受圭瓚秬鬯之賜此章是也言王季以功德受此賜其祭祖先用瑟彼玉瓚黃流在其中是豈弟君子福祿所降也周之進爵爲西伯自王季受圭瓚之賜始所謂福祿攸降者也朱熹云寶器不薦于褻味而黃流不注于瓦缶則知盛德必享于祿壽而福澤不降于淫人矣三章鳶飛戾天其影映於水底魚乃躍于淵上之所漸下之應之如鳶飛於天魚躍于淵言上下昭明也君子指文王也遐不作人解見上篇易云鼓之舞之之謂作蓋王者作人猶鼓之舞之如魚之躍于淵鳥能有化成之哉四

章清酒。祭祀之酒也。鄭玄云。既載。謂已在尊中也。祭祀之事。先爲清酒。其次擇牲。故舉二者。備全具也。享。獻也。介景皆大也。言君上有德。則年豐畜碩也。清酒既載騂牡既備。以獻之宗廟。以祭其先祖。以大其福。五章燎爨也。鄭玄云。勞猶言佑助也。此章與首章。脉絡意同。言柞棫衆多。民之所爨以爲薪也。蓋草木蕃廡。民用豐足。是君上之德之所致。而君上之所以致之。以爲神所佑助也。上章。言祭祀以介景福。此言得福之事。故歸諸神所勞。此君子。謂武王也。上云騂牡既備。則是自武王爲天子尚赤之後言也。卒章枚。幹間造也。鄭玄云。葛也藟也。延蔓於木之枝本而茂盛。喩子孫依緣先人之功業而起。豈弟君子。求福不違先祖之道也。

思齊文王所以聖也。

思齊大任。文王之母。思媚周姜。京室之婦。齊。莊。媚。愛也。周姜大姜也。京室。王室也。大姒嗣徽音。則百斯男。大姒。文王之妃也。大姒十子。衆妾則宜百子也。○惠于宗公神罔時怨。神罔時恫。宗公、宗神也。恫、痛也。刑于寡妻、至于兄弟、以御于家邦。刑、法也。寡妻、適妻也。御、迎也。○雝雝在宮、肅肅在廟。雝雝、和也。肅肅、敬也。不顯亦臨、無射亦保。以顯臨之、保安無厭也。○肆戎疾不殄、烈假不瑕。肆、故今也。戎、大也。故今大疾害人者、不絕之而自絕也。烈、業。假、大也。不聞亦式、不諫亦入。言性與天合也。○肆成人有德、小子有造。造、爲也。古之人無斁、譽髦斯士。古之人無厭於有名譽之俊士。

思齊五章、二章章六句、三章章四句。

案、周姜、大王之妃、王季之母也。京室、從後追稱之也。徽、美也。百男、舉成數而言其多也。此言文王所以聖者、世有賢妃之助也。思、念。莊、敬。大任、乃文王之母。常思愛大姜之賢而效之、以稱爲王室之婦也。大姒亦能思慕任美而繼其美聲。有不妒忌之賢。而子孫至於衆多也。二章惠順也。宗公。宗廟先公也。故云宗神也。時是也。寡少也。適妻惟一。故言寡也。刑于寡妻。以禮法接待其妻也。至者。自此及彼之辭。此章惠于宗公三句。蒙上章大姒而言。言大姒能輔佐君子。以事宗廟。故神無怨恫。鄭忠亂云。禮國君娶夫人之辭曰。請君之玉女與寡人共有敝邑。事宗廟社稷。此求助之本也。祭必夫婦親之。所以備外內之官也。婦順章而宗公惠。故曰罔怨罔恫。然大姒之所以賢。則又本于文王之躬化。故曰刑于寡妻。遂由內及外。由近及遠。至于兄弟。以迓治于家邦。孔子曰宜其家人。而后可以教國人。堯欲試舜。釐降二女。能處二女。則能處天下矣。皆刑于寡妻。以御于家邦之謂也。三章凡室皆名宮。此宮謂宮中也。言文王平居在宮中則雝雝然而和。有事在宗廟。則肅肅然而敬。其臨於下不顯亦如以顯臨之。言政昭明也。惟保安其民。而無厭倦也。上二章。言所以聖。此章乃言聖德也。夫在宮而和在廟而敬。其政顯明。安民無倦。聖人之德無以尚矣。四章此以下。言聖德之化也。肆者。通首章。言聖德已成。爲今。疾害也。瑕遐通。遠也。式法也。言文王聖德已成。故今大疾害人者不絶之。而自絶其功業廣大。豈不長遠乎。事未嘗前聞。舉必中法。行不待諫諍。自入於善。言性與天合也。卒章冠以上。爲成人小子。童子也。古之人。指文王也。周書無逸云。小人侮厥父母曰。昔之人無聞知。是以昔人稱父母也。此詩作于文王既沒之後。故以爲古之人。復何疑哉。斁厭。髦俊也。言其成人以有成德。其小子則有業學習。此文王無厭於有名譽之俊士。隨其材以登庸之。故一時人才。皆有所成就也。夫聖人之道。安民之道也。安民莫先於官得其人。故棫樸旱麓思齊三詩。頌文王之德。而皆及於作人。爲此故也。

皇矣美周也。天監代殷。莫若周。周世世脩德。莫若文王。

皇矣上帝。臨下有赫。監觀四方。求民之莫。（皇大。莫定也。）維此二

國其政不獲。維彼四國。爰究爰度。二國，殷夏也。彼，彼有道也。四國，四方也。究，謀度
居也。上帝耆之。憎其式廓。乃眷西顧。此維與宅。耆，惡也。廓，大也。憎其用大
位行大政。顧，顧西土也。宅，居也。○作之屏之。其菑其翳。修之平之。其灌其
栵。啓之辟之。其檉其椐。攘之剔之。其檿其柘。木立死曰菑。自斃爲翳。灌，
叢生也。栵，栭也。檉，河柳也。椐，樻也。檿，山桑也。帝遷明德。串夷載路。徙就文王之德也。串，習。夷，
常。路，大也。天立厥配。受命既固。配，媲也。○帝省其山。柞棫斯拔。松
柏斯兌。兌，易直也。帝作邦作對。自大伯王季。對，配也。從大伯之兄王季也。維
此王季。因心則友。則友其兄。則篤其慶。載錫之光。因，親也。善兄弟
曰友。慶，善。光，大也。受祿無喪。奄有四方。喪，亡。奄，大也。○維此王季。帝度

其心貊其德音其德克明克明克類克長克君心能制義曰度貊靜也王此大邦克順克比慈和徧服曰順擇善而從曰比比于文王其德靡悔經緯天地曰文既受帝祉施于孫子〇帝謂文王無然畔援無然歆羨誕先登于岸無是畔道無是援取無是貪羨岸高位也密人不恭敢距大邦侵阮徂共國有密須氏侵阮遂往侵共王赫斯怒爰整其旅以按徂旅以篤于周祜以對于天下旅師按止也旅地名也對遂也〇依其在京侵自阮疆陟我高岡無矢我陵我陵我阿無飲我泉我泉我池京大阜也矢陳也度其鮮原居岐之陽在渭之將萬邦之方下民之王小山別大山曰鮮將側也方則也〇帝謂文王予懷明德不

大聲以色不長夏以革。不識不知。順帝之則。懷歸也。不大聲見於色。革更也。不以長大有所更。　帝謂文王。詢爾仇方。同爾兄弟。以爾鉤援。與爾臨衝。以伐崇墉。仇匹也。鉤鉤梯也。所以鉤引上城者。臨臨車也。衝衝車也。墉城也。〇臨衝閑閑。崇墉言言。執訊連連。攸馘安安。是類是禡。是致是附。四方以無侮。閑閑動搖也。言言高大也。連連徐也。攸所馘獲也。不服者殺而獻其左耳曰馘。於內曰類。於野曰禡。致致其社稷羣神。附附其先祖。爲之立後。尊其尊而親其親。　臨衝茀茀。崇墉仡仡。是伐是肆。是絕是忽。四方以無拂。茀茀彊盛也。仡仡猶言言也。肆疾也。忽滅也。

皇矣八章。章十二句。

案。臨、視也。赫、威明也。監亦視也。其政不獲、謂失爲政之道也。式用也。岐周在西方。故曰西。此從殷而言也。言天之立君。凡以爲民。莫民大矣哉。上天其照臨于下。赫然甚明。監觀四方。惟求民之安定而已。故維此夏殷。其政不獲。則於彼有道之國。爰謀而居民於安定也。殷紂暴亂。上帝惡之。憎其用大位行大政。肆爲殘害。乃眷然顧西土。而此維與之居。言天意常在文王所也。何楷云。朱熹以此章爲咏大王。令考大王之世。商道猶未衰。何至與夏末並稱。其指文王之時明矣。

二章 作、攻、作之也。屏、除之也。立死之木。妨他木生長。爲木之害。故曰菑也。生木自倒。枝葉覆地爲蔭翳。故曰翳也。修則攻治之謂乎。則芟夷之謂。皆使其不至于礙行也。栵爲栭。禮內則有芝栭。說者謂在地曰芝。在木曰栭。栭蓋木耳也。非木之類。灌栵並言。灌非木名。則栵亦非木名可知矣。啓之辟之。艾除而通路也。載則也。言天既顧文王。四方之民則大歸往之。岐地險隘。多材木。乃競作屏其菑翳修平其灌栵。啓辟其檉椐。攘剔其檿柘。而營理邑居。天從就文王之明德。周家累習常世之德。於此則大。天又爲之

生大姒以爲配其受命既堅固矣蓋大姒生武王武王
遂有天下詩人於此默數厥配而云受命既固有旨哉
詩志云岐周之地險隘多樹木歸周者日衆地無所容
故伐木以立田宅無暇論其材之美不美以去留之也
自朱熹因程頤之説後儒遂謂去惡木以存美材不知
椐可入藥爲器椐中爲杖亦何嘗不可用而併啓辟之
乎【箋】省視也其山謂岐山也兌縣篇云成蹊此云易
直其意則同蓋枝條縱横欝積繁冗則行路不通刪剪
穿剔條幹易直則是成蹊也大伯大王之長子王季大
王之少子也大伯見王季之生聖子知其天命之必在
王季去而適吳是孫大伯讓下王季而文王起故曰自
大伯王季言既作屏修平之後天省其山柞棫拔除松
栢兌然深林險阻之地道路通而爲邑矣於是天與周
國爲之生聖子以作對是乃從大伯之見王季也維此
王季爲人親心而友則友其兄大伯厚行其善故大伯
讓之是天則錫之大位也能受天禄而不以失至于子
孫而大有天下四方此不但言文王直至武王得天下
言以終上章天立厥配受命既固之意也或曰仲雍不

王則季歷不繼此詩獨言大伯而不及仲雍何也夫大伯讓固有仲雍讓本無難易輕重自判然矣朱熹釋載錫之光而云與其兄以讓德之光其說與孔子民無得而稱者戾矣**四章**貊左傳樂記韓詩皆作莫謂莫然清淨也左傳云德正應和曰莫莅德正則政敎不煩苛是清淨也故所施民皆應和也照臨四方曰明勤施無私曰類夫施而無私物得其所是無失類也敎誨不倦曰長敎誨長人之道也賞慶刑威曰君作威作福君之職也祉福施延也言維此王季上帝見其度於心貊然德音克明克類克君長于民故使王此大邦則克順克比矣雖比于文德之王無有所悔是以受天之福延及于子孫也學記云能爲師然後能爲長能爲長然後能爲君故先明類長而後君也既克爲君乃可以王于大邦夫慈和徧服大於貊其德音而不擇衆善而任從之何以治大邦哉故順比二德比于經緯天地之王德而靡所悔已**五章**帝謂者設爲天命文王之辭也其說見于下無然無是也援引歆貪也羨愛慕也誕大也密姞姓之國左傳所云密須之鼓是也大邦與上章大邦同謂

周也。阮共。皆周地名。王文王也。言帝謂文王云。無是畔道而援取人之國邑。無是貪求以羨慕人之土地。今命女。誕先登高位。國有密須氏者。不恭敢距大邦。侵我周之阮。遂往至于共邑。文王赫然斯怒爰整其師旅。以止往旅地之寇。以篤周家之祜。以遂天下嚮周之心也。上應天意。下順民心。是非畔援歆羨矣。朱熹以登岸爲造道之極至。是即佛家到彼岸耳。我聖人之道豈有此說哉。

**六章** 上章言密人侵阮徂共。王乃整師止徂旅之寇。此章前七句。皆言按寇之事。後五句。言篤周祜遂天下之心也。疆界也。大陵曰阿。言密人之來侵也。依據大阜侵自阮界。遂陟我高岡。周人怒之曰。無陳兵於我陵。此乃我陵阿。無飲水於我泉。此乃我泉池。非女之所得而侵也。征密既勝。於是謀度其鮮山之旁平原之地。而徙都焉。所謂程邑也。在岐山之南。居渭水之側。乃爲萬邦之所則。作下民之所歸往也。朱熹以侵自阮疆爲文王從阮疆出侵密。凡師有鍾鼓曰伐。無曰侵。是侵者。潛掠之名也。文王之師。不應若寇盜然矣。

**七章** 予。設爲上帝之自稱也。詢謀也。仇訓匹。匹方。匹耦之國。謂與國也。即下文兄弟之國也。鉤援、墨子所謂公輸班作雲梯以攻宋是也。臨車、楚子使解揚登樓車以告宋人是也。衝車、從旁衝突者也。崇、國名。于時崇侯虎倡紂爲無道。罪尤大也。言上帝謂文王曰予歸女之明德。所謂天命無常、惟歸有德也。其德不大聲見於色、不以長大有所更、使民不識不知順帝之則。故又命之伐崇、曰當謀爾匹友、同爾兄弟、具其兵器、以往伐崇。歐陽修云詩人述伐密伐崇、皆先言帝謂者、古人擧事必稱天、於興師討伐尤託天命、如天討有罪、肅將天威、恭行天罰之類是也。

**卒章**訊言也。執所生得者而言問之也。安安、不輕暴也。類禡、皆師祭也。拂、戾也。文王之問罪於崇、其始未必攻城、但臨衝閑閑、動搖而已。然崇城言言、固拒不服。於是遂攻之、執訊獲馘連連、徐緩安安、不輕暴。是類是禡、所以暴明其罪、告之神明也。是致是附、爲之立其後、所以尊其尊而親其親也。崇侯有罪、止於其身、故不絕其祀。是王者之征伐也。四方閑之無敢侮周者。崇墉雖仡仡、無當於我臨衝茀茀。於是伐之、於是疾馳遂以絕滅之。四方無敢拂戾于周者。竟文王之世、不復伐國也。

靈臺民始附也文王受命而民樂其有靈德以及鳥獸昆蟲焉

經始靈臺經之營之庶民攻之不日成之（神之精明者稱靈四方而高曰臺經度之也攻作也不日有成也）○經始勿亟庶民子來王在靈囿麀鹿攸伏（囿所以域養禽獸也天子百里諸侯四十里靈囿言靈道行於囿也麀牝也）○麀鹿濯濯白鳥翯翯（濯濯娛遊也翯翯肥澤也）王在靈沼於牣魚躍（沼池也靈沼言靈道行於沼也牣滿也）○虡業維樅賁鼓維鏞於論鼓鐘於樂辟廱（植者曰虡橫者曰栒業大版也樅崇牙也賁大鼓也鏞大鐘也論思也水旋丘如璧曰辟廱以節觀者）○於論鼓鐘於樂辟廱鼉鼓逢逢矇瞍奏公（鼉魚屬逢逢和也有眸子而無見曰矇無眸子

曰聘公事也

靈臺五章章四句。

案經本織絲之經縱曰經橫曰緯故取爲縱橫量度之義凡定基址必先用繩表其位故曰經始臺觀臺也楚語伍舉云先王之爲臺榭也榭不過講軍實臺不過望氛祥是也觀臺而曰靈者文王之靈德化行如神之精明故以名爲然非文王自名之也孟子曰民歡樂之謂其臺曰靈臺是民稱呼之遂以爲名也營表其位也不日成之猶云不數日而有成也朱熹云不日不終日也豈有一日可成一臺者序云民始附也夫民之歸文王久矣而言始附者蓋文王立靈臺而更見民之歸附耳言文王經始靈臺經營旣定庶民競來作之以見民歸附焉勸其事忘己勞故不日而有成也二章勿無亟急也子來謂如子趣父事不召自來也攸所也伏言安其所而伏不驚動也言文王之爲靈臺也非有急成之意而庶民競來作之如子趣父之事也王在囿中見麀鹿

之安其所處。非徒民歸附也。序所謂及鳥獸昆蟲也。何楷云。案三輔黃圖。載靈臺在長安西北四十里。靈囿在長安西四十二里。靈沼在長安西三十里。明有三處苐其地近耳。朱熹謂臺下有囿。囿中有沼。非也。**三章**麀鹿娛遊。白鳥肥澤。沼中魚滿跳躍。皆言得其所也。鹿之在囿。如在山林。魚之在沼。如在江湖。則德化之及於飛潛亦可想見。故傳謂之靈道行於囿沼也。**四章**鄭玄云。虡也栒也。所以懸鐘鼓也。孔穎達云。懸鐘磬者。兩端有植木。其上有橫木。謂直立者爲虡。謂橫牽者爲栒。栒上加之大版。以爲之飾。刻之捷業如鋸齒也。故訓業爲大版。其懸之處。又以采色爲大牙。其狀樅樅然。謂之崇牙。樅即崇牙之貌也。故以樅爲崇牙也。賁通作鼖。於語辭思。鼓鐘謂作樂也。雖樂有八音。獨舉鐘鼓。則該其餘矣。故孔子曰。樂云樂云。鐘鼓云乎哉。辟廱舊說紛紛。總無確據。按尚書大傳引樂經云。舟張辟雍。鶬鶬相從。八風回回。鳳凰喈喈。則辟廱乃奏樂之所也。其制四面有水環之。是水圓而內有地。如璧然。故曰辟廱。廱雍也。言雍之以水也。象教化流行。朱熹以辟廱爲天子之學。文王此時尚西伯也安得有之若曰周公制禮之後遂因以爲天子之制則或可也孟子云夏曰校殷曰序周曰庠學則三代共之使天子之學曰辟廱則孟子盍言之矣鄭玄云文王立靈臺而知民之歸附作靈囿靈沼而知鳥獸之得其所以爲音聲之道與政通故合樂以詳之以觀其和此章以下言於辟廱作樂之事也言虡業樅樅懸維賁鼓大鐘於乃論思作樂於乃奏樂辟廱其音安以樂則其政和可知矣案竹書紀年云帝辛三十七年周作辟廱四十年周作靈臺四十一年西伯昌薨則此篇是文王末年事也蓋文王久道化成虡芮平而方國畢至天下三分有二矣於是作靈臺則庶民子來作囿沼則濯翯於物合樂辟廱則音安以和化久乃洽是王道之終也**卒章**鼉鼓以鼉皮冒者也古者樂師以瞽者爲之以其善聽而審於音也言鼉鼓逢逢音安以和矇瞍聽之以奏其事也

下武繼文也武王有聖德復受天命能昭先人之功

焉

下武維周世有哲王武繼也三后在天王配于京三后大王王季文王也王武王也○王配于京世德作求永言配命成王之孚○成王之孚下土之式式法也永言孝思孝思維則則其先人也○媚茲一人應侯順德一人天子也應當侯維也永言孝思昭哉嗣服○昭茲來許繩其祖武許進繩戒武迹也於萬斯年受天之祜○受天之祜四方來賀於萬斯年不遐有佐遠夷來佐也

下武六章章四句

箋下下世也猶云後世也在天既沒而其精神在天也京鎬京也言後世能繼先人之業者惟有周家最大是

以世世有哲王也謂大王王季文王稍稍盛也彼三后既沒而武王能成其功此在鎬京者足以配彼在天者也

**二章** 世德謂先世之德也作起永長言我也長于武王鄭玄云此爲武王之言也下皆同孚信也嚴粲云武王所以能配三后于京者以其於先世之德能起而求之善繼述也長我配天命以成王者之信也蓋文王大統未集至於武王然後自西自東自南自北無思不服是成王者之孚也

**三章** 孝思思孝也倒語也書云奉先思孝是已言武王成王者之信天下以爲法是奉先長我思孝思孝其維則其先人也鄭玄云子孫以順祖考爲孝韓詩外傳引此詩云上不知順孝則民不知返本君不知敬長則民不知貴親禘祭不敬山川失時則民無所畏矣不教而誅則民不識勸也故君子修身及孝則民不倍矣敬孝達乎下則民知慈愛矣好惡喻乎百姓則下應其上如影響矣是以兼制天下定海內臣萬姓之要法也明王聖主之所不能須臾而舍也

**四章** 媚悅也一人謂武王也是時武王既定天下故傳以爲天子也蓋對三后云一人也順德謂順其先人之心成其

祖考之德也服事也言天下所以悅服武王以能當此順德也此武王奉先思孝明哉其嗣行祖考之事謂伐紂定天下也五章來由來也許訓進蓋言自大王王季文王稍稍就盛日進也言明哉此周家積德由來日進武王遂終其功戒愼祖考所履踐之迹天下樂仰之欲令其壽考永受天之福也卒章遐遠也上章言民之所欲此章言王得之實也言武王既受天之福四海悉來賀又且壽考化及遠夷豈不遠來佐乎既得天之祜而遂民之所欲是上順天意下應人心也

文王有聲繼伐也武王能廣文王之聲卒其伐功也

文王有聲遹駿有聲遹求厥寧遹觀厥成文王烝哉烝君也○文王受命有此武功既伐于崇作邑于豐文王烝哉○築城伊淢作豐伊匹匪棘其欲遹追來孝淢成溝也匹配也王后

烝哉后君也○王公伊濯維豐之垣四方攸同王后維翰濯大翰幹也王后烝哉○豐水東注維禹之績四方攸同皇王維辟績業皇大也皇王烝哉○鎬京辟廱自西自東自南自北無思不服武王作邑於鎬京皇后烝哉○考卜維王宅是鎬京維龜正之武王成之武王烝哉○豐水有芑武王豈不仕詒厥孫謀以燕翼子芑草也仕事燕安翼敬也武王烝哉

文王有聲八章章五句

案此詩首尾四章稱文武者文始之武終之也中四章稱王后皇王者特變文以成章耳文王伐崇作豐而王業始武王伐商作鎬而王業成故序云繼伐聲令聞也爾雅云遹述也駿大也言文王有令聞者乃述大其先

人之業之所致也凡求其安民之道觀其功業之成無非述之者文王誠得人君之道也哉雖云觀厥成大統未集則恭不無待於武王矣文始之武終之故序槩之云武王能廣文王之聲【二章】鄭玄云武功謂伐四國及崇之功也作邑徙都于豐也文王以伐密之明年伐崇其伐密而遷程皇矣所云度其鮮原是已越二年自程遷豐豐即崇國之地故言作邑于豐而先之以伐崇以爲之張本【三章】方十里曰成成間有淢淢洫同棘急也王后亦指文王也上章言作邑于豐此章述作豐邑之制也言文王築豐城因一成之淢其作邑居亦大小適與成淢相配纔伐崇即作此邑者非以急從己之欲述追先人之志而來致其孝耳詩志云朱熹讀詩疏不精改成溝爲城溝非也【四章】公功也鄭玄云垣之立宮室言文王之功伊大矣豐城既成又垣之而居乃爲四方所同心而歸皆以文王爲楨幹也【五章】豐水昔禹治之使入渭東注于河故曰禹之績績功也傳訓業孔頴達云功業大同耳據其力之所成則謂之功言其澤及於後則謂之業辟君也皇王有天下之號指武王也鄭玄

云豐邑在豐水之西鎬京在豐水之東二都皆可言豐水矣而此章皇王稱武王則豐水東注指鎬京所見而言也言豐水之所以東注于河者禹之功也四方之所以同歸于周者武王之爲君也蓋以武王之功配禹也六章辟廱解見靈臺篇武王於鎬京立辟廱夫王者功成作樂蓋於此奏樂亦如文王之合樂辟廱也自西自東無思不服言天下皆心服也戴記云周道四達禮樂交通此之謂也七章考稽也稽疑必契灼龜而卜之宅居也正之出吉兆以正定之也言武王之將營鎬也稽之卜而謀居是鎬京維龜告吉正之乃遷居之遂以成王業也卒章詒遺也孫與子互言之皆謂子孫也翼子謂敬事之子蓋父祖雖遺孫謀子孫不敬則不能行之不能行則不得安故曰燕翼子言豐水猶以潤澤生芑草況武王豈不以澤及後人爲事乎乃遺子孫之謀以安後世之敬子也是詩序云繼伐而篇中未嘗一及伐功然而第六章言鎬京辟廱王者功成作樂則是伐商乃遷居鎬也呂祖謙所云言其意而略其事者是已

文王之什十篇。六十六章。四百一十四句。

毛詩補義卷九終

# 毛詩補義卷十

漢　趙人　毛公　傳

日本　西播　岡白駒補義

## 生民之什詁訓傳第二十四

生民尊祖也后稷生於姜嫄文武之功起於后稷故推以配天焉

厥初生民時維姜嫄　生民本后稷也姜姓也后稷之母配高辛氏帝焉　生民如何克禋克祀以弗無子　禋敬弗去也去無子求有子古者必立郊禖焉玄鳥至之日以大牢祠于郊禖天子親往后妃率九嬪御乃禮天子所御帶以弓韣授以弓矢于郊禖之前　履帝武敏歆攸介攸止載震載夙載生載育時維后稷　履踐也帝高辛氏之帝也武迹敏疾

也從於帝而見于天將事齊敏也歆饗介大攸止福祿所止也震動夙早育長也后稷播百穀以利民

誕彌厥月先生如達誕大彌終達生也姜嫄之子先生者也不坼不副無菑無害言易也凡人在母母則病生則坼副菑害其母橫逆人道以赫厥靈上帝不寧不康禋祀居然生子赫顯也不寧寧也不康康也

誕寘之隘巷牛羊腓字之寘置腓辟字愛也天生后稷異之於人欲以顯其靈也帝不順天是不明也故承天意而異之於天下

誕寘之平林會伐平林牛羊而辟人者理也置之平林又爲人所收取之

誕寘之寒冰鳥覆翼之大鳥來一翼覆之一翼藉之人而收取之又其理也故置之於寒冰鳥乃去矣后稷呱矣於是知有天異往取之矣后稷呱呱然而泣

實覃實訏厥聲載路誕實匍匐克岐克嶷以就口食覃長訏大路大也岐知意也嶷識也蓺之荏

菽。荏菽旆旆。禾役穟穟。麻麥幪幪。瓜瓞唪唪。荏菽、戎菽也。旆旆然、長也。役、列也。穟穟、苗好美也。幪幪然、盛茂也。唪唪然、多實也。〇誕后稷之穡。有相之道。相、助也。

茀厥豐草。種之黃茂。實方實苞。實種實褎。實發實秀。實堅實好。實穎實栗。即有邰家室。茀、治也。黃、嘉穀也。茂、美也。方、極畝也。苞、本也。種、雍腫也。褎、長也。發、盡發也。不榮而實、曰秀。穎、垂穎也。栗、其實栗栗然。邰、姜嫄之國也。堯見天因邰而生后稷、故國后稷於邰。命使事天、以顯神順天命耳。〇誕降嘉種。維秬維秠。維穈維芑。天降嘉種。秬、黑黍也。秠、一稃二米也。穈、赤苗也。芑、白苗也。恒之秬秠。是穫是畝。恒之穈芑。是任是負。以歸肇祀。恒、徧。肇、始也。始歸郊祀也。〇誕我祀如何。或舂或揄。或簸或蹂。釋之叟叟。烝之浮浮。揄、抒臼也。或簸糠者、或蹂黍者。釋、淅米也。叟叟、聲也。浮浮、氣也。

載謀載惟。取蕭祭脂。取羝以軷。載燔載烈。

嘗之日。涖卜來歲之芟。獮之日。涖卜來歲之戒。社之日。涖卜來歲之稼。所以興來而繼往也。穀熟而謀。陳祭而卜矣。取蕭合黍稷。臭達牆屋。先奠而後爇蕭。合馨香也。羝羊。牡羊也。軷道祭也。傳。火曰燔。貫之加于火曰烈。

以興嗣歲。

興來歲。繼往歲也。

○卬盛于豆。于豆于登。其香始升。上帝居歆。胡臭亶時。

卬我也。木曰豆。瓦曰登。豆。薦葅醢也。登。大羹也。

后稷肇祀。庶無罪悔。以迄于今。

迄。至也。

生民八章。四章章十句。四章章八句。

案。免死謂之生民。泛指衆民也。后稷播百穀以利民。民賴穀以生。是生民者。后稷也。故傳云。生民本后稷也。而后稷又生於姜嫄。故再推本而曰厥初生民時維姜嫄。孔穎達讀傳不精。以民爲后稷。夫帝之子。謂之民。可乎。

不倫甚矣時是克能也不言求有子而言去無子蓋詩人婉言也履帝武從帝後也所謂率九嬪御是也歆字句何楷云朱熹以歆字屬下句讀無此文法載則也篇內皆同震訓動孔穎達云謂懷妊而身動也左傳邑姜方震大叔后妊方震皆謂有身爲震載生謂產也與生民之生不同言厥初生民者是維姜嫄也姜嫄之生民果如何乎此問辭以下七句皆答辭也姜嫄能禋祀以求有子從帝嚳于郊禖齊敏於將事故爲神所饗其所大福祿所止則有身焉其得福亦早矣蓋以玄鳥至之月禋祀郊禖寒冰之時乃生子是得福早也遂彌月則生則長爲稷官是維曰后稷姜嫄之生后稷是所以生民也

**二章** 誕訓大大其事之辭蓋歎美之也先生首生也故傳云姜嫄之子先生者也達羊子也羊生子甚易故以比之拆副皆裂也寧康皆安也康禋祀謂安饗之也居然猶云安然也言凡婦人生子首生最難又多拆副菑害其母大哉今此姜嫄終十月之期首生后稷其易如達之生無拆副菑害之苦天以顯其靈異上帝豈不從之安乎豈不康於禋祀乎居然生子如此

**三章** 隘

狹也平林林木之在平地者也呱泣聲也言天生后稷異之於人欲以顯其靈也大哉后稷之爲異也置之隘巷牛羊避而愛之牛羊而避人者於理有之置之平林又會人伐木而所收取人而收取之又於理有之復置之寒氷上大鳥來一翼覆之一翼藉之於是知果有大異乃往取之鳥乃去矣后稷呱呱然而泣始收而養之或疑夫婦配合有所禱而生子乃人道之常前何以祈之而後何以棄之必欲多方致之死地耶曾以見棄之緣也於是以帝武爲上帝迹訓敏爲拇以踐巨人迹無人道而生爲見棄之緣然嘗觀傳記所載齊無野之棄也野狸嫗之楚若敖之棄也於兎乳之昆莫之棄也野鳥銜肉飼之古既多有此事而未聞之數子之母皆必踐巨迹無人道而生之也詩雖未詳其事乎而言以赫厥靈故傳云天生后稷異之於人欲以顯其靈也夫死一呱呱之子易易耳而必于隘巷于平林于寒氷凡不近情者所謂異之於天下也大氐古之事可疑且怪者不啻玆也若以理立說則其究必廢古書而後已矣夫牛羊腓字大鳥覆翼豈理之當信何惟以見棄之緣而

孔子錄之不刪。則古必有此事。而不可疑者矣。要必別求其說哉。**四章**就口食。言其稍長。免乳以自能食也。戎菽大豆也。言后稷生其體實長且大。厥聲亦則大矣。道異乎常兒也。大哉始匍匐時。岐然意有所知。嶷然有所識別。及乎就口食。則有種殖之志。道其天性也。蓺之戎菽。戎菽旆旆然長。蓺之禾。禾爲列。穟穟然美好。麻麥瓜瓞。莫不盛茂多實。道皆異於常人所種也。史記云。棄爲兒時。屹如巨人之志。其游戲。好種樹麻菽。麻菽美。即此章是也。及爲成人。遂好耕農。相地之宜。宜穀者稼穡焉。民皆則之。帝堯聞之。舉棄爲農師。天下得其利。下章是也。**五章**此言爲稷官時事也。相之謂盡人力之助也。國語云。昔烈山氏之有天下也。其子曰柱。能植百穀百蔬。夏之興也。周棄繼之。故祀以爲稷。然則穡事非助於稷。而曲盡其道者。則於稷乎昉。呂氏春秋云。后稷曰。凡耕之大方。力者欲柔。柔者欲力。息者欲勞。勞者欲息。棘者欲肥。肥者欲棘。急者欲緩。緩者欲急。溼者欲燥。燥者欲溼。上田棄畝。下田棄甽。五耕五耨。必審以盡其深殖之度。陰上必得。大草不生。又無螟蜮。今茲美禾。來茲美麥是以六尺之耜所以成畝也其博八寸所以成甽也耨柄尺此其度也其耨六尺所以間稼也地可使肥又可使棘人肥必以澤使苗堅而地隙人耨必以早使地肥而土緩然則后稷相穡信自有道也茀訓治王安石云草盛曰茀治草亦曰茀猶治亂亦曰亂也黃茂嘉穀也謂黍稷也此穀之美者故名曰黃茂傳分字解之特解所以名黃茂耳其實以二字爲名方訓極畝孔穎達云方者正方之義謂極盡壟畝種無不生地皆方正有苗故以方爲極畝據地滿言耳種肥大也傳訓雍腫莊子說木之肥大云雍腫無用是已堅粒實堅也栗穀熟貌左傳所云嘉栗是也即就也有邰如有周之有言大哉后稷之稼穡有助之之道除治厥豐草然後種之嘉穀極盡壟畝根本縱橫謂春生之時也其苗實肥大褎褎然生長謂夏末之時也既而出穗盡發於管生粒皆秀實堅實好矣故穗重而垂穎栗栗然熟成也天下皆法則之大有功于民堯見天因邰而生后稷乃封之有邰邰卽后稷之母家也就其成國之家室故曰卽有邰家室

**六章** 上章傳云堯國后稷於邰命使事天以順天命

此章乃言后稷祭天之事也嘉種即下文秬秠穈芑是已穈爲赤苗芑爲白苗郭璞云今之赤粱粟白粱粟也恆訓徧謂徧種之也任肩任也負背負也封部是初爲諸侯故云歸肇祀言大哉天降嘉種維秬維秠維穈維芑也於是徧種之秬秠徧種之穈芑既成熟則穫而棲之於畝任負以收始歸郊祀天蓋秬秠穈芑所以充酒醴粢盛之用也秬秠言穫畝穈芑言任負互文耳 七章上皆言后稷之事自此以下言周家郊祀以后稷配也故更端曰我祀如何或者各有司存也揄訓抒臼抒取出也蹂揚去糠也蹂謂往來蹂踐之也舂揄簸蹂以事之次言之先舂之抒臼去其糠則成鑿矣蹂當居先今在最後者蓋倒文協韻耳謀謂卜來歲之事傳所云陳祭而卜者是也惟思也凡祭敬思其神如祭宗廟則思其居處思其笑語是也蕭蒿也詩志云夫人之來者必以祖神亦宜然取羝以軷一似代祭一似飲餞一似除道一似郊迎凡以冀其臨耳鄭玄謂既軷自此而往郊恐非是言大哉我周家之郊祀其祀如何乎以彼黍稷或舂之或揄之或簸糠者或蹂黍者淅之其聲叟叟烝

之其氣浮浮以爲酒及簠簋之實於是則卜來歲之事則敬思其神取蕭合黍稷膟膋取羝羊以軷其肉則燔則烈以郊祀天此所以興來歲繼往歲也卒章承上章而言居安胡何實誠也言方祭也我盛菹醢于豆盛大羮于登其馨香始升達上帝則安而饗之何芳臭之誠得其時乎自后稷肇祀以來世世相承兢兢業業庶無罪過子孫蒙其福以至于今故推以配天焉

行葦忠厚也周家忠厚仁及草木故能內睦九族外尊事黃耇養老乞言以成其福祿焉

敦彼行葦牛羊勿踐履方苞方體維葉泥泥敦聚貌行道也葉始生泥泥戚戚兄弟莫遠具爾戚戚內相親也○或肆之筵或授之几肆陳也言或陳筵者或授几者肆筵設席授几有緝御設席重席也緝御踧踖之容也○或

獻或酢。洗爵奠斝。斝爵也。夏曰醆。殷曰斝。周曰爵。醓醢以薦。或燔或炙。嘉
殽脾臄。或歌或咢。以肉曰醓醢。臄函也。歌者比於琴瑟也。徒擊鼓曰咢。〇敦弓既堅。
四鍭既鈞。舍矢既均。敦弓畫弓也。天子敦弓鍭矢參亭。已均中蓺。序賓以賢。言賓
客次第皆賢。孔子射於矍相之圃。觀者如堵牆。射至於司
馬。使子路執弓矢出延射。曰奔軍之將。亾國之大夫。與爲
人後者不入。其餘皆入。蓋去者半。入者半。又使公罔之裘
序點揚觶而語曰。幼壯孝弟。耆耋好禮。不從流俗。脩身以
俟死者不。在此位。蓋去者半。處者半。序點又揚觶而語曰
好學不倦。好禮不變。旄期稱道不亂者。不在此位也。蓋僅
有存焉。〇敦弓既句。既挾四鍭。天子之弓合九而成規。四鍭如樹。言皆中也。
序賓以不侮。言其皆有賢才也。〇曾孫維主。酒醴維醹。酌以大斗。
以祈黃耇。曾孫成王也。醹厚也。大斗長三尺也。祈報也。〇黃耇台背。以引以翼。

台背，大老也。引長，翼敬也。壽考維祺，以介景福。祺，吉也。

行葦七章，二章章六句，五章章四句。

案，敦爲聚貌，勾萌之時也。占者路在井間，旁近溝洫，多生蘆葦，故云行葦。此牛羊之所經過也。勿，戒止之辭。苞，本也。體，成形也。泥泥，葉始生潤澤貌。莫，無。具，俱也。爾，與邇通。言敦然彼道旁之葦，牧牛羊者勿使踐履之。方布本根，方成形體，維葉泥泥，其可忍折傷之乎。仁及草木如此，況戚戚兄弟，其可疏遠而不昵近乎。忠厚之意，藹然見于言外矣。夫親戚如路人，則掉臂不顧也。降而如行葦，則又且折傷之。詩人以行葦與兄弟，一何婉耶。二

章此及下章，言燕樂親族也。上所謂莫遠具爾也。鋪陳曰筵，藉之曰席。肆之筵，所以行燕禮也。授之几，所以優尊也。禮書云，席常設于賓未至之前，几常授于行禮之際。其將授也必拂，其授之也必拜送，其受也必拜答。故於授几特言有緝御。言或有陳之筵者，或有授之几者，二或字以見心實悅鋪設促遽之意焉。其老者既肆筵

又重席。授以几。有踧踖之容。言致敬也。三章 進酒於客曰獻。客答之曰酢。主人又洗爵醻客。客受而奠之不舉。以俟旅酬。奠置也。鄭玄云。用殷爵者。尊兄弟也。以肉作醬曰醢。醓醢、醢之多汁者也。燔用肉。炙用肝。言獻酢之時醓醢以薦之。或燔其肉。或炙其肝。以爲羞。所加殽則脾臄之與函。酒殽既備。又作樂助歡。或和於琴瑟而歌。或徒擊鼓而咢。四章 王肅云。此養老燕射也。於旅酬之後爲之。敦彫古通。堅猶勁也。鍭。鍭矢也。爾雅云。金鍭翦羽謂之鍭。蓋鐵鍭之矢名也。鈞。參亭也。考工記。矢人爲鍭矢。三分。一在前。二在後。參訂之而平者。前有鐵重也。輕重鈞亭。四矢皆然。故言四鍭既鈞。舍。放也。均。謂四矢皆均中也。凡與於射者。如孔子射於矍相之圃。則大序賓客皆莫非賢者。故曰序賓以賢。五章 句與彀通。引滿也。射用四矢。搢三於帶間。一指挾一。以扣弦而射。今言既挾四鍭。則已徧放之矣。其貫之狀如植。故云如樹。不侮不以中病不中者也。夫射以中多爲雋。以不侮爲德。六章 此以下言養老乞言也。蓋少壯者舉射以爲樂。而老者不過坐觀之。祇覺筵几寥落。於是主人曾孫特酌大

斗而報黃耇以致其欵曲云爾朱熹合下章以爲一章皆以爲頌禱之辭盃酌大斗而報黃耇頌禱與乞言皆在其中矣

卒章台鮐也魚名大老則背有鮐文介景皆大也言黃耇台背之人以長事之以恭敬之序所謂尊事黃耇也得壽考維吉以大其景福所謂成其福祿也

旣醉大平也醉酒飽德人有士君子之行焉

旣醉以酒旣飽以德旣者盡其禮終其事君子萬年介爾景福○旣醉以酒爾殽旣將將行也君子萬年介爾昭明○昭明有融高朗令終融長朗明也始於饗燕終於享祀令終有俶公尸嘉告俶始也公尸天子以卿言諸侯也○其告維何籩豆靜嘉恒豆之菹水草之和也其醢陸產之物也加豆陸產也其醢水物也籩豆之薦水土之品也不敢用常褻味而貴多品所以交於神明者言道之徧至也朋友

攸攝。攝以威儀。言相攝佐者以威儀也。○威儀孔時。君子有孝子。孝子不匱。永錫爾類。匱竭類善也。○其類維何。室家之壼。壼廣也。君子萬年。永錫祚胤。胤嗣也。○其胤維何。天被爾祿。祿福也。君子萬年。景命有僕。僕附也。○其僕維何。釐爾女士。釐予也。釐爾女士。從以孫子。

既醉八章。章四句。

案祭至旅酬。下徧羣臣。至于無算爵。故云醉德恩澤也。君子謂成王也。蓋君子者。有德之稱。言其德可以君人而子下民。故雖天子亦稱之。爾亦斥王也。周自文武至於成王。而天下大平。無所復事。故王與羣臣祭畢而燕於寢。德澤莫所不至。坊記云。君子不以菲廢禮。不以美沒禮。主人親饋則客祭。主人不親饋則客不祭。故君子苟無禮。雖美不食焉。易曰。東鄰殺牛。不如西鄰之禴祭。
實受其福。故傳特解既字。云盡其禮。終其事。萬年景福。
羣臣祝君之辭也。二章 殺組實也。孔穎達云。歸俎者以
牲體實之於俎。將以尊卑差次行之。昭明明德也。三章
此承上章而言。夫德雖大乎。不長則莫所濟。既大且長。
其至也。令善也。終謂享祀也。俶謂饗燕也。天子之尸稱
公尸。諸侯有功德者。入爲天子卿。故傳云。言諸侯也。嘉
善也。鄭玄云。公尸以善言告之。謂嘏辭也。言昭明有長。
高明而善祭祀。蓋善接人者。善事神。故以令終有俶於
是公尸以嘏辭告王。使受福也。朱熹以令終爲洪範考
終命。然此詩一章二章。方祝君以萬年。不應三章遽祝
以考終命。其言不倫。四章 鄭玄云。靜嘉。潔清而美也。朋
友謂羣臣助祭者也。攝撿也。言公尸嘉告者是何故乎。
由籩豆之薦。潔清而美。相攝佐者以威儀。而當神意也。
夫祭不在物而在誠。誠之不可見者。蓋寓于恭敬威儀
之間矣。序云。有士君子之行。正謂此也。五章 孔甚也。陸
化熙云。禮有先後節次。如始而求神。終而獻尸。威儀不
一而悉如其節。故云孔時。孝子。主人之嗣子也。言成王

與助祭者。威儀甚得其宜。君子既孝而嗣子又孝。孝子源源不竭。是神永錫爾善也。國語叔向引此詩云。類也者。不忝前哲之謂。正足相發。六章 祚。福也。言其錫善是云何乎。蓋孝道行乎上而下成俗。堯親九族。黎民變雍。是自室家以廣及於天下也。故云室家之壼。叔向云。壼也者。廣裕民人之謂。是已。君子既享壽考。永錫福於爾胤嗣。道子孫蕃育也。七章 被。如光被四表之被。言其錫祚胤嗣是云何乎。天施被爾之福祿。而及之胤嗣。君子既壽考。大命永附屬于周。周書所謂惟王子子孫孫永保民者是也。卒章 鄭玄云。女士。女而有士行者。如十亂之邑姜是也。從。隨也。言大命永附于周是云何乎。天予女。以女而有士行者。謂生淑媛。使爲之妃也。既予女以女士。又隨之以生賢知之子孫。使之傳世也。朱熹以此詩爲父兄答行葦。何楷云。詩中明言公尸嘉告矣。謂之父兄謝燕之辭可乎。

鳧鷖。守成也。大平之君子能持盈守成。神祇祖考安

樂之也

鳧鷖在涇公尸來燕來寧鳧水鳥也鷖鳧屬太平則萬物衆多爾酒既清爾殽既馨公尸燕飲福祿來成馨香之遠聞也○鳧鷖在沙公尸來燕來宜沙水旁也宜宜其事也爾酒既多爾殽既嘉言酒品齊多而殽備矣公尸燕飲福祿來爲厚爲孝子也○鳧鷖在渚公尸來燕來處渚沚也處止也爾酒既湑爾殽伊脯公尸燕飲福祿來下○鳧鷖在潨公尸來燕來宗潨水會也宗尊也既燕于宗福祿攸降公尸燕飲福祿來崇崇重也○鳧鷖在亹公尸來止熏熏亹山絶水也熏熏和說也旨酒欣欣燔炙芬芬公尸燕飲無有後艱欣欣然樂也芬芬香也無

有後艱。言不敬多祈也。

## 鳧鷖五章章六句。

案此篇言祭天地宗廟也。既醉序云太平。此篇云守成。孔穎達謂即守此太平成功也。涇水名。寧安也。爾爾于王。燕而言飲者。舉飲以該食也。言成王能守文武成功。天下太平。太平則萬物衆多。獨舉鳧鷖。則物皆可知矣。其曰在涇在沙。謂公尸燕寧和樂。如水鳥在水中及水旁。得其所也。酒殽清馨。言禮盛也。尊尸所以尊神也。公尸燕飲而安。則爲神所悅焉。是以福祿來成。就爾。三章序云神祇祖考安樂之。首章言祭祖。二章言祭考。此章言祭天。天地皆亦有尸。鄭玄云。以配至尊之故。其來燕似若止得其處。湑以茅泲之。而去其糟也。陸佃云。於祖曰酒清殽馨。於考曰酒多殽嘉。則以宗廟尚文故也。郊丘則貴質而已。故曰既湑伊脯。以天神言福祿自上而下。故曰來下。四章此言祭地社稷山川。皆是也。鄭玄云其來燕也。有尊主人之意。于宗。社宗也。以地祇言福祿

自卑而來積而高大故曰來崇崇訓重益物重則高大矣卒章又總上四章不復言福祿者不敢多所但無有後艱難而已所謂能持盈守成也

假樂嘉成王也

假樂君子顯顯令德宜民宜人受祿于天假嘉也宜民宜人宜安民宜官人也保右命之自天申之申重也○干祿百福子孫千億穆穆皇皇宜君宜王宜君王天下也不愆不忘率由舊章○威儀抑抑德音秩秩無怨無惡率由羣匹抑抑美也秩秩有常也受福無疆四方之綱○之綱之紀燕及朋友朋友羣臣也百辟卿士媚于天子不解于位民之攸塈塈息也

假樂四章章六句。

案假訓嘉。嘉美也。假樂者。作詩者。美而樂之也。唯其美之。故樂之。君子。斥成王也。右。佑也。此嘉樂成王有顯顯令德也。成王雖德美衆。安民以尚。爲上受天命下來假樂。其由乃在茲矣。而安民之要。在官得其人。故曰宜民宜人。書曰。知人則哲。能官人。安民則惠。黎民懷之。此之之謂也。言成王能安民。能官人。故受天之福祿。天保右之。而命之。反覆眷顧之。而不厭。蓋言深得天命也。一章

干求也。十萬曰億。百福千億。皆極言其衆多也。戴記曰。天子穆穆。諸侯皇皇。皆謂其威儀也。君。諸侯也。王。天子也。愆。過也。忘。忽略之謂。率。循。由。用也。舊章。謂周公之禮法。禮樂政刑。皆是也。言成王干祿而得百福。故其子孫之蕃。至于千億。適爲天子。庶爲諸侯。穆穆皇皇。宜爲君爲王于天下也。不過差。不忽忘。循用舊典之文章。大凡守成之主。不必貴其英異聰明。惟宜之一言足矣。故於宜君宜王。而曰不愆不忘率由舊章。二章

德音。有德之聲音也。言語。教令。聲名。皆謂之德音。此蓋謂教令也。羣

匹。羣臣也。蓋羣臣之才品高下。其等第不同。各從其匹耦。而衡量之。大以爲大。小以爲小。故曰羣匹。言成王威儀抑抑。敎令有常。故其臨下。無有怨惡於民。率用羣臣而共治之。受福無疆。以爲天下四方之綱。言統領天下也。卒章綱紀解詳棫樸之篇。傳以朋友爲羣臣。古者君臣之際有朋友之義。泰誓云。友邦冢君。酒誥云。太史友。內史友。可以見已。百辟。諸侯也。鄭玄云。卿士。卿之有事也。媚。愛也。解與懈通。不解於位者。各守其位。以盡其職也。言成王綱紀既正。無爲在上。與羣臣燕飮。而樂之。百辟卿士皆愛之。不解於其職位。民之所以休息由此也。黃櫄云。元氣不存。雖盛且壯。不足爲一身之福。綱紀不立。雖彊且富。不足爲人君之福。故於受福之下。曰四方之綱。曰之綱之紀。

公劉。召康公戒成王也。成王將涖政。戒以民事。美公劉之厚於民。而獻是詩也。

篤公劉匪居匪康迺埸迺疆迺積迺倉迺裹餱糧于槖于囊思輯用光篤厚也公劉居於邰而遭夏人亂迫逐公劉公劉乃辟中國之難遂平西戎而遷其民邑於豳焉迺埸迺疆言脩其疆埸也迺積迺倉言民事時和國有積倉也小曰槖大曰囊思輯用光言民相與和睦以顯於時也弓矢斯張干戈戚揚爰方啓行戚斧也揚鉞也張其弓矢秉其干戈戚揚以方開道路去之豳蓋諸侯之從者十有八國焉○篤公劉于胥斯原既庶既繁既順迺宣而無永嘆胥相宣徧也民無長嘆猶文王之無悔也陟則在巘復降在原何以舟之維玉及瑤鞞琫容刀巘小山別於大山也舟帶也瑤言有美德也下曰鞞上曰琫言德有度數也容刀言有武事也○篤公劉逝彼百泉瞻彼溥原迺陟南岡乃覯于京溥大覯見也京師之野于時處處于時廬

旅于時言言于時語語是京乃大衆所宜居之也廬寄也直言曰言論難曰語◯篤公劉于京斯依蹌蹌濟濟俾筵俾几既登乃依乃造其曹執豕于牢酌之用匏賓既登席坐矣乃依几矣曹羣也執豕于牢新國則殺禮也酌之用匏儉以質也食之飲之君之宗之爲之君爲之大宗也◯篤公劉既溥既長既景迺岡相其陰陽觀其流泉既景乃岡考於日景參之高岡其軍三單度其隰原徹田爲糧三單相襲也徹治也度其夕陽豳居允荒山西曰夕陽荒大也◯篤公劉于豳斯館涉渭爲亂取厲取鍛館舍也正絕流曰亂鍛石也止基迺理爰衆爰有夾其皇澗遡其過澗皇澗名也遡鄉也過澗名也止旅乃密芮鞫之即密安也芮水厓也鞫究也

公劉六章。章十句。

案尚書傳云公爵劉名后稷之曾孫也本封於邰鄭玄以場疆積倉爲在邰時之事孔穎達以傳混於鄭說今考傳文云公劉辟中國之難遂平西戎而遷其民邑於豳焉則此蓋自西戎而遷豳也此篇以篤字起語贊之之辭祭公謀父稱不窋而曰竄戎狄閒不敢怠業纂緒修典守以惇篤篤之一字正有周立國之本也小界曰場大界曰疆皆言田疇也積露積也餱糧乾飯也輯和光顯干盾也戈句矛戚也行道路也言厚乎公劉之於民也嘗在西戎不敢寧居乃脩其疆場民事時和乃有積倉於是遷其民邑於豳焉迺裹餱糧于橐囊而行公劉之所以邑於豳者但思民相與和睦以光顯於時也其已行也張其弓矢秉其干戈戚揚以方開道路去之豳蓋公劉在於豳復修后稷之業以厚乎民故召公稱之以戒成王也王安石云周之有公劉言乎其時則甚微言乎其事則甚勤稱時之甚微以戒其盈稱事之甚勤以懲其逸此蓋召公之志也

二章廣平曰原庶衆也

順順乎民情也宜訓徧言居之徧也陟升降下也巘通作甗甗甑也山形似之上大下小而不相連於大山故云小山別於大山也君子佩玉所以比德也孔穎達云鞞刀鞘之名琫者鞘之上飾容刀容飾之刀也言公劉既至乎豳下是相斯原地以居民民既衆矣既繁矣言衆而又言繁以見歸者愈多焉諸侯之從者十有八國可想見已既順于民廼徧皆安今之居而無復悔恨長歎思其舊國者也公劉之相此原地也升則在巘山觀其形勢復下在原地察其居處用心及復厚於民如是其所帶何乎則維玉及瑤鞞琫容刀也言既有美德度數又有武事也呂祖謙云以如是之佩服覩如是之勞苦斯其所以爲厚於民也歟

二章 此言京都邑也逝往也何楷云百泉井汎指衆泉之謂乃有所在廣輿記云平涼府涇州有泉眼百餘大旱不竭即百泉也杜佑云百泉在漢爲朝那縣屬安定郡在唐爲百泉縣屬平涼郡魏于其地置原州唐因之蓋公劉自西戎遷於豳道由慶陽經平涼而後達于今西安府之邠州慶陽即古西戎之地邠州即古豳地也邠州乃涇流所經而百泉

則入于涇水。自平涼而來者也。故詩人咏及之。舊說但謂公劉自邰遷豳。故百泉遂茫然不知其處耳。溥原謂豳地寬博平正也。山脊曰岡。京大也。即謂溥原也。朱熹爲高丘。果爲高丘。何必陟南岡以覯之乎。師衆也。京地乃大衆所宜居之。故曰京師。京師之名。助於此。其後世因以所都爲京師。時是也。周禮地官遺人。十里有廬。廬有飲食。則廬是居舍之名。賓客寄舍其中。故訓爲寄。旅賓旅也。直言曰言。教令之屬是也。論難曰語。謂議政事也。言公劉之將立都也。往彼百泉。瞻彼大原可居之處。乃升南山之岡。見于京地。乃得京地大衆所宜居之野。於是處其所當處者。於是廬其賓旅。都邑已成矣。於是施其教令。於是議其政事。皆無不於斯焉。詩志云。前之相大勢也。止爲一原而陟降上下以胥之。後之相形勢作都也。止爲一京而登高繞水流覽審視之。始得夫京師之野。山川盤鬱。風氣所萃。儼然 都會。可爲不拔之基耳。周公營洛。卜河朔黎水。又卜澗水東。瀍水西。又卜瀍水東。從卜定都。安民其不苟也如此。

【四章】此言宮室既成而落之也。蹌蹌濟濟。有威儀貌。俾使也。曹訓羣。謂羣牧之處也。牢謂養豕之處。晉語。大任溲于豕牢。是也。用匏爲爵也。君之宗之。公劉自爲羣臣之君宗也。何楷云。對異姓之臣稱君。對同姓之臣稱宗。言公劉居于京依而築宮室。其既成也。與羣臣落之。蹌蹌濟濟。羣臣畢至。於是使人設筵。使人置几。賓已登席坐矣。乃依几矣。乃造羣牧之處。執豕于牢。以爲飲酒之殽。蓋不用大牢。而用豕。酌之用匏。皆所謂國新殺禮也。公劉與羣臣食之飲之。爲之君爲之太宗。徐光啓云。大凡創業君臣與守成異。承平既久。階陛森嚴。君臣之分。不患不明。特患簾遠堂高。九閽萬里。上德下情。不相諳悉。故燕飲之設。主于導和。剏業之君。與其臣披榛斬棘。沐雨櫛風。奚翅家人父子。上下之情。不患不通。特患分義不明。粗率簡易。如漢初飲酒爭功。醉或拔劍擊柱。故燕飲之設。主于辨分。周之詩。一則曰嘉賓式燕。一則曰不醉無歸。而此詩獨言君之宗之。時各有所重也。**五章**溥廣也。三單猶云三重也。重衣曰襲。故傳訓三單爲相襲。下傳云三單相襲止居。則婦女在內。老弱次之。強壯在外。言自有備也。允信也。言公劉邑豳。廣其東西。又長其南北。既考之穿推其類。可謂鼠有牙。雖速我訟。亦不女從。不從終不棄禮而隨此彊暴之男。

行露三章一章三句二章章六句

案。召南之女許嫁矣而見其禮不備則不肯往。言行者豈不欲早夜而行乎。不敢行者。以道上多露故耳。以興我豈不欲從女之娉乎。不敢從者。以其禮不備故耳。一物不具一禮不備守節操義必死不往。君子以爲得婦道之宜。二章以其不肯往爲夫家所訟也彼辭云誰謂雀無角。若其無角何以能穿我屋。以興誰謂我於女無爲室家之道。若其不爾何以能速我獄。然室家之禮初未嘗備亦猶雀實無角耳凡事似而非者衆矣辯利巧文且籍勢厥爲有角亦甚。賢非召伯孰能擇焉或曰文王在上召伯聽訟。宜無彊暴之訟。且也暴男侵貞女。女固可尚男爲何人。豈王化獨及女而不及男邪。曰此當文王與紂之時。文王之化深矣。紂之俗豈其易革。何必無一二頑鈍梗化之民而比屋竟可封乎。蓋化之入人不深則志可游移而不必訟。士司不廉平則昭雪無路。

泂酌召康公戒成王也言皇天親有德饗有道也。

泂酌彼行潦挹彼注茲可以餴饎（泂遠也行潦流潦也 餴餾也饎酒食也）豈弟君子民之父母（樂以強敎之易以說安之 民皆有父之尊有母之親）○泂酌彼行潦挹彼注茲可以濯罍（濯滌也 罍祭器）豈弟君子民之攸歸○泂酌彼行潦挹彼注茲可以濯漑（漑清也）豈弟君子民之攸塈

泂酌三章章五句

案行道也潦雨水也行道上雨水流聚故傳訓爲流潦。彼彼大器也茲此也此小器也餴蒸飯也傳訓餾說文云餾飯氣流也然則蒸米謂之餴餴必復以水餾之令飯氣均流也故爲餾豈弟樂易也言遠酌取彼行潦投大器之中又挹之注之於此小器而可以餴酒食夫行潦水之薄物也而皇天所以饗之者以設祭者豈弟君予。能爲民之父母也。春秋傳云。人不易物。惟德繄物。此之謂也。卒章泂訓清。洗之使清潔也。既言可以濯罍。又言可以濯溉。則非但一罍而已矣。詩意云。言民之父母而繼之以攸歸。繼之以攸墍者。何也。墍息也。謂休息也。諷以民心歸服之後。養守寓以和平之福。毋紛更多事。以勞擾之也。觀卷阿之餘。民勞繼作。知老成之爲慮深矣。

卷阿。召康公戒成王也。言求賢用吉士也。

有卷者阿。飄風自南。興也。卷曲也。飄風。廻風也。惡人被德化而消。猶飄風之入曲阿也。豈弟君子。來游來歌。以矢其音。矢陳也。○伴奐爾游矣。優游爾休矣。伴奐廣大有文章也。豈弟君子。俾爾彌爾性。似先公酋矣。彌終也。似嗣也。酋終也。○爾土宇昄章。亦孔之厚矣。昄大也。豈弟君子。俾爾彌爾性百神爾主矣○爾受命長矣茀祿爾康矣茀小也豈弟君子俾爾彌爾性純嘏爾常矣嘏大也○有馮有翼有孝有德以引以翼有馮有翼道可馮依以爲輔翼也引長翼敬也豈弟君子四方爲則○顒顒卬卬如圭如璋令聞令望○顒顒溫貌卬卬盛貌豈弟君子四方爲綱○鳳凰于飛翽翽其羽亦集爰止鳳凰靈鳥仁瑞也雄曰鳳雌曰凰翽翽衆多也藹藹王多吉士維君子使媚于天子藹藹猶濟濟也○鳳凰于飛翽翽其羽亦傅于天藹藹王多吉人維君子命媚于庶人○鳳凰鳴矣于彼高岡梧桐生矣于彼朝陽梧桐柔木也山東曰朝陽梧桐不生山岡太平而後生朝陽菶菶萋萋雝雝喈喈梧桐盛也鳳凰

鳴也臣竭其力則地極其化天下和洽則鳳凰樂德○君子之車既庶且多君子之馬既閑且馳上能錫以車馬行中節馳中法也矢詩不多維以遂歌不多多也明王使公卿獻詩以陳其志遂為工師之歌焉

卷阿十章六章章五句四章章六句

案竹書紀年成王三十三年游於卷阿召康公從益因作是詩以戒成王也大陵曰阿矢音即卒章矢詩也夫詩可歌歌必有音矣豈弟君子謂賢者也言王能修德則惡人被德化而消猶廻風之入曲阿也小人道消則君子道長豈弟君子來游來歌以矢其音道獻詩以陳其志也古者使公卿至於列士獻詩而後王斟酌焉此詩言王用賢而此章先言來致賢之由也**二章**伴奐謂文武之道周公潤飾之廣大有文章也爾斥王也篇內皆同游閑暇之意性猶命也言賢者既來王任之以事則周道伴奐爾得閑暇而優游自休息矣孔子曰無為

而治者其舜也與任賢之謂也豈弟君子任職輔佐使爾終其命以嗣先君之成業而終之矣**三章**土士地也何楷云宇以邊垂言章明著也昄章二字對言昄屬土謂混一無外章屬宇謂疆界劃然祭法云有天下者祭百神言爾承文武之緒其士宇大而且著亦孔厚矣言此者欲王之能保守也豈弟君子任職輔佐使爾爲天地山川鬼神之主矣**四章**受命謂受天命而爲天子也成王即位已三十三年矣可謂長矣茀訓小蓋福莫大於受命長故其他福祿皆以爲小康安也純言其備也言爾受命已長小福亦安爾矣豈弟君子輔佐之則純大之福爾常享之矣**五章**呂祖謙云是詩雖戒求賢然詠歌以道之故其辭從容不迫至此章始明言賢者之益焉有孝有德傳所謂道可馮翼是已謝枋得云求賢不取非常之才而止曰有孝有德夫孝於親者必忠於君取其孝正求其忠也古者取人無才德之分如皋陶九德皆才也舜舉元愷之才皆德也有德則才在其中矣則法也夫賢者其道可馮依以爲輔翼有孝焉有德焉當以長敬之蓋不久則無其功不敬則其言不見聽

故特云以引以翼豈弟君子四方莫不放傚以爲法則稱賢者之德也

**六章** 上既言賢者之益自此章以下皆言用賢之事也顒顒主君言卬卬主臣言蓋人君溫而有容此賢臣之所以卬卬也主者君所執璋者臣所執說詳見棫樸篇令善也言君顒顒于上臣卬卬于下正見相命吁乎一堂之上焉君臣合爲一體如圭如璋遠者傳善聲譽近者見善威儀豈弟君子爲四方之綱紀

**七章** 自此以下行上章卬卬而廣言人才之盛也于往也翽翽本羽聲也羣飛則羽聲衆多也故訓爲衆多吉善媚愛也君子以位言使謂任用之也鳳凰于飛翽翽其羽亦集爰止喻藹藹吉士來居王朝也案竹書紀年成王十八年鳳凰見是因嘗鳳凰至因以喻焉王使之在位皆親愛天子奉職盡力

**八章** 傳猶戾也傳于天喻吉士升于王朝也吉人即吉士也命命之以官職也媚于庶人謂愛天下之民也政以愛民爲本民安則王位固矣媚于庶人所以媚于天子也

**九章** 鄭玄云鳳凰之性非梧桐不棲非竹實不食鳳凰鳴于高岡梧桐生于朝陽菶菶萋萋茂盛雝雝喈喈和鳴此太平之休徵也

蓋以鳳凰興遂語君能用賢臣竭其力之實驗也五章庶衆也閑習也謂習于威儀也王已官賢能錫以車馬故君子之車既衆且多矣其馬行中節馳中法道君子之德也於是使獻詩以陳其志矣詩豈不多乎遂以爲工師之歌欲日歌之以自鑒也孔穎達云召公三詩之次以厚民之事人君之急務故先作公劉非有道德不能愛民故又作泂酌欲王之修德行道也君雖有德不能獨治又作卷阿戒王使求賢用士也

民勞召穆公刺厲王也

民亦勞止汔可小康惠此中國以綏四方汔危也中國京師也四方諸夏也無縱詭隨以謹無良式遏寇虐憯不畏明詭隨詭人之善隨人之惡者以謹無良慎小懲大也憯曾也柔遠能邇以定我王柔安也○民亦勞止汔可小休惠此中國以爲民逑休定也逑合也無縱詭隨以謹惛

惛怓。式遏寇虐。無俾民憂。惛怓、大亂也。無棄爾勞。以爲王休。休、美也。

（）民亦勞止。汔可小息。惠此京師。以綏四國。息、止也。無縱詭隨。以謹罔極。式遏寇虐。無俾作慝。慝、惡也。敬慎威儀。以近有德。求近德也。

（）民亦勞止。汔可小愒。惠此中國。俾民憂泄。愒、息。泄、去也。無縱詭隨。以謹醜厲。式遏寇虐。無俾正敗。醜、衆。厲、危也。戎雖小子。而式弘大。戎、大也。

（）民亦勞止。汔可小安。惠此中國。國無有殘。賊義曰殘。無縱詭隨。以謹繾綣。式遏寇虐。無俾正反。繾綣、反覆也。王欲玉女。是用大諫。

民勞五章章十句。

案自此以下爲變大雅說已詳于小雅之下鄭玄云厲王賦歛重數繇役煩多人民勞苦故穆公作是詩以刺之民周之民也亦者不止於此之辭止語辭康安惠愛也縱聽縱也詭戾也詩故云苟墨並稱厲下滌于號公長父榮夷公芮良夫亦謂榮夷公好專利而不知大難知周室之必敗矣詭隨即其人也式用遏絕也憯不與明無所忌憚曾不畏人之共見之也即謂寇虐之人也此篇章首皆云民亦勞止惠此中國者欲王安民而固根本也蓋安民可與行義而危民易與爲非民勞者國危之漸也言方今民亦勞矣將危可以小安之日可見惟此時爲可它日將不及矣曰小不敢過望之辭京師者諸夏之本當愛此京師之人以安天下無聽縱詭隨之臣以謹無良之徒以遏絕寇虐無畏之人柔遠能邇當以定我王室言我者同姓親也蓋欲柔遠者必先能邇亦惠中國而綏四方之意夫詭隨小惡也無良惡已著虐顯惡也虐而濟之以寇虐乃隱矣寇畏物也寇爲至於不畏明寇乃大矣故能于詭隨無縱之于無良謹之則寇虐無繇生矣故傳云以謹無良愼小以懲大也

二章民勞則散。是時民有離散者、欲使之合聚。故曰以爲民逑。書稱辯言亂政、利口亂官。是欲變亂成法以逞寇虐。大亂也。惛怓卽其人也。爾斥王也。勞猶功也。厲王初時功勞無聞、而曰無棄云者、誘掖之也。孔頴達云小人食功。聞已先有善、或將勉力。故誘之。是也。

三章鄭玄云罔無極中也。所行不得中正也。慝訓惡。蓋虐以濟寇、而寇又以藏虐。隱惡也。故曰慝。禮貌苟衰則有德之人去矣。故曰敬愼威儀以近有德。

四章醜訓衆。厲訓危。孔頴達云謂衆爲危殆之行者也。朱熹云正敗正道敗壞也。使有德者不見用而惟詭隨之言是從則悖正者勝而守正者敗矣。戎訓大。王肅云在王者之大位、雖小子其用事甚大也。易稱君子出其言善則千里之外應之、況其邇者乎。出其言不善則千里之外違之。況其邇者乎。

卒章國無有殘、使邦國之君不爲殘害之事也。亦綣四方也。繾綣謂繾綣於惡。反覆固結也。正反、反於正也。王安石云正敗者、敗而已未盡反、而爲不正。若正反則無正也。夫以是爲非、以惡爲善。一切相反、則亡無日矣。鄭玄云玉者君子比德焉。言王乎欲令女如玉然。故作

是詩用大諫正女此
穆公至忠之言也

板凡伯刺厲王也

上帝板板下民卒癉出話不然爲猶不遠。板板反也上帝以稱王者也癉病也話善言也猶道也靡聖管管不實於亶管管無所依繫亶誠也猶之未遠是用大諫。猶圖也（）天之方難無然憲憲天之方蹶無然泄泄憲憲猶欣欣也蹶動也泄泄猶沓沓也辭之輯矣民之洽矣辭之懌矣民之莫矣輯和洽合懌說莫定也（）我雖異事及爾同僚我即爾謀聽我囂囂僚官也囂囂猶謷謷也我言維服勿以爲笑先民有言詢于芻蕘芻蕘薪采者（）天之方虐無然謔謔老夫灌灌小子蹻蹻謔謔然喜樂。灌灌猶款款也。蹻蹻驕貌。匪我言耄，爾用憂謔。多將熇熇，不可救藥。八十曰耄。熇熇然熾盛也。○天之方懠，無為夸毗。威儀卒迷，善人載尸。懠怒也。夸毗體柔人也。民之方殿屎，則莫我敢葵。喪亂蔑資，曾莫惠我師。殿屎呻吟也。蔑無資財也。○天之牖民，如壎如篪，如璋如圭，如取如攜。牖道也。如壎如篪言相和也。如璋如圭言相合也。如取如攜言必從也。攜無曰益，牖民孔易。民之多辟，無自立辟。辟法也。○价人維藩，大師維垣，大邦維屏，大宗維翰。价善也。藩屏也。垣牆也。王者天下之大宗。翰幹也。懷德維寧，宗子維城。無俾城壞，無獨斯畏。懷和也。○敬天之怒，無敢戲豫。敬天之渝，無敢馳驅。戲豫逸豫也。馳驅自恣也。昊天曰明，及爾出

王昊天曰旦及爾游衍 王往旦明游行衍溢也

板八章章八句

案序云凡伯刺厲王凡伯周同姓周公之胤入爲王卿士者也厲王之世衞巫監謗道路以目故亂其辭言在僚友而實刺王也上帝本謂天不敢斥以上帝爲言亦避監謗也故傳云上帝以稱王者也卒盡也猶訓道謂其所由也靡無也靡聖視之如無也言王之爲政反於先王之道天下之民盡病矣出善言謀之則不以爲然惟所爲不遠慮不知禍之將至也當是之時文武周公之道典章法度粲然其在然而其心靡聖法無所依繫又不實於誠信之言既不依於聖法故圖之無遠慮吾是用大諫之

二章 此戒語大臣也天與上章上帝義同難艱難也然如是也泄通作洩爾雅云洩洩制法則也蓋靡聖不率典章恣自制法則者先秦時人語謂之沓沓故孟子解之曰泄泄猶沓沓也事君無義進退無禮言則非先王之道者猶沓沓也傳仍孟子訓爲沓沓

鄭玄云。辭辭氣。謂政敎也。言王之方艱難。下民爾爲人臣者無如是憲憲而勸之。王之方蹶動。周室爾無如是沓沓而助之。惟事必由於先王之道。則政敎和悅而民心合定矣。**三章**及與卽就也。囂囂訓爲警警。警警傲也。謂傲慢其言而不聽也。服事也。先民古之賢者也。詢謀也。言我雖與爾職事異。乃與女同官。俱爲卿士。我就女而謀。女反聽我言。警警然我所言乃今之急事。女無笑之。古之賢者有言。詢于芻蕘。道博謀也。坊記曰。子云。上酌民言。則下天上施。上不酌民言。則犯也。下不天上施。則亂也。蓋言博取衆民之言。則得民情。取民情以爲政敎。則民受之如天也。詢于芻蕘之謂也。**四章**老夫凡伯自謂也。灌灌訓爲款款。忠誠也。耄老而昏也。謔戲將行也。言王之爲酷虐之政。女無如是喜樂以助之。老夫欲盡其款誠。而少者驕而不受。豈以我爲耄耶。非我言耄也。爾反用憂爲戲耳。其及圖之乎。圖之猶可救也。多行虐。至於如火之燎原。無術于撲滅矣。**五章**載之言則也。尸謂祭時之尸。不言不爲者也。葵揆。師衆也。言王之方行酷虐之威怒。女無體柔順從之。屈己卑身。如籧篨如戚施其威儀盡迷亂矣賢人君子則如尸然不復言語以見監謗之狀焉民之方愁苦呻吟而則曾莫我敢揆度喪亂之政重賦厚斂民無資財而曾莫賜贍我衆民時榮夷公好專利而厲王悅之故重斂不已民不能供其求則必至乎重法民之殿屎蓋由于此六章壎篪皆樂器也解見小雅何人斯篇璋圭解見棫樸篇取攜只是一意故下文但承攜字言辟訓法立法即第二章泄泄是也言王導民以德則如壎唱而篪和如璋合而爲圭如手取而攜之攜則必從矣無曰何益與道民本甚易矣民之多邪僻乃上之過也無自立法弭之非刑之能所防也案周語云厲王虐國人謗王王怒得衞巫使監謗者以告則殺之故云然七章价人即第五章所云善人也大師大衆也不曰衆民而曰大師者以守邦言之勢如聚兵蓋國之有封疆猶家之有垣墻人君非衆罔與守邦故曰維垣大邦成國諸侯也王者以天下爲家五服諸侯在門庭之內堂奧之外有屏之象焉旁生爲枝正出爲幹屏之草木王者如幹懷訓和以待諸侯及宗族言之德仁德也謂愛衆民也荀子云君人者愛

民而安。好士而榮。介人維藩。大師維垣。此之謂也。宗子宗族也。宗族維持王室者。有城之象焉。無獨斯畏。與上章攜無曰益句法同。言夫善人國之藩也。衆民國之垣也。諸侯國之屏也。而王者爲之幹矣。能御之以和德。則天下維寧矣。宗族國之城也。宜和親之。無俾城壞。苟不悛其虐。則寡助之至。親戚叛之。是謂城壞。無城則垣屏亦壞。孤獨而所畏者斯至矣。厲王遂以奔彘。豈不孤獨而畏哉。

**卒章** 此章天。皆謂上天也。與上諸章所云天不同。此亦亂其辭也。渝變也。謂災異也。厲王之世災異史不載。竹書紀年比年書大旱。亦在王出奔彘後十年。按逸周書芮良夫解。有爾乃蹟禍翫烖之文。史雖不載。必有適見于天者矣。及與也。衍訓溢。游溢亦逸豫也。言王當畏天之威怒。無敢逸豫。當敬天之變異。無敢自恣。昊天曰明。臨常與女出入往來。游溢相從。視女所爲。可不愼乎。及爾出王。猶分中外之累。及爾游衍。則棲遲晏息之所。不能逃矣。

生民之什十篇。六十五章。四百三十三句。

毛詩補義卷十終

# 毛詩補義卷十一

漢　趙人　毛公　傳

日本　西播　岡白駒補義

## 蕩之什詁訓傳第二十五

蕩召穆公傷周室大壞也厲王無道天下蕩蕩無紀綱文章故作是詩也

蕩蕩上帝下民之辟上帝以託君王也辟君也疾威上帝其命多辟疾病人矣威罪人矣天生烝民其命匪諶靡不有初鮮克有終諶誠也○文王曰咨咨女殷商曾是彊禦曾是掊克曾是在位曾是在服咨嗟也彊禦彊梁禦善也掊克自伐而好勝人也服服政事也○天降滔德女興是力

天君滔慢也○文王曰咨咨女殷商而秉義類彊禦多懟流言以對寇攘式內對遂也侯作侯祝靡屆靡究作祝詛也屆極究窮也○文王曰咨咨女殷商女炰烋于中國斂怨以爲德炰烋猶彭亨也不明爾德時無背無側背無臣側無人也爾德不明以無陪無卿無陪貳也無卿士也○文王曰咨咨女殷商天不湎爾以酒不義從式○義宜也既愆爾止靡明靡晦式號式呼俾晝作夜使晝作夜也○文王曰咨咨女殷商如蜩如螗如沸如羹蜩蟬也螗蝘也小大近喪人尚乎由行○言居人上欲用行是道也內奰于中國覃及鬼方奰怒也不醉而怒曰奰鬼方遠方也○文王曰咨咨女殷商匪上帝不時殷不

用舊雖無老成人尚有典刑曾是無聽大命以傾○文王曰咨咨女殷商人亦有言顚沛之揭枝葉未有害本實先撥顚仆沛拔也揭見根貌殷鑒不遠在夏后之世

蕩八章章八句

案蕩蕩廣大貌歐陽修云序言天下蕩蕩無綱紀文章亦謂天下廣大無綱紀條理以治之也上帝以託君王義亦與上篇同烝衆克能也言蕩蕩上帝豈非下民之君乎上帝而疾威於人何其政敎多邪僻也天之生衆民其命有不可信者天果愛斯民乎則宜常命賢王奈何有初而無終謂初則命文王終則命厲王也二章自此以下托文王歎紂以切刺之也陳際泰云托同列可盡言也托文王尤可盡言也文王尊且所識在乎勝國夫在乎勝國於是益展其言曾是者怪尤之辭天爲君謂殷紂也女指彊禦掊克之人言昔文王見殷紂之虐

咨嗟曰女殷紂何曾使彊禦掊克之人在位執政事乎女羣臣雖誠如此此本因君降慢德女肆興是力爲之耳歐陽修云此等事皆殷紂所行文王咨嗟以戒於初而厲王踐而行之於終也下皆倣此**二章**而汝義善對怨也彊禦之人用事則下多怨者故曰彊禦多懟流言謂放言於國以誣謗賢者也金滕云流言於國式用侯維也作詛古字通用祝亦詛也故作祝皆訓詛言女爲人君當秉善類反任彊禦多怨之人外則流言謗賢遂其惡內則寇盜攘竊以用事王與羣臣乖爭相疑而詛祝無極也此蓋托紂譏用術巫也**四章**炰烋訓彭亨彭亨驕滿貌史記云紂高天下以聲是也不曰天下而曰中國者對夷狄言故第六章云覃及鬼方時是也陪謂副貳王者也言女彭亨于中國多爲積怨之行而反自以爲德不能明爾德是由背無臣側無人也蓋彊禦在位賢者不用是雖有而猶之無也爾德遂不明以無陪貳無卿士也言無匡救之者也有諤諤爭臣者其國昌有默默諛臣者其國亡紂之謂也**五章**飲酒齊色曰湎式用也止至也言天之立君以爲民也豈使爾沈湎以

酒。事之不宜。女惟從用既愆爾所當至。無明無晦。式號式呼。酒酣極矣。俾晝作夜。史所云長夜之飲是也。**六章**蜩爲蝘。蝘亦蟬也。方語不同耳。三輔以西爲蜩。梁宋以東爲蝘。尚上。由用。覃延也。鬼方但爲遠方。不言其地。何楷云。易稱高宗伐鬼方。而詩言高宗伐荊楚。則鬼方之地在荊楚中明矣。蓋楚俗多鬼。故曰鬼方。云如蜩如螗。如湯之沸。如羹之方熟。皆言號呼之聲也。凡所行威虐。無小無大。莫不皆近喪亡。居人之上。用行是道。民不堪命可知矣。內奰于中國。覃及鬼方。道峻厲之威及于遠方也。鄒忠胤云。史稱厲王暴虐。諸侯畏之。荊楚自去王號。其威亦憚矣。覃及鬼方。此是邪。**七章**嚴粲云。不時者。猶言厄運也。鄭玄云。老成人。謂伊尹伊陟臣扈之屬。典刑。謂典冊所載成法也。大命。國命也。言非上天爲此厄運。乃殷自不用其先王之舊章耳。雖無老成人可與圖。尚有典刑可循法。而曾是莫聽用。是以致大命傾覆也。**卒章**撥猶絕也。夏后。桀也。言古人有言。顛沛之揭然枝葉未有折傷。而其根本實已先絕矣。此木不得不相隨也。紂時宗廟社稷猶在。諸侯未畔。四夷未起。而王自爲惡失人心正猶此爾殷鑒在夏言周鑒在殷也通篇托文王歎商至此忽以殷鑒一語逗出托言之意矣韓嬰云昔者禹以夏王桀以夏亡湯以殷王紂以殷亡故無常安之樂宜治之民得賢則昌不肖則亡自古及今未有不然者夫明鏡者所以照形也往古者所以知今也前車覆而後車不誡是以後車覆也故夏之所以亡者而殷爲之殷之所以亡者而周爲之故殷可以鑒於夏而周可以鑒於殷

抑衛武公刺厲王亦以自警也

抑抑威儀維德之隅人亦有言靡哲不愚抑抑密也隅廉也靡哲不愚國有道則知國無道則愚庶人之愚亦職維疾哲人之愚亦維斯戾職主戾罪也○無競維人四方其訓之有覺德行四國順之無競競也訓教覺直也訏謨定命遠猶辰告訏大謨謀猶道辰時也敬愼威儀維民之

則其在于今興迷亂于政顚覆厥德荒湛于酒女雖湛樂從弗念厥紹罔敷求先王克共明刑紹繼共執刑法也肆皇天弗尚如彼泉流無淪胥以亡淪率也夙興夜寐洒埽庭內維民之章洒灑章表也脩爾車馬弓矢戎兵用戒戎作用逷蠻方逷遠也○質爾人民謹爾侯度用戒不虞質成也不虞非度也愼爾出話敬爾威儀無不柔嘉話善言也白圭之玷尚可磨也斯言之玷不可爲也玷缺也○無易由言無曰苟矣莫捫朕舌言不可逝矣莫無捫持也無言不讎無德不報惠于朋友庶民小子讎用也子孫繩繩萬民靡不承○視爾友君子輯柔爾顏

不遐有愆也輯和相在爾室尚不愧于屋漏無曰不顯莫予云覯西北隅謂之屋漏覯見也神之格思不可度思矧可射思格至〇辟爾爲德俾臧俾嘉淑愼爾止不愆于儀不僭不賊鮮不爲則女爲善則民爲善矣止至也爲人君止於仁爲人臣止於敬爲人子止於孝爲人父止於慈與國人交止於信僭差也投我以桃報之以李彼童而角實虹小子童羊之無角者也而角自用也虹潰也〇荏染柔木言緡之絲溫溫恭人維德之基緡被也溫溫寬柔也其維哲人告之話言順德之行其維愚人覆謂我僭民各有心話言古之善言也〇於乎小子未知臧否匪手攜之言示之事匪面命之言提其耳借曰未知亦既抱子借假

也。
民之靡盈。誰夙知而莫成。莫晩也 ○昊天孔昭。我生靡樂。
視爾夢夢。我心慘慘。夢夢亂也。慘慘憂不樂也。誨爾諄諄。聽我藐藐。匪
用爲教。覆用爲虐。藐藐然不入也。借曰未知。亦聿既耄。耄老也。○於
乎小子。告爾舊止。聽用我謀。庶無大悔。天方艱難。曰喪厥
國。取譬不遠。昊天不忒。回遹其德。俾民大棘。

抑十二章。三章章八句。九章章十句。

箋。抑抑訓密。謂威儀靜密也。鄭玄云宮室之制。內有繩
直。則外有廉隅。譬如人之內有德。則外有威儀也。言威
儀之抑抑。維德之廉隅也。今王政暴虐。不復見此威儀。
人矣。古人有言。國無道則無哲。不愚。此賢者佯愚不爲
容貌。爾庶人性無知。以愚爲主。是其常天性之疾也。哲
人而爲愚。畏懼於罪也。呂祖謙云厲王非特自燕喪威

儀。使賢者皆不敢僭飾。思以求免其時蓋可知矣。案爾雅釋淇澳如之以學。終之以威儀。遂言盛德之及民深。武公作抑戒。亦以威儀開端。乃知古人之學。學之成德而已。淵中而彪外。威儀也者。德之表也。威儀與德非二矣。詩凡言威儀者。皆主德而言也。二章競彊也。維人謂賢者也。鄭玄云。大謀定命。謂正月始和布政于邦國都鄙也。遠道。謂長久可循之道也。則法也。此承上章而言。言非世果無賢者也。人君爲政。無彊於得其人。賢者在位。則可以教化於天下。此有正直德行。故四國服從之。大謀審定政令。長遠之法。以歲時告施。內懷德而外敬愼威儀。維可以爲民之法矣。孔子曰。德義可尊。容止可觀。進退可度。以臨其民。是以其民畏而愛之。則而象之。敬愼威儀。維民之則。此之謂也。三章迷亂曰荒。湛沒也。女。女下王。罔無。敷廣也。言今厲王興而迷亂于政。傾敗厥德。以荒湛于酒。女雖惟湛樂之從。而獨弗念及厥子孫哉。何無廣求先王之禮。以能執明法也。四章肆故今也。弗尚。厭棄之也。胥皆也。戎兵。戈盾矛戟之類。戒備戎兵。作起也。言王所爲如是。故今皇天弗尚。如彼泉流。稍就屋竭。女羣臣無相率皆以滅亡也。此蓋戒羣臣。亦以自警也。夙興夜寐。戒懈怠也。洒埽庭内。戒無逸也。上者下之所仰。宜爲民之表憲。當脩爾車馬弓矢戎兵。用備兵事之起。用驅遠蠻方之來侵。厲王荒湛于酒。忘意外之變。故戒之以修武備也。夫人之聰也不苦則不開。而其逸欲以勞。故漸寡。人之神也愈用則愈給。而其享用以細故益宏。夙夜洒庭。無作細務。看案。如彼泉流無淪胥以亡。與小旻相襲。小旻刺幽王。此篇刺厲王。蓋當時有此成語。而取義則隨作者意。較不同耳。**五章** 質訓成。成民。謂使得其所也。蘇轍云。侯度。天子所以御諸侯之度也。嘉善也。言當安爾人民。謹爾侯度。苟內失其民心而外慢其諸侯。則將有不虞之禍。言出於身加於民。宜愼爾出話。道之以德。宜敬爾威儀。勿不柔善。白圭之缺尚可磨鑢而平。斯言之失。遂往而不可改。夫言猶射也括既離弦。雖有所悔。不可從而追已。**六章** 易輕也。由任意而自由也。朕我也。古者上下共稱。德恩德也。下文惠是也。朋友兼諸侯羣臣言之。繩繩不絶也。承奉也。言女無輕易自由以言。無曰苟且如是。人無持我舌而止之

者。故易致差矣。言不可苟逝矣。一逝不可復追。言之善
者。無不見用。德之加人。無不見報。爾能惠于朋友。以及
庶民小子。則子孫繩繩然萬民靡不奉戴矣。惠之所及
子孫且受其福。則怨之所積子孫亦受其禍矣。七章君
子。謂在位者。上章朋友是也。遐遠也。不遐遠也。愆過也。
相亦視也。云思皆語辭。射厭也。厭怠也。言視爾友於君
子。和柔爾顏色。是不遠於有愆乎。蓋人之常情其修于
顯者。多如此。然視在爾室。尚能不愧于屋漏。屋漏非隱之處
乎。不無曰此非顯明之地。而莫予見。人雖不知。神其不
知乎。神之至臨。不可測。況可厭怠而不慎乎。莊周有言
為不善于顯明之中者。人得而非之。為不善于幽暗之
中者。鬼神得而責之。君子無人非無鬼責。不愧于屋漏
之謂也。八章辟法。藏善。嘉美也。小子指當時少年用事
者。言民法女之為德。女為善。則民為善為美矣。慎爾
之所當至。不愆于威儀。不僭差。不賊害。則民罕有不效
以為法者矣。夫善往則善來。怨往者害來。猶投桃報李
也。不脩德而任刑。以欲服人。是彼童羊。而自用其角也。
適瀆亂小子而已。蓋不敢斥言。以用事者言之耳。九章

陸德明云。荏染柔意。柔木柔忍之木也。言我也。順德順有德之言也。言荏染柔木。則被之弦以爲琴。溫溫恭人。則訓之學以成德。故其維哲人。告之善言。則順德而行之。其維愚人。則反謂我僭差。人心不同。知愚相越如此。此言入之性質。有可告語者。有不可告語者也。若厲王。蓋不可告語者也。**十章** 焦竑云。提音抵。言提其耳。言附耳以教之也。鄒忠胤云。此解甚精。且於匪面命意關切。淮南子云。握火提人。反先之熱。亦此義也。言於乎小子。不知善否。我非但手攜之也。又示之以事。我非但面命之也。又附耳以教之。我所以誨爾者。詳且至矣。假設女猶曰未有所知。則女既抱子爲人父矣。非復未知臧否之時也。是由盈滿爲累耳。凡民無盈滿意。能聽其教。則所知必有成德。豈有既夙知而反晚成者乎。詩志云。民字不慮下。是於手攜耳提之外。又借此爲棒喝也。見盈則德不成。倘其靡盈。凡民皆能有成矣。蓋豪傑之知雖多。一盈則聰明有必窮之路。**十一章** 昊天孔昭。呼天怨也。諄諄。告曉之熟也。藐藐。忽畧之貌。視爾所爲夢夢。我心慘慘。忠臣之情也。此我生所以靡樂也。歐陽修云。君瘖於上。臣憂於下。臣言甚至而君聽甚忽。匪用爲教。覆用爲虐。言不以我諄諄爲教之也。反以我爲虐之也。借曰未知。亦聿既耄。義與上章同。既耄非謂實老也。上章云抱子。等而言之。故曰耄。蓋甚言之也。詩人之語常如此。如下民卒癉。非謂民患黃病也。民苦于虐政。譬之病耳。朱熹引曲禮八十九十曰耄。以爲倚相所謂武公年九十五者。可謂泥矣。**卒章**止語辭。忒差。遹僻。棘急也。言於乎小子。我告爾以先王之舊章。爾能聽用我謀。庶無大悔矣。天方艱難。周室將喪厥國。譬如夏商。其類不遠。無昊天豈有差忒哉。然王曾不悟。益爲邪僻之行。使民至於困急無告也。呂祖謙云。史記載武公以宣王三十六年即位。國語亦稱武公年九十五作懿以自儆。韋昭謂懿即抑也。說者遂以爲此詩乃追刺厲王。今考其文。如曰在于今。興迷亂于政。曰匪手攜之。言示之事。匪面命之。言提其耳。曰聽用我謀。庶無大悔。夫豈追刺之語乎。史記國語殆未可據。一以詩爲正可也。

桑柔芮伯刺厲王也。

菀彼桑柔其下侯旬捋采其劉瘼此下民興也菀茂貌旬言陰均也劉爆爍而希也瘼病也不殄心憂倉兄塡兮倉喪也兄滋也塡久也倬彼昊天寧不我矜昊天斥王者也○四牡騤騤旟旐有翩亂生不夷靡國不泯騤騤不息也鳥隼曰旟龜蛇曰旐翩翩在路不息也夷平泯滅也民靡有黎具禍以燼黎齊也於乎有哀國步斯頻步行頻急也○國步蔑資天不我將靡所止疑云徂何往疑定也君子實維秉心無競誰生厲階至今爲梗競彊厲惡梗病也○憂心慇慇念我土宇我生不辰逢天僤怒自西徂東靡所定處宇居僤厚也多我覯痻孔棘我圉圉垂也○爲謀爲毖亂況斯削毖愼也告爾憂恤誨爾序爵誰

能執熱逝不以濯濯所以救熱也禮亦所以救亂也其何能淑載胥及溺

○如彼遡風亦孔之僾民有肅心荓云不逮好是稼穡力民代食遡鄉僾唈荓使也力民代食代無功者食天祿也稼穡維寶代食維好

○天降喪亂滅我立王降此蟊賊稼穡卒痒哀恫中國具贅卒荒靡有旅力以念穹蒼贅屬荒虛也穹蒼蒼天

○維此惠君人所瞻秉心宣猶考慎其相相質也維彼不順自獨俾臧自有肺腸俾民卒狂

○瞻彼中林甡甡其鹿朋友已譖不胥以穀甡甡衆多也人亦有言進退維谷谷窮也

○維此聖人瞻言百里維彼愚人覆狂以喜瞻言百里遠慮也匪言不能胡斯畏忌

○維

此良人弗求弗迪維彼忍心是顧是復（迪進也）民之貪亂寧爲荼毒○大風有隧有空大谷（隧道也）維此良人作爲式穀維彼不順征以中垢（中垢言闇冥也）○大風有隧貪人敗類聽言則對誦言如醉（類善也）匪用其良覆俾我悖（覆反也）○嗟爾朋友予豈不知而作如彼飛蟲時亦弋獲既之陰女反予來赫（赫赫炙也）○民之罔極職涼善背（涼薄也）爲民不利如云不克民之回遹職競用力○民之未戾職盜爲寇（戾定也）涼曰不可覆背善詈雖曰匪予既作爾歌

桑柔十六章八章章八句八章章六句

案。序云芮伯刺厲王。芮伯、卽春秋傳所謂芮良夫是也。
柔。柔謂桑葉始生柔濡也。侯、維。捋、取。殄、絶也。倬、明大貌。
昊天、斥王。義亦與板同。言菀然彼桑葉庇于其下者、維
均得蔭。及其捋采之。則葉爆爍而稀疏。不復能蔭炎日。
以喩王暴虐不能庇下民。反困病之也。民之憂不絶於
心。其來致喪亡久矣。倬彼昊天。何無我矜憐耶。蘇轍云。
周之盛也。如桑柔之茂。其陰無所不偏。至於厲王。肆行
暴虐。以敗其成業。則王室忽焉凋弊。如桑之既采。民失
其陰。而受其病也。歐陽修云。他木皆有枝葉。而詩人獨
以桑爲譬者。惟桑以葉用於人。常見捋采。爲空枝。而人
不得蔭其下。故以爲喩也。案汲冢周書。芮良夫解云。以
予小臣良夫。觀天下有土之君。厥德不遠。罔有代德。時
爲王之患。其惟國人。是與以民之憂。不絶於心。恐致喪
亡。其意將合。朱熹以不殄心憂。屬之君子者。非。二章旟
旐。戎車所建也。翩翩。旟旐舒張之貌。行則翩翩。故傳云
在路不息也。具、猶俱也。燼、燋燭既然之餘也。言厲王數
興征役。四牡騤騤。不息。旟旐翩翩在路。但是驅不堪命
之民。伐不得罪。是以亂日生而不能平。無國而不見殘

滅也。民悉被兵禍。或死或生。無有齊假其存者。俱遭此禍。亦其餘燼耳。嗚呼。可哀乎。國運如此之頻促也。厲王非能殘伐四國。而云靡國不泯何也。王既不能平亂。則諸國諸侯強弱相陵。小者滅亡。大者殘破。故無國而不見殘滅也。歐陽修云。兵役是朝廷一大事。宜有所伐主名。與其勝敗事迹。不應詩無明文。序又不言。旁稽史傳。皆無其事。按史記楚世家。言厲王暴虐。熊渠畏其伐楚去其王。又秦本紀。言厲王無道。諸侯或叛之。西戎反王室。滅犬丘大駱之族。竹書紀年云。厲王三年。淮夷侵洛。王命虢公長父伐。不克。十一年。西戎入于犬丘。皇王大紀載。厲王時。荊楚寇于南。獫狁寇于北。淮夷寇于東。徵歛數起。虐用其民。民不堪命。其事皆與詩脗合。司馬子長有言。詩書所以復見者。多藏人家。而史記獨藏周室。以故滅。夫三代以前。征伐之事。豈盡可考哉。朱熹以自此以下三章。爲征役者之怨辭。殊弗爾矣。當時道路以目。怨則有之。言則誰敢。蓋是芮伯探一時所障之民情。而代宣之。使王知莫敢言之人心。可悲可憫。而可畏如此。不可不深慮其或潰也。三章 蔑無也。將猶養也。徂行也。君子。謂當時在位者。言國步頻促。民無貲以爲生。天不我養。欲止則不知所安。欲行則不知所往。困苦極矣。然在位君子。實維無彊爭之心。誰生此禍亂之階者。至今爲病。禍有根原。其來也遠。歸咎於上之辭也。歸咎於上而并及於先世。怨之之深也。蓋自成康既沒。昭王膠楚澤之舟。穆王勤瑤水之轍。共王滅密。懿王命虢公代犬戎。孝王命申侯伐西戎。夷王伐大原之戎。窮兵黷武之事。亡代亡之。故曰誰生厲階。至今爲梗。其意若言成康沒而王澤竭。在位君子所知也。而何執心無競耶。

**四章** 爾雅云。慇慇憂也。士鄉辰時覯遘痻病棘急也。此述在役者不得歸。自傷也。蓋復申上章意。脈自貫。憂心慇慇念己之鄉土。即國步蔑資也。我生不得時。正逢天之厚怒。即天不我將也。自西徂東。無所定處。即云徂何往也。多矣我之遇困病甚急矣。我之在邊垂勞。言疲病之極也。

**五章** 況滋也。逝猶去也。序爵。次序賢能之爵也。宜爲公卿者。爵之以公卿。宜爲大夫士者。爵之以大夫士。此爵之所以序也。淑善胥皆及與也。言王爲謀且爲愼。然而任非其人。謀非其道。故亂滋生。而國日削。今我告爾以所當憂恤誨爾以序爵賢能夫禮之救亂也猶濯之救熱也誰能手執熱物而去之不以濯者今王所任者其何能善哉則君臣皆與陷溺於禍難而已禮之救亂人以爲迂經解云夫禮禁亂之所由生猶坊止水之所自來也以舊坊爲無所用而壞之者必有水敗以舊禮爲無所用而去之者必有亂患昔北宮文子言於衛矦曰鄭有禮其無大國之討乎引是詩而曰禮之於政如熱之有濯也濯以救熱何患之有用小人以防小人是抱薪以救火也阨高賢於下僚課崇功於卑秩是一杯水以當輿薪也惟爵賢能黜貪佞禮以維持之是救焚上策勿迂曲突而遺焦爛之噓哉

六章

僾訓唈唈者風唈人氣使不能息也有肅心心不安妥也云語辭好謂崇尚之好稼穡卽重農也耕種曰稼收歛曰穡力民謂功加於民者也好善也言今王之爲政使人如鄉疾風唈然不能息民懼離罪無日而安使不得及時耕耨也王當好是稼穡民雖稼穡而賢者不治之則亦不能遂其業矣其有功力於民者則使之代食言任賢也治人者食於人治於人者食人是以上下皆得其所雖然

稼穡國之寶也。不可輕使代食。代食必擇其人之維善而後可也。不可濫也。此好是稼穡，即上章告爾憂恤也。力民代食，即誨爾序爵也。代食不得其人，則民亦不得盡力於稼穡矣。七章立，謂在於位也。立王，見今在位者，謂厲王也。蓋厲王雖暴虐乎，其勢不足以滅周家，禍將正於王身，故以立王言之。汲冢周書亦云：觀天下有土之君，厥德不遠，罔有代德。後果王奔于彘，共和之後，宣王承世，皆如其言，可謂明識矣。食苗根曰蟊，食節曰賊。卒盡瘁病恫痛也。穹蒼訓天，穹言形，蒼言色也。言天降喪亂，將滅我王，蝗螟爲災，稼穡盡病矣，可哀痛哉。中國之人俱繫於禍，家産盡慮矣，窮困無有旅力以念蒼天。韓嬰云：民勞思佚，治暴思仁，刑危思安，國亂思天。此之謂也。八章惠君，謂仁愛之君也。宣徧猶謀也。相與金玉其相之相同，傳訓質，質猶性也。蓋任性則慮有所不及，故明王考之先王之道，凡事雖微必愼，考愼其相之謂也。不順即不順先王之道者也。臧善也。自獨俾善，欲用已之見而使之善也。與考愼其相反。自有肺腸，行心中之所欲也。與宣猶反。言仁愛之君爲民人所瞻仰者，其秉心也。凡事偏謀于衆。不任其性。而考于道。以愼其所爲。唯彼不順之君。欲用獨自之見。而使之善。何繇得善乎。行其心之所欲。無有綱紀。非特使無所瞻仰也。還使民迷惑如狂。**九章**朋友指僚友也。以與古通。穀善也。言視彼林中。其鹿尚甡甡並行。朋友已譖不能相善。曾鹿之不如也。君子之事君也。進不失忠。退不失行。今上無明君。下有僚友之譖。是以進退皆窮也。**十章**胡之言何也。維此聖人知微見遠。所視而言者。無遠而不察。維彼愚人不知禍之將至。反狂以喜。所謂抱火厝諸積薪未及然。猶之安。愚亦甚矣。當時用事者。蓋如此。我非不能言也。何爲斯畏懼忌諱哉。于時衞巫監謗道路以目。人無敢言者。故爲此自訴辭。以見王之暴虐焉。**十一章**良善也。鄭玄云。忍心。謂有忍爲惡之心者。貪猶欲也。荼苦菜。毒螫人蟲。皆惡物。故比惡行。此承上章言王暴虐人無敢言者。故維此良人。王非求之。弗進言。唯彼忍心者是顧是重。復以逢王之心。言周書所謂賢知箝口。小人鼓舌。是已。民之欲亂。本出於不堪其命。故寧爲荼毒之行耳。夫亂與荼毒。豈民之本性。中有大不得已。而甘心出此爾人惟知民性之反常而不知其情大可憫者也聞之陽和有洞出風每年致祭而金華宋潛夫亦有風門洞碑記此類是也式用穀善也征行也韓詩作往言大風之行有道必從大空谷之中以興君子小人所行各有所由也蓋秉心本異其所由不同矣維此良人心在安民故所作爲皆用善道維彼不順心在利己故無往而不爲闇冥也夫由善道則庸夫化爲端良不由善道則中材必入闇冥是君子小人所繇而成其本在順道與不也故對良人以不順言

**十三章** 不順之極成貪人貪人蓋謂榮夷公之屬也芮伯向嘗陳諫者也故有聽言則對誦言如醉之語悖惑亂也言貪人非徒己不良而已又敗彼善人其爲人也聽言則面從而答之爲誦說先王之言則眊眊乎如醉不用其良人之言反使我民惑亂也當是時也道路以目惟苟免罪罰而回譎規避莫不至是敗類之驗也

**十四章** 朋友與第九章朋友同而汝也飛蟲飛鳥也孔穎達云蟲鳥之大名羽蟲三百六十鳳皇爲之長是也之往也陰覆陰也赫與王

赫斯怒之赫同。蓋威怒不可嚮邇。故傳訓炙。嗟爾朋友。
予豈不知汝所作爲乎。如彼飛鳥。時亦爲弋射所獲。汝
貪忿不已。必有禍患。吾向嘗往陳諫。是覆陰於女也。女
反來加赫怒於我。言不受忠告也。十五章 職主也。涼訓
薄。謂薄德也。春秋傳云。號多涼德。善背。巧欺違也。克勝
也。同適。邪僻也。競強也。言民之所以貪亂無極者。主由
在上者涼德善背也。爲民之不利。如惟恐不勝也。民其
堪予民之所以邪僻者。上由強用民力也。言使不以時。
第六章所云荓云不逮是也。十六章 盜郎謂貪人也。言民
之未定。主由盜臣爲寇害也。我向嘗告爾以涼德不可。
爾反背我言而善罵。爾雖善文飾。曰非予所致。我既得
其情。而作爾歌。其言著明。豈可掩哉。自古小人誤國在
嘗時則僞君子耳。背而托之忠。故曰善背。罵而托之忠。
故亦曰善罵。自君子視之。如見其肺肝然。故前曰予豈
不知而作。而終之曰既作爾歌。見其能逃主目而不能
逃君子之視也。詩志云。此詩云載胥及溺。俾民卒狂。民
之貪亂。民之罔極。同適未戾等句。摹畫民情。危如纍邪。
與召公川壅而潰。傷人必多。同一悽惋。所謂聖人瞻言

百里者此也忠臣憂國其不極思如此

雲漢仍叔美宣王也宣王承厲王之烈内有撥亂之志遇災而懼側身脩行欲銷去之天下喜於王化復行百姓見憂故作是詩也

倬彼雲漢昭回于天回轉也王曰於乎何辜今之人天降喪亂饑饉薦臻薦重臻至也靡神不舉靡愛斯牲圭璧既卒寧莫我聽○旱既大甚蘊隆蟲蟲蘊蘊而暑隆隆而雷蟲蟲而熱不殄禋祀自郊徂宮上下奠瘞靡神不宗上祭天下祭地奠其禮瘞其物宗尊也國有凶荒則索鬼神而祭之后稷不克上帝不臨耗斁下土寧丁我躬丁當也○旱

既大甚則不可推兢兢業業如霆如雷周餘黎民靡有孑遺推去也兢兢恐也業業危也孑然遺失也昊天上帝則不我遺胡不相畏先祖于摧摧至也○旱既大甚則不可沮赫赫炎炎云我無所大命近止靡瞻靡顧沮止也赫赫旱氣也炎炎熱氣也大命近止民近死亡也羣公先正則不我助父母先祖胡寧忍予先正百辟卿士也先祖文武爲民父母也○旱既大甚滌滌山川旱魃爲虐如惔如焚我心憚暑憂心如熏滌滌旱氣也山無木川無水魃旱神也惔燎之也憚勞熏灼也羣公先正則不我聞昊天上帝寧俾我遯○旱既大甚黽勉畏去胡寧瘨我以旱憯不知其故祈年孔夙方社不莫昊天上帝則不我虞

敬恭明神宜無悔怒。悔恨也◯旱既大甚散無友紀鞫哉庶正疚哉冢宰趣馬師氏膳夫左右歲凶年穀不登則趣馬不秣師氏弛其兵馳道不除祭事不縣膳夫徹膳左右布而不脩大夫不食粱士飲酒不樂靡人不周無不能止周救也無不能止言無止不能也瞻卬昊天云如何里◯瞻卬昊天有嘒其星大夫君子昭假無贏大命近止無棄爾成嘒衆星貌假至也何求為我以戾庶正戾定也瞻卬昊天曷惠其寧

雲漢八章章十句

案宣王時天下旱歲惡甚此詩繼桑柔之後蓋旱乃厲王餘烈也宣王遇此災而懼欲銷去之百姓為王所憂故仍叔作是詩直述訴於天之辭所以為美也倬彼雲漢解見棫樸篇昭光辜罪也喪謂死亡亂謂民心不寧

也舉凡祀典所載咸舉而祭之也周禮荒政索鬼神是
也皆用牲祭之故下文言靡愛斯牲又太宗伯以玉作
六器以禮天地四方以蒼璧禮天以黃琮禮地以青圭
禮東方以赤璋禮南方以白琥禮西方以玄璜禮北方
是祭必用圭璧也卒盡也寧願辭時大旱渴雨王夜仰
瞻天河光回轉于天曾不見雨俟王曰於乎何罪今之
人反求之已也天降喪亂饑饉重至非止一年羣神無
不祭無所愛於牲禮神之圭璧又已盡矣然而未見雨
俟寧惟無聽於我一人欲其災止于已之身也與下章
寧丁我躬意同殷湯之世大旱七年太史占曰當以人
禱湯曰吾所爲請雨者民也若必以人禱吾請自當今
宣王曰寧莫我聽曰寧丁我躬蓋於桑林躬禱其庶幾
乎詩弋云此雩祭之章也雩者何吁也其吁何吁嗟求
雨之意也開口王曰於乎便見斯義矣周禮龍見而雩
是未旱恐旱故語多稱美化工此因旱而雩故多切責
旁皇之詞先事者其情緩當事者其情急也三章蘊積
也隆雷聲也鄭玄云非雨雷也雷聲尚殷殷然蟲蟲旱
氣也爾雅訓薰殄絕也禋潔祀也郊祀天地也宮宗廟

也。奠謂置之於地。瘞謂埋之於土。克勝。臨享。斁敗也。言旱愈久而益甚。暑氣蘊積。雷聲隆隆。旱氣薰蒸。人爲旱故禋祀不絶。自郊而宮。奠其禮。瘞其物。天神地祇人鬼無不尊祀。然而后稷既不勝旱災。上帝又不享于我。於乎何罪耗敗下土乎。寧使我躬當之。欲無使民被其災也。三章 兢兢業業。宣王恐危也。鄭玄屬之民者非也。靡有孑遺。言無復有遺漏也。王充云。詩人傷旱之甚。民被其害。言靡有孑遺。增益其文。欲言旱甚也。先祖謂后稷也。于於古通。言大旱不可移去。兢兢業業。如有雷霆近發於上。大亂之後。周之黎民所餘固已無幾。今又降旱災。靡復有孑遺。昊天上帝。何不爲我留遺此餘黎。我何可不相畏乎。乃呼先祖曰。先祖乎。於乎何辜。於此夫始萬物者本乎天。窮則反其本。生周民者。祖乎稷。痛則呼其祖。故告上帝。憫不留餘黎。呼先祖。訴民至於此。四章 羣公。古之上公。雩祀。必所祭。如句龍后稷之類也。先正。先世官長。即月令所謂雩祀百辟卿士之有益于民者。是也。胡寧。猶何曾也。言大旱不可卻止。民恐在赫赫炎炎之中。人君以天下之得所爲所。天下皆在赫赫炎炎之境。民失所。則云我無所矣。今民近於死亡。無瞻於前。無顧於後。饑困極矣。羣公先正。雩祀所及者。何不我助乎。先祖文武。何曾若是之忍乎。我皆我於王。鄭玄以云我屬于民。非也。五章滌滌山枯水竭。則如惔如焚。可知矣。不我聞。忽然不聽我之所言也。蘇轍云。宣王祈旱至矣。而莫之答。故曰。苟吾之不德。不當天心。寧使我遯去。無以我苦此庶民也。六章黽勉。勉也。瘨病。憯曾也。祈年。孟春祈穀于上帝。孟冬祈來年于天宗。是也。莫晚虞度也。此承上章寧俾我遯。而又作一轉語。言始欲遯去。既而又念民命方急。故黽勉于此。不敢去。以思濟斯難。天何曾病我以旱乎。曾不知其何故而致也。我祈豐年甚早。祭四方與社。又不晚。昊天上帝。則曾不度我心歟。肅事明神。如是明神宜無恨怒矣。此自反自疑之辭。上文所謂憯不知其故也。七章鞫窮也。庶正。衆官之長也。疚病也。冢宰。特於庶正中提出之。以其爲衆長之長也。趣馬。掌馬之官。師氏。掌其近王之兵者。膳夫。掌食之官。卬與仰同。里憂也。爾雅作悝。人道相友。吉凶慶弔有紀以合之。今旱太甚。食之財竭。不能爲禮。是散無友紀也。

上自冢宰庶正。以至膳夫左右。皆殺禮。如傳所云。宣王
傷之曰。窮哉病哉。我欲靡人。不救而無止民不能給之
患。言國用空竭也。於是愁悶。仰天訴云。當如我憂何。卒
章昭明。贏餘也。成成。成功也。曷何。寧安也。言瞻仰昊天曷
見衆星嘒然。未有雨徵。大夫君子。當勤于振救。明布惠
澤之所至。無敢有私贏之。而不斂散。今民近死亡。無棄
汝之成功。此何求爲我民而已乎。乃所以定汝庶正也。
又仰天訴云。果何時而惠我以安寧乎。解頤云。余讀雲
漢。見宣王有事天之敬。有事神之誠。有恤民之仁。敬畏
以事天。而天鑒之。虔恭以事神。而神享之。惻怛以恤民。
而民懷之。蘊隆之氣消。豐穰之效著。內治既脩。外攘斯
舉。南征北伐。無不如意。中興之業。視文武成康而無愧
皆自雲漢一念基之也。呂祖謙云。宣王之小雅始
於六月。言其功也。其大雅始於雲漢。言其志也。

崧高。尹吉甫美宣王也。天下復平。能建國親諸侯。褒
賞申伯焉。

崧高維嶽駿極于天維嶽降神生甫及申 崧高貌山大而高曰崧嶽四嶽也東嶽岱南嶽衡西嶽華北嶽恒堯之時姜氏爲四伯掌四嶽之祀述諸侯之職於周則有甫有申有齊有許也駿大極至也嶽降神靈和氣以生申甫之大功

維申及甫維周之翰四國于蕃四方于宣 翰幹也

○亹亹申伯王纘之事于邑于謝南國是式 謝周之南國也

王命召伯定申伯之宅登是南邦世執其功 召伯召公也登成也功事也

○王命申伯式是南邦因是謝人以作爾庸 庸城也

王命召伯徹申伯土田 徹治也

王命傅御遷其私人 御治事之官也私人家臣也

○申伯之功召伯是營有俶其城寢廟既成 俶作也

既成藐藐王錫申伯四牡蹻蹻鉤膺濯濯 藐藐美貌蹻蹻壯貌鉤膺

樊纓也。濯濯光明也。〇王遣申伯。路車乘馬。我圖爾居。莫如南土。乘馬四馬也。錫爾介圭。以作爾寶。寶瑞也。往近王舅。南土是保。近已也。申伯宣王之舅也。〇申伯信邁。王餞于郿。郿地名。申伯還南。謝于誠歸。

王命召伯。徹申伯土疆。以峙其粻。式遄其行。〇申伯番番。既入于謝。徒御嘽嘽。番番勇武貌。諸侯有大功則賜虎賁徒御。嘽嘽徒行者御車者嘽嘽喜樂也。周邦咸喜。戎有良翰。不顯申伯。王之元舅。文武是憲。不顯申伯顯矣申伯也。文武是憲言有文有武也。〇申伯之德。柔惠且直。揉此萬邦。聞于四國。吉甫作誦。其詩孔碩。其風肆好。以贈申伯。吉甫尹吉甫也。作是工師之誦也。肆長也。贈增也。

崧高八章章八句

案竹書紀年宣王七年王錫申伯命所云褒賞是已甫甫侯也鄭玄謂穆王之時作呂刑者申申伯也褒賞申伯而及甫侯者以其俱出于四嶽也蕃扞蔽也宣徧布之義布威靈布德澤皆是也張文潛云四國有所界故蕃曰四國四方無所限故宣曰四方此爲美申伯而本其祖先也故傳具言堯時四伯言崧然維嶽其高大勢將至于天維嶽降神靈和氣以祚四嶽之後向既生甫侯今又生申伯維申及甫爲周室之楨榦四國則于以蕃蔽其患難四方則于以宣布其威德此蓋言申伯未封時也夫申伯宣王之舅也因親受封疑爲王者之私恩以親蒙寵亦非申伯之休美故特鋪張其未封以前宣四方蕃四國以爲周之幹也或云武王之盛時大邦畏其力小邦懷其德爵賞有度錫命有禮夫豈以爲盛哉天子之事固若是也一不能則亂而已矣而詩人美之如是者何也對曰周至於厲王而亂極矣王室衰微諸侯肆行王且不能有國矣而況能建國乎諸侯背

叛。携怨連禍而况能親諸侯乎。賞命不行乎上則褒賞
申伯。爲可美。楊雄曰。習治則傷始亂。習亂則好始治方
宣王之初。可謂習亂矣。而宣王之始。能行天子之職。詩
人爲樂其始治而好之。此所以美之也。**二章**亹亹勉也。
纘繼也。鄒忠胤云。意者申雖舊邦。國統中絕。申伯乃王
朝卿士。天子內念股肱之美。爲之復建侯封乎。故曰王
纘之事。于於也。王安石云。國之所都亦曰邑。作邑于豐。
商邑翼翼。是也。按地志。申謝其地相近。邑於謝。猶兼封
於申也。式法也。召伯召穆公也。時爲司空。主繕治。言申
伯亹亹於職事。佐王有功。王念股肱之美。封之於謝。爲
侯伯。以使南國諸侯法之。於是命召伯定申伯之宅。使
成是南邦。世世執其政事。言子孫長有此土也。詩志云。
謝近于荊。荊與徐連。舊嘗表裏爲江淮之患。謝居荊徐
要衝。申伯當以文武才。爲一方保障也。此詩人言外之
意。其遣而期之。有厚望焉。一則曰南土是式。再則曰式
是南邦。三則曰南土是保。諄諄之意。天子爲此一方慮
深矣。**三章**式是南邦。即上章南國是式也。申伯出爲諸
侯。所治者。不過一國而已。而命之式是南邦者。使之爲

侯伯也。今因是謝邑之人。而更作汝之國城。乃命召伯。正其井牧。定其賦稅也。孔穎達云。左傳鄭伯傳王是謂輔相王事者爲傅。副貳於王。以治事者。謂家宰也。私對公言。王朝之臣爲公。人家臣爲私人。謂申伯之家人也。**四章**功。工役之事也。黍苗所云。肅肅謝功是也。前曰廟後曰寢。鉤膺。馬飾也。詳于小雅采芑篇。言申伯謝邑之功。召伯營之。作其城郭及寢廟。定其人神所處。旣成以形貌告于王。王乃賜申伯車馬。爲將遣之。四牡。所以駕車也。言馬則車在其中矣。**五章**路車。象路也。乘馬。卽上章四牡也。介犬也。呂祖謙云。介圭。在周官爲天子所服然。韓奕曰。以其介圭。入覲于王。則是諸侯之瑞圭也。詩人特美大其圭。而稱之。非周官之介圭矣。近訓已語辭。保守也。安也。言王發遣申伯。賜以車馬。乃告之曰。我圖爾之所居。莫如南土。錫爾介圭。以爲爾之瑞。送之曰往已王舅。南土是保哉。**六章**邁。行也。餞送行飲酒也。時王省岐周。故于郿云。岐周。周之所起。先王之廟在焉。蓋受命文王之廟以行也。詩志云。按輿地岐周最在西北。稍東則爲郿。又東則爲鎬。而謝又在鎬之東南。王自岐周饋于郿。復還南經鎬而後入謝。若徑從鎬入謝則道不經郿矣。謝于誠歸。誠歸于謝也。詩多倒語。言信邁誠歸。於是信行誠歸也。以見申伯不欲離王室之意焉。徹土疆治上所云土田之疆界也。峙具。粻糧。式用。遄速也。鄭玄云。峙其糧者。令廬市有止宿之委積。周禮遺人云。十里有廬。廬有飲食。三十里有宿。宿有路室。路室有委。五十里有市。市有候館。候館有積。是也。言自京至國在道所須。命皆預備委積。由無所闕乏。以得速至。故日用速其行。七章戎大也。舅以元稱之。尊重之也。寔亦也。言申伯之入于謝也。率虎賁之士。其威儀番番然徒行者御車者。儀貌嘽嘽然喜樂。禮入國不馳。故行列安舒以見喜樂之狀焉。周人咸喜曰。周室大有良榦之臣與。首章維周之翰。應豈不光顯乎。申伯。此乃王之元舅。有文有武。皆足以法。卒章柔惠且直。即上章文武是已。採與採禾為禾之採同。不矯之則木不曲直。不徐施則必折傷。惟有文有武者能之。詩者。工師樂人誦之以為樂曲。故謂之誦。碩大也。言申伯之德。柔惠且直。採服此萬邦。聞達于四國。吉甫作工師之誦。其詩甚大。蓋言非啻美申伯也有繋于國家也其風切申伯亦永長而好以增益申伯之美孔穎達云此詩主美申伯申伯申伯有德王能建之美申伯亦所以美宣王也故爲宣王詩也或曰後世寵外戚者以是詩藉口自宣王封申伯不再傳遂召驪山之禍猶可以爲訓乎鄒忠胤云此不然也夫柔惠且直揉此萬邦而聞四國申伯宜爲文武憲矣豈可因王之元舅而及掩其德謝功之營亦豈假與後世恩澤侯可同日語哉至其後人逆節亦非憑椒房之寵內執朝權如王竇閻梁董也嗟夫爲嫌爲寇斯其故益難言之而以造端咎崧高過矣

烝民尹吉甫美宣王也任賢使能周室中興焉

天生烝民有物有則民之秉彝好是懿德 烝衆物事則法 彝常懿美也

天監有周昭假于下保茲天子生仲山甫 仲山甫樊侯也 ○仲山甫之德柔嘉維則令儀令色小心翼翼古訓是式威儀是

力。天子是若。明命使賦。古故訓道。若順。賦布也。○王命仲山甫。式是百辟。纘戎祖考。王躬是保。戎大也。出納王命。王之喉舌。賦政于外。四方爰發。喉舌冢宰也。○肅肅王命。仲山甫將之。邦國若否。仲山甫明之。將行也。既明且哲。以保其身。夙夜匪解。以事一人。○人亦有言。柔則茹之。剛則吐之。維仲山甫。柔亦不茹。剛亦不吐。不侮矜寡。不畏彊禦。○人亦有言。德輶如毛。民鮮克舉之。我儀圖之。儀宜也。維仲山甫舉之。愛莫助之。愛隱也。袞職有闕。維仲山甫補之。有袞冕者。君之上服也。仲山甫補之。善補過也。○仲山甫出祖。四牡業業。征夫捷捷。每懷靡及。言述職也。業業言高大也。捷捷言樂事也。四牡彭彭。八鸞鏘鏘。王命仲山甫。城彼東方。東方。齊也。古者諸侯之居逼隘。則王者遷其邑而定其居。蓋去薄姑而遷於臨菑也。○四牡騤騤。八鸞喈喈。仲山甫徂齊。式遄其歸。騤騤。猶彭彭也。喈喈。猶鏘鏘也。遄。疾也。言周之望仲山甫也。吉甫作誦。穆如清風。仲山甫永懷。以慰其心。清微之風。化養萬物者也。

烝民八章。章八句。

案物。敎之條件也。故傳訓爲事。則訓法。謂倣效也。秉。執也。秉彝。心所秉之常。謂常性也。孔子釋此詩。曰爲此詩者。其知道乎。故有物必有則。民之秉彝也。故好是懿德。監。視。假。至也。昭。至于下。謂明德浹于下也。天子。斥宣王也。言天生衆民。有敎必倣效。是民之常性也。故莫不好是美德之人。言歸宣王之德也。天監視有周。其明德浹于下民矣。皇天無親。惟德是祐。故保茲天子。爲之生仲山甫。以爲之輔。二章嘉。美也。仲山甫之德。柔嘉維則。一

語盡之矣。君道體乾主剛。臣道體坤主柔。臣道無成。故
尚柔。鄭忠胤云易坤爲臣道。繫以利牝馬之貞。蓋坤非
偏柔。乘乾而爲柔也。呂祖謙云維則。不過其則也。此所
以爲嘉也。過其則斯爲弱矣。令善也。善威儀善顏色。以
其對君者言之。小心翼翼恭愼貌。此以其居職者言之。
古訓故訓。訓道。故道卽先王之道也。陸德明道讀爲導。
非也。式法力勉也。言仲山甫之德柔嘉維則。其事君也。
令儀令色。其居職也。小心翼翼。惟先王之道是遵。法威
儀是力。以養其德。天子順行其所爲而有明命。則使仲
山甫布之。**三章**此言命仲山甫爲冢宰也。辟君也。百辟
謂鄉士及畿外諸侯也。呂祖謙云保云者。保其身體。傅
之德義之謂也。出承而布之也。納行而復之也。發發而
應之也。言王命仲山甫曰汝爲長官。施行法度於天下。
百辟當纘大其祖考之業。以保我王躬。蓋仲山甫之祖
考嘗爲是官矣。於是山甫受命爲冢宰。出納王命。布政
於畿外。天下莫不發應也。**四章**此申上章賦政之旨也。
肅肅莊嚴也。政敎出天子。故曰肅肅王命。邦國謂諸侯也。
若順也。明之以賦政言。蓋賦政於畿外。邦國之能順與

不能順山甫能明之以詔王而出之此冢宰之任也四方爰發實繇于此哲智也言肅肅王命仲山甫奉而行之邦國之順否能明之大臣明決過人者審於是物而多暗於處己每致羅禍其保身者多趨利避害不顧其君唯山甫既明且哲以保其身夙夜不懈其職以事一人夫好女之色惡者之孽也公正之上衆人之率也茲者思折衝牙之指御者廟摧王良之手人情爲爾山甫主眷既隆位極人臣輿望所屬易來讒嫉非明且哲難乎免也。**五章**人亦有言相傳之言卽常言也茹食也強禦解見于蕩篇矜鰥通言人有常言凡人柔者則茹之剛者吐之喻侵侮寡弱避畏強盛也惟仲山甫柔亦不茹剛亦不吐不侮矜寡不畏強禦不侮不畏卽是不茹不吐也既言其喻又言其實以充之寡弱吞聲豪強逞志共和以前紛如矣不茹柔不吐剛其山甫佐天子中興大作用與。**六章**輶輕也聖人率人性而立之道人學以成其德是非強不能也故曰輕如毛言不難也我吉甫自我也儀毛傳古本作義故訓宜也我宜圖之表記所謂以義度人也袞職王職也不敢斥言王闕故曰袞職有闕言人有常言德輕如毛而人鮮能舉之我以義度之惟仲山甫爲能舉之而其德隱然無有助之者葢吉甫以義度之乃知其能舉之宜乎當時隱而莫識之者王之職有闕輒能補之者惟仲山甫爲然所謂王躬是保也王伯厚云考之周語宣王立魯公子戲則山甫有諫料民太原則山甫又諫然聽之藐藐當時公卿惟號文公諫不籍千畝而他無聞焉此詩人所以有莫助之之嘆也

**七章** 傳云言述職也孟子曰諸侯朝於天子曰述職述職者述所職也葢山甫出使所歷諸侯國事歸詔之天子猶諸侯述所職也故以爲述職此爲毋懷靡及發祇送行之祭出門而後祭故云出祖征夫於皇華謂使與上介衆介則山甫亦在其中矣每懷靡及解見小雅皇皇者華彭彭行貌鸞鈴也象鸞鳥故曰鸞馬口兩旁各一四馬故八鸞也鏘鏘鳴聲也言仲山甫奉命出使祖祭以行四牡業業高大征夫捷捷雖有采和明智之德猶自以爲無及義如皇皇者華四牡彭彭而行八鸞鏘鏘而鳴此行王命仲山甫城彼東方齊也孔穎達云史記齊獻公元年徙薄姑都治臨菑計當夷王

之時。與傳不合。朱熹謂豈徙於夷王之時。至是而始備其城郭與卒章式用也作誦解見上篇穆和也言仲山甫往於齊周人望其疾歸吉甫作誦穆如清風此非自誇所作之美也蓋詩謂山甫而王誦之如是是美在山甫也山甫在齊願贈君側永懷不忘故以此詩慰其心焉鄭忠胤云天爲保天子生山甫王以保王躬命山甫山甫之責甚鉅區區城齊之役曾何足以煩之第成王時召康公亦嘗以太保營洛雒王都之肇建不比於侯封然是役也倘非異人堪任堪者必山甫乎且山甫於王命既無不能將而城彼東方亦王命之一此行亦未必久淹固不妨其爲保躬補闕也夫城齊亦非細故也當時北有玁狁南有荊蠻東有徐淮之夷故式是南方以申伯城彼朔方以南謝奄受北國以韓侯而東方之保障齊爲最大以城齊屬山甫諒非無意耳或謂職業佇望如山甫宜置諸左右朝夕納誨不宜一日去王所山甫願贈君側永懷不忘詩言式遄其歸借贈友之辭寓諷王之義猶唐詩暫到蜀城應計日須知明主待持爲其意未必不出於此而吉甫亦可謂善言矣郝敬云普天之下莫非王土惟王建國文武之制也周衰諸侯強僭繼世不繇天子裂土啓封悉自己出厲王中衰周人放之於彘是畿內諸侯且不知有天子而况齊遠在東隅境內區區之城郭必以上請豈非宣王中興之烈足以震疊之與夫子刪詩存烝民春秋之義也

韓奕尹吉甫美宣王也能錫命諸侯

奕奕梁山維禹甸之有倬其道韓侯受命奕奕大也甸治也禹治梁山除水災宣王平大亂命諸侯有倬其道有倬然之道者也受命受命爲侯伯也王親命之纘戎祖考無廢朕命夙夜匪解虔共爾位戎大虔固共執也朕命不易榦不庭方以佐戎辟庭直也○四牡奕奕孔脩且張韓侯入覲以其介圭入覲于王脩長張大覲見也王錫韓侯淑旂綏章簟茀

錯衡。玄衮赤舃。鉤膺鏤鍚。鞹鞃淺幭。鞗革金厄。淑善也交龍爲旂綏大綏也錯衡文衡也鏤鍚有金鏤其鍚也鞹革也鞃軾中也淺虎皮淺毛也幭覆式也厄烏蠋也○韓侯出祖。出宿于屠。顯父餞之。清酒百壺。屠地名也顯父有顯德者也其殽維何。炰鼈鮮魚。其蔌維何。維筍及蒲。其贈維何。乘馬路車。蔌菜殽也筍竹也蒲蒲蒻也籩豆有且。侯氏燕胥。○韓侯取妻。汾王之甥。蹶父之子。汾大也蹶父卿士也韓侯迎止。于蹶之里。百兩彭彭。八鸞鏘鏘。不顯其光。里邑也諸娣從之。祁祁如雲。韓侯顧之。爛其盈門。祁祁徐靚也如雲言衆多也諸侯一取九女二國媵之諸娣衆妾也顧之曲顧道義也○蹶父孔武。靡國不到。爲韓姞相攸。莫如韓樂。姞蹶父姓也孔樂韓士川澤訏訏魴鱮甫甫麀鹿噳噳有熊有羆有貓有虎訏訏大也甫甫然大也噳噳然衆也貓似虎淺毛者也慶既令居韓姞燕譽◯溥彼韓城燕師所完師衆也以先祖受命因時百蠻王錫韓侯其追其貊奄受北國因以其伯韓侯之先祖武王之子也因時百蠻長是蠻服之百國也追貊戎狄國也奄撫也實墉實壑實畝實籍實墉實壑言高其城深其壑也獻其貔皮赤豹黃羆貔猛獸也追貊之國來貢而侯伯總領之

韓奕六章章十二句

案序云美宣王能錫命諸侯郝敬云屏王非興王也亂命非治命也有所要挾不得不命非力能制命也如宣王之命韓侯能命亦能討能予亦能奪然後稱盛福維祺耳此其所以美也孔穎達云不言韓侯者見所錫命

非一國。故言諸侯以廣之。梁山。韓國之鎮。所望祀焉。韓
後屬晉。故爾雅以爲晉望。詩人言人君之功。多配禹言
之。豐水東注。維禹之績。以武王之功。配禹也。宣王平大
亂。命諸侯。此亦以宣王之功。配禹也。倬大也。榦作楨榦
而正之也。辟君也。大君。謂王也。言奕奕梁山。維禹治之
除水災。以配宣王撥亂之功也。韓侯有倬然之道。乃受
命爲侯伯。王親命之曰。當纘大汝祖考之業。無廢朕命。
夙夜不懈。固執爾位。朕之所命。無有改易。正不直之方。
當以佐大君。

**二章** 首章是初受命爲侯伯時事。此章則
既封後。而復入覲之事也。諸侯秋見天子曰覲。介圭解
見崧高篇。以介圭入見天子。覲禮所云。乃朝以瑞玉。有
繅是也。王錫韓侯以下。覲禮所云。事畢天子賜侯氏以
車服。迎于外門外。再拜。是也。綏爲大綏。染鳥羽。或以旄
牛尾爲之。注于竿之首。卽交龍旂竿。所建。與旂共一竿。
爲貴賤之表章。故云綏章。簟方文席也。茀蔽也。以簟爲
車蔽也。車軛曰衡。錯置文采于軛。故爲文衡也。玄衮玄
衣而畫以衮龍也。鉤膺解見小雅采芑篇。馬眉上飾曰
鍚。刻金飾之。故云鏤鍚。兩較之間。有橫木可憑者曰軾。

以革持之使牢固故云鞹鞃也幭軾上覆蓋以有毛皮爲之鞗轡也革謂轡首之垂者以金接轡之端如厄蟲然言韓侯乘長大四牡執圭入覲于王王特錫以車馬淑旂綏章車上所載也簟茀錯衡以車言玄衮赤舄以服言鉤膺以下車馬互言也

三章

出祖解見上篇鄭玄云既覲而反國必祖者尊其所往去則如始行焉祖於國外畢乃出宿示行不留於是也送行飲酒曰餞必使有顯德者餞之者榮其人也清酒清美之酒也炰謂烝煮之也筍竹萌也蒲爲蒲蒻謂蒲始生下入泥白處可以爲菹人君之車曰路車所駕之馬曰乘馬竹曰籩木曰豆且多貌侯氏指韓侯覲禮稱諸侯爲侯氏言諸侯則凡之總稱言侯氏則指一身不凡之也胥相也言王既使顯父餞之又使贈以車馬餞贈皆承王命人臣無私交籩豆且然韓侯與顯父相共燕樂榮君寵也

四章

此言韓侯畢覲事而出國門遂於蹶里行娶妻親迎之禮也汾訓大王肅云大王王之尊稱也孔穎達云王肅雖申毛傳以汾王爲大王其意亦爲厲王若是宣王之甥當如上篇言王之元舅不宜別言王號故知非宣王

之甥矣。宣王之前。惟厲王耳。蓋以其先帝。故尊稱之也。若是他王之甥。而韓侯娶之。安在其美宣王也。厲王失道。王室幾喪。爲諸侯所卑。王甥亦焉能相假。惟宣王中興。然後更爲樂國。賢君之所願娶。此其所以美宣王也。妹妹之子。爲甥。蹶氏。父字也。止語辭。百兩。百乘也。彭彭。解見小雅出車篇。不顯顯也。光猶榮也。韓侯顧之。卽昏禮所謂壻顧男下女也。故傳以爲曲顧。道義爛鮮明貌。言韓侯娶妻王之甥。卿士之子。道其尊貴也。韓侯親迎於蹶父之也。其車馬之盛。豈不顯其光榮乎。諸娣從之者祁祁如雲。韓侯於是回顧見其鮮明粲爛盈於蹶父之門也。陸化熙云。迎曰百兩。是迎以邦君之禮也。從曰諸娣。是送以夫人之禮也。

五章　靡國不到。言涉歷邦國之多也。韓姞韓侯之夫人也。以姓配夫之國。故謂之韓姞。相視攸所。慶善。燕安也。言蹶父材力甚武健。爲王使於天下。靡國不到。因爲其女視可嫁之所。莫如韓國之爲樂土。甚樂哉此。韓之國土也。川澤寬大。衆魚禽獸無不備有。蓋魴鱮麀鹿。可以供食。熊羆貓虎。可以供裘。韓地物產之隆如此。故善韓之國土。令女嫁焉而居之韓姞亦則安之。盡婦道、有顯譽也。卒章燕、召公之國也。于時召公爲司空。故命之築此城。如召伯營謝、山甫城齊。春秋諸侯城邢、城楚丘之類也。呂祖謙云。春秋之城邢、城楚丘、城緣陵。城杞之類。皆合諸侯爲之。霸令尚如此。則周之盛時。命燕城韓。固常政也。溥大。時是。墉城。壑池。籍稅也。言大矣彼韓國之城。初受封也。王命召公以其衆築完此城。以先祖嘗受命長是百蠻。今王錫韓侯追貊。令撫柔其所受北面之國。因其先祖之業。以爲之伯。首章所云纘戎祖考也。於是高其城。深其池。治其田畝。正其稅法。而貢其所有於王。貔言皮、則豹羆亦獻皮也。黄氏蠡測云。厲王之世。諸侯不朝入覲。錫命之典。視爲贅物。其詩曰。俾予靖之。後予極焉。蓋可知矣。宣王側身修行。振舉精明。一洗衰頽之跡。遵文武之道而復之。故封申伯。所以懷南方之諸侯也。命樊侯城齊。所以懷東方之諸侯也。錫命韓侯。所以懷北方之諸侯也。以至淮夷不服。則命召虎以平之。徐方不庭。則自將以征之。規模弘大。雖文武之世。不是過也。序於崧高。則曰能建國親諸侯。於韓奕。則曰能錫命諸侯。可謂深於詩者矣。朱意謂韓侯初立來朝始受王命而歸詩人作此以送之何楷駁之云詩詞前後明有兩命非初立之命也其序述周詳正以揚厲中興氣象而但以爲送行而作不綦小與

江漢尹吉甫美宣王也能興衰撥亂命召公平淮夷

江漢浮浮武夫滔滔匪安匪遊淮夷來求浮浮衆彊貌滔滔廣大貌淮夷東國在淮浦而夷行也旣出我車旣設我旟匪安匪舒淮夷來鋪鋪病也○江漢湯湯武夫洸洸經營四方告成于王洸洸武貌四方旣平王國庶定時靡有爭王心載寧○江漢之滸王命召虎式辟四方徹我疆土匪疚匪棘王國來極召虎召穆公也于疆于理至于南海○王命召虎來旬來宣文武受命召公維

翰。旬、徧也。召公、召康公也。無曰予小子。召公是似。肇敏戎公。用錫爾祉。似、嗣。肇、謀。敏、疾。戎、大。公、事也。○釐爾圭瓚。秬鬯一卣。告于文人。釐、賜也。秬、黑黍也。鬯、香草也。築煑合而鬱之曰鬯。卣、器也。九命錫圭瓚秬鬯。文人、文德之人也。錫山土田。于周受命。自召祖命。諸侯有大功德、賜之名山土田附庸。虎拜稽首。天子萬年。○虎拜稽首。對揚王休。作召公考。天子萬壽。明明天子。令聞不已。矢其文德。洽此四國。對、遂。考、成。矢、施也。

江漢六章。章八句。

案：序云：命召公平淮夷。召公、召穆公也。名虎。後漢東夷傳云：厲王無道、淮夷入寇。王命虢仲征。不克。宣王復命召公伐而平之。此其事也。江漢、二水名。宣王於水上命將率、遣士衆。故以二水合流爲諸侯會師之況。古者識兵不出所以重內調兵諸侯各從其方之便此役則微兵江漢也滔滔以其衆逝言匪安以心言其心不敢遑寧也遊遊息也淮夷散處潛伏故曰求車戎車也鳥隼曰旟舒舒行也鋪訓病謂討而病之也蓋不必勦殺逐之使不敢入故曰病言江漢之水合流浮浮然武夫滔滔莫敢安舒曰吾之來也唯淮夷是求是病道上衆不懈也朱熹謂宣王命召穆公平淮南之夷鄭忠胤云江漢明言伐淮夷常武明言征徐國何必取南北爲目曰淮夷則淮南淮北兼舉之矣常武所云淮浦淮濆指所經歷及駐劄之地未嘗指淮夷也二章湯湯流盛貌成成功也庶幸也兵非美事不得已而興師故告成於王曰王國庶定庶云者幸其僅然非以是爲美也時是載則也言召公既受命伐淮夷服之復經營四方之叛國告功於王四方既平王國自此庶幾安定也是天下無有叛戾乖爭者王心則寧矣輔廣云宣王以天下爲心一有爭鬭則王心不安也讀此章見宣王能以天下之心爲心而召公又能以宣王之心爲心焉三章再言江漢之滸者繫上事起下事也滸水厓也式發語辭辟與

闢同徹治。疚病。棘急。極至也。式辟以下四句。命之之辭也。王命召公曰。式闢四方之侵地。治我疆土。哉非病害之。非急躁之。但使來至于王國。受政教而已。召公於是正其境界。分其地理。至于南海而止。**四章**旬訓徧謂經營四方也。宣布也。召康公名奭。召穆公之始祖也。子小子。宣王自稱也。祉福也。自來句以下。通下章。冊命之文也。王命召虎曰。女來經營四方。以宣布政教。昔者文武受命。召公爲之楨幹之臣。女無曰以予小子之故也。當嗣召公之功業。女之所謀。敏于大事。我用此賜汝以福。即下章所陳是也。呂祖謙云。自召康公之後。其風烈寂寥無聞矣。至穆公始復敏於從事。以纘其烈。**五章**瓚祭時所用鬯酒。以獻尸之器。其柄以圭爲之。詳見旱麓篇。秬鬯。築煮鬱金草。以和黑黍酒者也。謂之鬯者。芬香條鬯也。韓詩外傳云。諸侯之有德。天子錫之。一錫車馬。再錫衣服。三錫虎賁。四錫樂器。五錫納陛。六錫朱戶。七錫弓矢。八錫鈇鉞。九錫秬鬯。于往也。周岐周也。祭統云。賜爵祿必於太廟。岐周周之所起。爲其有先王之遺故。往就之。自用也。召祖。召虎之祖康公也。稽首。首至地也。言賜爾圭瓚秬鬯一卣使以告祭其宗廟先祖有文德之人又以其大功德錫山川土田使往周受其賜命用其祖康公受封之禮所以寵異之也召虎乃拜稽首受王命策書人臣受恩無可以報謝者稱言使君壽考而已

卒章對訓遂遂者兩事之辭上既稱言壽考復拜稽首遂稱揚王之德美也作爲也考訓成嚴粲云成者毀之對康公立大勳于王室而後嗣子孫不能繼之則康公之功業將毀矣我不敢不勉斯爲康公之成謂不毀墜其功也天子萬壽申上章天子萬年之祝而轉致屬望無盡之意言我願王之壽考而明明善譽不已施其文德四方莫不浹洽宣王方以武功褒虎而虎乃以文德勉宣王蓋不矜己之功而納君于德意度遠哉

常武召穆公美宣王也有常德以立武事因以爲戒然

赫赫明明王命卿士南仲大祖大師皇父整我六師以脩

我戎赫赫然盛也明明然察也王命南仲於大祖皇甫爲大師既敬既戒惠此南國○王謂尹氏命程伯休父左右陳行戒我師旅率彼淮浦省此徐土尹氏掌命卿士程伯休父始命爲大司馬浦涯也不留不處三事就緒誅其君弔其民爲之立三有事之臣○赫赫業業有嚴天子王舒保作匪紹匪遊徐方繹騷赫赫然盛也業業然動也嚴然而威舒徐也保安也匪紹匪遊不敢繼以敖遊也繹陳騷動也震驚徐方如雷如霆徐方震驚○王奮厥武如震如怒○進其虎臣闞如虓虎鋪敦淮濆仍執醜虜虎之自怒虓然濆涯仍就虜服也截彼淮浦王師之所截治也○王旅嘽嘽如飛如翰如江如漢如山之苞如川之流○嘽嘽然盛也疾如飛摯如翰苞本也緜緜翼翼不

測不克。濯征徐國。緜緜，靚也。翼翼，敬也。濯，大也。○王猶允塞。徐方既來。猶，謀也。徐方既同，天子之功。四方既平，徐方來庭。來王庭也。徐方不回，王曰還歸。

常武六章，章八句。

案：朱熹云：詩中無常武字，召公特名其篇，蓋有常德以立武則可，以武爲常則不可，此所以有美而有戒也。序云因以爲戒，然然讀爲焉。鄒忠胤云：宣王武功見於小雅者，則有六月、采芑；見於大雅者，則有江漢、常武。考之竹書紀年，玁狁在五年之夏，而是秋旋有采芑之役，六年，召穆公帥師伐淮夷，王帥師伐徐戎，然則平淮、平徐二師蓋一時並發也。其錫召穆公命，則紀年亦云。歸自伐徐也。徐自伯禽時已與淮夷相倚爲患，故費誓云：徂茲淮夷、徐戎並興。穆王時，徐夷僭號，率九夷以伐宗周，厲王時，淮夷侵洛，王命虢公長父伐之，不克。淮徐蠢動從來久矣自宣王命吉甫伐玁狁方叔征蠻荊於是四方儆亂以次削平其一則遣召虎二則躬董六師者緣淮徐相距不甚遠慮其合而角我故分道出師以防侵軼耳赫赫威盛也明明顯察也周夷厲以來威靈不振幾乎泯滅宣王奮然親總六師負如雷霆下震日月明照故以赫赫明明贊宣王也大師三公之官也或云周家不特設三公此兼職也皇氏父字天子六師王親征故稱六師戎兵器也言赫赫明明宣王之親征也命卿士南仲者於王太祖之廟爲大將又命皇父爲太師以撫軍衆乃告之曰整我六軍脩我甲兵當敬愼以臨之戒懼而處之以惠此南國蓋伐其暴亂所以惠之也或云毛傳於出車之王命南仲既曰殷王則南仲似殷將矣乃此仍謂宣王命南仲於太祖果一南仲乎果兩南仲乎愚謂此蓋文王時南仲之後後世稱南仲者猶召公之後世稱召公也惟未審其名耳鄭玄云以南仲爲太祖者今大師皇父朱熹仍之果爾經文當云南仲曾孫何及云南仲太祖紹弗似語意矣

二章 尹氏吉甫也掌命卿士蓋卿而兼內史也其職曰凡命諸侯及孤卿

大夫。則策命之。程國名。伯爵。休父字也。戒誓戒也。單禮。司馬掌其誓戒。率循也。不曰伐而曰省者。正體統之辭也。蓋以王靈臨小醜。非對壘之敵也。若曰天子巡視此徐方云爾。河陽稱狩。義亦類此。三事。爲三有事。說見于小雅十月之交篇。緒業也。左右陳行以下。皆命休父之辭也。言王詔尹氏。策命程伯休父爲大司馬。命之曰。令士衆。左右陳行列。誓戒我師旅。循彼淮水之涯。省視此徐國之土。誅其君。不久留。不停處。弔其民。爲之立三有事之臣。以使民就其業耳。孫子云。兵聞拙速。未覩巧之久也。夫兵久而國利者。未之有也。常武所以戒留處也。萬尚烈云。周起岐豐。淮徐至遠。其從化也。則後其侵亂也。則先。徐之無周。其積玩也。宣王赫然中興。伐儼狁滅蠻荊。平淮夷。庶幾乎一伸中國之氣。而蠢爾之徐尚背叛如此。其爲四方羣孼。豈小小哉。倘非出之全力。期于蕩平。何以成終善後。而稱極治。故不難屈萬乘之尊。躬夷荒之遠。正副之將。必諄諄焉誠。永逸之策。長治之圖也。常武其三代之盛舉哉。三章上言命將師。此章方言王親征之事。業業訓動。言其威靈氣焰。足以動人也。

作行也。曰徐土。曰徐方。曰徐國。非有二地。特變文耳。言王之親征也。赫赫業業。人望之曰有嚴哉天子也。王師舒徐而安行。不敢繼以敖遊也。徐方聞之。陳說此事。以驚動其震驚徐方。如雷霆作於其上。不遑安也。用兵之法。攻心爲上。徐方震驚。已先服其心矣。**四章**朱熹云。進鼓而進之也。闞奮怒之貌。虓虎怒貌。鋪布也。布其師旅也。敦厚也。厚集其陳也。醜衆也。虜訓爲服。孔穎達云。虜者。囚係之名。爲人虜獲。是屈服也。此將征徐。路循淮浦治淮旁國也。言王乃奮揚其威武。如雷霆之震怒。鼓而進其虎臣。闞然如虓怒之虎。厚布陳師旅。於淮水之涯就而執其衆之降服者。治彼淮之旁國有罪者。就王師之所而斷之。鋪敦淮濆。截彼淮浦。是奪彼負嵎之勢。而先斷其右臂。彼徐方者。亦何能復越淮逃匿。如何之出沒不可測也哉。宣王用兵。其謀攻如此。**五章**此述自淮浦移師征徐也。孔穎達云。翰飛之疾。疾者。摯鳥之擊尤疾故傳云摯如翰。緜緜訓靚。靚與靜同。言王之師旅嘽嘽其疾如飛。其摯如翰。江漢以喻盛大也。山本以喻不可驚動也。川流以喻不可禦也。王兵安靜且敬。其勢不可測度。不可攻勝。以大征徐國。通解云。大雅言文王之兵。若臨衝閑閑章。言武王之兵。若牧野洋洋章。皆累述武文事耳。常武言宣王之兵。則極其鋪張揚厲。若有過於文武之威者。聖人之兵。尚德。賢人以下之兵。尚威。論德者。其詞典。論威者。其詞夸。且亦可見盛世中興氣象。卒章猶訓謀。徐光啓云。凡平日所爲。與衰撥亂。安內攘外。經營于廟堂。敷布于海隅者。皆王謀也。允信也。允塞。謂至誠感物也。見于韓詩外傳。既來。來告服也。既同。與他國同服于王也。回違也。言宣王經國之謀。猶誠德之所至。兵纔臨徐方。未陳而已來告服。此非・特兵威使之然也。所謂有常德以立武事。是已。故特歸功于天子焉。四方既平。徐方不復違命。而王於是班師而歸也。

瞻卬凡伯刺幽王大壞也。

瞻卬昊天。則不我惠。孔塡不寧。降此大厲。昊天。斥王也。塡久。厲惡也。邦靡有定。士民其瘵。蟊賊蟊疾。靡有夷屆。罪罟不收。靡有夷瘳。瘵、病。夷、常也。罪罟、設罪以爲罟。瘳、愈也。

○人有土田。女反有之。人有民人。女覆奪之。此宜無罪。女反收之。彼宜有罪。女覆說之。收、拘收也。說、赦也。

哲夫成城。哲婦傾城。哲、知也。

○懿厥哲婦。爲梟爲鴟。婦有長舌。維厲之階。亂匪降自天。生自婦人。匪教匪誨。時維婦寺。寺、近也。

○鞫人忮忒。譖始竟背。豈曰不極。伊胡爲慝。忮、害。忒、變也。

如賈三倍。君子是識。婦無公事。休其蠶織。休、息也。婦人無與外政。雖王后猶以蠶織爲事。古者天子爲藉千畝。冕而朱紘躬秉耒。諸侯爲藉百畝。冕而青紘。躬秉耒。以事天地山川社稷先古。敬之至也。天子諸侯必有公桑蠶室。近川而爲之。築宮仞有三尺。棘牆而外閉之。及大昕之朝。君皮弁素積。卜三宮之夫人世婦之吉者。使入蠶于蠶室。奉種浴于川。桑于公桑。風戾以食之。歲既單矣。世婦卒蠶。奉繭以示于君遂獻繭于夫人夫人曰此所以爲君服與遂副禕而受之少牢以禮之及良日后夫人繅三盆手遂布于三宮夫人世婦之吉者使繅遂朱綠之玄黃之以爲黼黻文章服既成矣君服之以祀先王先公敬之至也○天何以刺何神不富舍爾介狄維予胥忌刺責富福狄遠忌怨也不弔不祥威儀不類人之云亡邦國殄瘁類善殄盡瘁病也○天之降罔維其優矣人之云亡心之憂矣優渥也天之降罔維其幾矣人之云亡心之悲矣幾危也○觱沸檻泉維其深矣心之憂矣寧自今矣不自我先不自我後藐藐昊天無不克鞏藐藐大貌鞏固也無忝皇祖式救爾後

瞻卬七章三章章十句四章章八句

案。序云凡伯刺幽王。此與作板詩刺厲王凡伯不同。蓋此畿內諸矦也。在王朝爲卿士者。凡國伯爵故世稱凡伯。猶周公召公也。何楷世本古義與作板詩者爲一人。夫凡伯於板詩已自稱老夫。則年當不下於六七十。而此詩云哲婦傾城則作于褒姒得志之後自厲王時歷共和十二年。宣王在位四十六年至幽王八年立伯服。凡七十年。計百三四十歲人矣。其遠于人情如此。幽王之世。褒姒擅權于內。皇父石父之輩。朋應于外。任用小人。聽信讒言。任刑罰事。剋剝饑饉薦臻戎狄窺伺馴致驪山之禍故曰大壞昊天稱王不敢顯斥言也。食苗根者曰蟊。賊自外至蟊賊以比皇父石父輩疾生自內蟊疾。以比褒姒屆極。罟網也。瘳訓愈。謂已也。言仰視王之所爲。則不惠我下民。甚久矣天下不安也是王乃降此大惡虐政也。以昊天言故云降邦國無有定上與民皆其病矣。如蟊之賊禾疾禾爲之無常亦無至極設罪網而不收無有常亦無有已時蟊賊以下皆言降大厲之事也。二章土田民人。以諸侯及卿大夫而言無罪有罪兼士民而言覆反也。城猶國也言王聽用褒姒之言剝黜諸侯卿大夫無罪者此無罪者反拘收彼有罪者反赦之夫士多才智則能興人之國婦人以無非無儀爲善無所事哲哲而與外政則適以傾人國亂王符云先王之制刑法也非好傷人肌膚斷人壽命者也乃以威姦懲惡除民害也天下本以民不能相治故爲立王者以統治之在于奉天威命共行賞罰故經稱天罰有罪五刑五用詩刺彼宜有罪女覆脫之

三章懿美也梟鴟惡聲之鳥喻褒姒之言無善也長舌能多言者也階所由上下也言褒姒懿美其哲婦而其出言也爲梟爲鴟是婦之多言實大厲之所由降也亂非降自天生自婦人王不由人之敎誨惟婦人是近愛用其言故耳詩志云謀慮苟當則婦人亦成國任姒是也謀慮理乖離丈夫亦傾城宰嚭無極是也成敗繇于是非得失不繇動靜蓋丈夫而爲私圖才智亦盡敗亡之藉如大任大姒豈非上哲婦人聰明軌于正則盡收歸于德邑姜而列于十亂豈不以才哉令褒姒而公心內助其才其知于以上嗣徽音不難矣獨其智惟欲身求代后子圖奪宗縱其暴戾之性非有益國之心類梟類鴟耳爲梟爲鴟

其哲所以傾城。非以其哲也。大氐婦人。志廣度宏者少。鴟拙猶不至敗事。故以爲寧拙。毋巧其寔。不可槩論也。哲婦爲梟。又爲鴟。是舉性之惡與聲之惡者。並惡之。**四章**鞫窮也。譖誣告也。竟終背反極中胡何。慝惡也。三倍獲利之多也。君子以位言。婦人之長舌。能窮屈人。忮害變詐。其言無常。故始所謂之說。與終相反。而豈自謂我之言不中正乎。反曰。是何足爲惡也。如夫商賈三倍之利。賤丈夫之所爲。而君子反知之。婦人不宜與外政。今乃休其蠶織之事。而與朝廷之事。皆非其宜也。夫爲絺爲綌。服之無斁。文王之所以興也。爲梟爲鴟。休其蠶織。幽王之所以大壞也。**五章**介大。胥相。弔閔也。不祥災異也。川竭山崩。冬雷夏霜是也。言天何以責王。見變異乎。神何以不福王。而有災害也。蓋欲使知信用長舌哲婦之故也。何捨爾大猷遠慮。反與我之正言者相怨乎。夫天之降不祥。庶幾王懼而自修。今王遇災異而不恤。又不愼其威儀。賢人之云亡。邦國之將殄瘁也。韓嬰云。昔者秦繆公困于殽。據五羖大夫。蹇叔公孫支而小霸。晉文公困于驪氏。據咎犯趙衰介子推而遂爲君。越王勾踐困于會稽。據范蠡大夫種。而霸南國。齊桓公困于長勺。據管仲甯戚隰朋。而匡天下。此皆困而知據賢人者也。人之云亡。邦國殄瘁。無賢人之謂也。

六章 此承上章天何以刺。而言也。蘇轍云。天降禍以執有罪。如網之執禽獸也。言天之降羅網。維其深矣。王不自悛。恐其罹矣。賢人之云亡。我心爲之憂矣。蓋爲邦國殄瘁故也。既曰優。又曰幾。既曰憂。又曰悲。見日甚一日焉。

卒章 觱沸。泉出貌。檻泉。正出也。義見于小雅采菽篇。昊天與首章昊天同。斥王也。皇祖謂文武也。言觱沸檻泉其源維深矣。喻已憂思所從來久也。心之憂矣。寧自今日矣哉。恨是時之不自我先。不自我後。而正當我身也。自傷我生之不幸也。藐藐王者。雖至于此。無不能鞏固之之理。苟能改過自新。庶幾可保也。故箴之曰。無忝皇祖。式救爾後嗣子孫。幽王大壞至此。凡伯尚欲救之。拳拳之忠。不能自已也。鄒忠胤云。檿弧箕服。亡國之兆。雖久已見於童謠。亦俟淫德而後加之。幽王惟長舌是嬖。休蠶織而預朝政。欲代后則代后。欲奪宗即奪宗。方且裂繒爲入耳之歡。舉烽爲博粲之戲。幾如是而不亡者。而詩人

尚規之以善後益誠欲回國脈
於一綫不忍坐視其殄瘁也

召旻凡伯刺幽王大壞也旻閔也閔天下無如召公
之臣也

旻天疾威天篤降喪瘨我饑饉民卒流亡我居圉卒荒圉垂
也○天降罪罟蟊賊內訌訌潰也昏椓靡共潰潰回遹實靖
夷我邦椓天椓也潰潰亂也靖謀夷平也○皐皐訿訿曾不知其玷皐皐頑不
知道也訿訿窳不供事也兢兢業業孔填不寧我位孔貶貶隊也○如彼
歲旱草不潰茂如彼棲苴潰遂也苴水中浮草也我相此邦無不潰
止○維昔之富不如時往者富仁賢今也富讒佞維今之疚不如茲今則

病賢也彼疏斯粺胡不自替職兄斯引彼宜食疏今反食精粺替廢兄滋也引長
也○池之竭矣不云自頻頻厓也泉之竭矣不云自中泉水從中
以益者也溥斯害矣職兄斯弘不烖我躬○昔先王受命有如
召公日辟國百里今也日蹙國百里辟開蹙促也於乎哀哉維
今之人不尚有舊

召旻七章四章章五句三章章七句

案鄭敬云昔周室興而召南作今周將亡故詩人思召
伯因以召旻名篇閔時無召公也蓋內有褒姒之寵則
外無召公之臣矣蘇轍云首章稱旻天卒章稱召公故
謂之召旻果爾當云旻召何顯云召旻疾威解見小雅
雨無正篇瘨病卒盡也流亡謂逃徙無定也居國中也
凡伯以國事爲己之任故云我居圉荒蕪也言幽王虐

政天怒迅烈篤降死喪之禍疾我以饑饉其僅存之民亦盡流亡自我國中至邊垂盡皆荒蕪田野不治蓋此歲旱之極也

**二章** 此章天斥王也與上章天不同罪罟解見上篇蟊賊斥小人也椓擊也義與小雅正月天夭是椓同故傳以爲天椓回遹邪僻也言王降罪網以收無罪非惟外害良善也蟊賊又相與潰其內上下昏亂君天禍之在位椓之無供其職事者潰潰然邪僻是行是實謀夷滅我邦家也

**三章** 兢兢戒懼也業業危怖也言在位皆臯臯不知先王之道惟訿訿然瘝惰莫供職而王曾不知其玷缺至此天下之人兢兢業業甚久矣其不安也我王之位又甚隊矣道政教不行與諸侯無異也

**四章** 木上曰棲孔穎達云再云云如者言民如旱草草又如棲苴也相視潰亂也止語辭嚴粲云谷風有洸有潰潰怒也小旻是用不潰于成召旻草不潰茂潰遂也潰潰回遹無不潰止潰亂也蓋水之潰者其勢横暴而四出故怒之甚者爲潰怒遂之甚者爲潰遂亂之甚者爲潰亂皆一理也言天下之人如旱歲之草不得遂茂如彼水中之浮草棲於樹上枯槁無潤澤我視此邦

國無不亂矣。道皆亂也。五章時是。茲此也。彼斥小人也。斗粟而米十爲疏。疏謂之糲。斗粟而米九爲粺。粺謂之精。職主也。兄訓茲。茲與滋通。滋益也。言昔時之富皆仁賢也。不如今之富讒佞也。維今之疚皆賢者也。昔則不如此。彼宜食疏而反食精粺。以見小人食君子之祿焉。何不自廢退以避賢路。乃乜滋長此禍亂之事乎。瞻卬言內惑於寵妾。召旻言外發于小人。二者蓋勢相因。後宮色盛。則賢者隱微。嬖婢倡言。則小人競進。邦國殄瘁。恒必由之。六章溥猶徧也。弘大也。池水自外以灌者也。故池之竭矣。不云自厓之頻與。以喻國之壞由讒佞敗之也。泉水從中以益者也。泉之竭矣。不云自中不發與。以喻國之禍由褒姒內訌也。今也國竭而不自知害斯益徧矣。然蟊賊猶土滋弘大之。不獨裁及我躬而已矣。蓋見爲宗社慮。非爲身家危焉。鄭玄以爲王之身安得斥王身云我躬。朱熹以爲詩人之我躬。非凡伯之忠矣。卒章先王受命謂文武之時也。召公召康公也。言有如非止召公也。文王之世周公治內召公治外。故獨舉召公。有舊。謂老成人猶在也。言昔先王之時臣有如召公。曰闢國百里文王之化自北而南至于江漢之間是也今也日促國百里犬戎內侵諸侯外畔是也於乎哀哉維今之人世雖亂乎不猶有舊德之人哉言有之而不用也昔召公日闢國百里今也日促國百里似乎舉世空虛有借才異代之想忽轉一語云維今之人不尚有舊夫不有舊而日蹙國猶可言也尚有舊而不免日蹙國悲夫陳傅良云周南繫于周公召南繫于召公豈非化之盛者必有待乎二公也至于風之終于豳雅之終于召旻豈非化之衰者必有思乎二公也

蕩之什十一篇九十二章七百六十九句

毛詩補義卷十一終

# 毛詩補義卷十二

漢　趙人　毛公　傳

日本　西播　岡白駒補義

## 周頌

頌者。宗廟之樂章也。古文頌與容通。大序云。美盛德之形容。以其成功告於神明者也。雅不言周。頌言周者。以別商魯也。昔者季札見歌頌。曰。至矣哉。直而不倨。曲而不屈。邇而不偪。遠而不攜。遷而不淫。復而不厭。哀而不愁。樂而不荒。用而不匱。廣而不宣。施而不費。取而不貪。處而不底。行而不流。五聲和。八風平。節有度。守有序。盛德之所同也。此皆語厥聲也。故三頌雖異體乎。皆以爲盛德之所同也。

### 清廟之什詁訓傳第二十六

清廟祀文王也周公既成洛邑朝諸侯率以祀文王焉

於穆清廟肅雝顯相於歎辭也穆美肅敬雝和相助也濟濟多士秉文之德對越在天執文德之人也駿奔走在廟不顯不承無射於人斯駿長也顯於天矣見承於人矣不見厭於人矣

清廟一章八句

冢廟以清名蓋凜然森嚴肅然清淨可以事天地交神明故謂之清廟內敬于心外和于色故曰肅雝顯明也稱助祭之人曰顯相者言其人有顯著之德美也濟濟衆也多士廣言與祭事人也越於也凡有事於廟者往復行禮故曰奔走斯語辭言於乎穆哉清廟肅雝哉助祭之公侯濟濟多士皆執文德之人對於在天之神長奔走來助在廟豈不顯於天乎豈不見承於人乎無見厭於人矣鄒忠胤云清廟之歌有詞而無韻不貴聲也

縣一鐘尚拊膈朱絃而通越一倡而三嘆有餘音矣蓋樂歌文王之道不極音聲但以熟絃廣孔少倡寡和堂上之樂以人聲爲貴故獨奏登歌之曲不以樂音亂人聲所謂獨上歌也

維天之命太平告文王也

維天之命於穆不已孟仲子曰大哉天命之無極而美周之禮也於乎不顯文王之德之純假以溢我我其收之駿惠我文王純大假嘉溢愼收聚也曾孫篤之成王能厚行之也

維天之命一章八句

案尚書大傳云周公將作禮樂優游之三年不能作君子恥其言而不見從恥其行而不見隨將大作恐天下莫我知將小作恐不能揚父祖功烈德澤然後營雒以觀天下之心於是四方諸侯率其羣黨各攻位於其庭

周公曰示之以力役且猶至況導之以禮樂乎然後敢作禮樂樂記云王者功成作樂治定制禮功成治定卽太平也上篇率諸侯以祀文王也此篇旣成以告文王也穆美也美制作禮樂也故傳云美周之禮也不已無極也文王受命不卒而崩而王其後世繼紹厥業是天命之無極也溢訓愼愼順古字通王肅作順解今從之惠順也言天之所以降大命於周者於乎美哉而無極焉此皆文王之德之所致於乎不顯明乎文王之德之大嘉美之道以順於我子孫我其斂聚之以制一代禮樂長順於我文王之意志曾孫成王能厚行之也中庸記引此詩固是斷章取義耳非詩本旨矣

宋儒遂以爲天道之本體亦其所見爲爾

維清奏象舞也

維清緝熙文王之典典法也肇禋肇始禋祀也迄用有成維周之禎迄至禎祥也

維清一章五句

案樂有歌有舞歌以爲聲舞以爲容聲容備謂之樂此篇則文王之樂奏象舞時所歌也蓋詩爲樂章與舞人爲節也象舞武舞也左傳季札見舞象箾者是也箾舞者所執以竿擊人曰箾即是干舞也文王受命二年伐邘三年伐密須四年伐犬夷五年伐耆六年伐崇蓋以其武功象之制舞鄭玄所謂象用兵時刺伐之舞是已緝熙光明也文王之典文王征伐之法也用即用文王之典也禎訓祥祥者徵兆之先見者也言天下之所以無敗亂之政而清明者乃以文王有征伐之法故也文王受命始祭天而枝伐武王至用此典以有成功維周家有天下之祥早已見于文王肇禋之日矣蓋武王伐紂定天下歸功于文王也

烈文成王卽政諸侯助祭也

烈文辟公錫茲祉福惠我無疆子孫保之烈光也文王錫之無封

靡于爾邦維王其崇之念茲戎功繼序其皇之封大也靡累也崇立也戎大也皇美也無競維人四方其訓之不顯維德百辟其刑之於乎前王不忘競彊訓道也前王武王也

烈文一章十三句

案鄭玄云新王卽位必以朝享之禮祭於祖考告嗣位也烈贊文文言其德也爲國君故稱辟舉五等之貴故稱公嚴粲云成王卽政之初周興未久其助祭諸侯往往身佐文武以定天下者故以此稱之鄭玄云無大累於汝國謂侯治國無罪惡也序次第也子孫繼世以叙相及故曰繼序無競維人二句與大雅抑二章相襲蓋當時有是成語故舉以戒諸侯云解見抑之篇百辟百君也廣指天下諸侯刑法也言成王祭於廟乃呼助祭諸侯曰烈文辟公文王錫此祉福矣惠我君臣以無疆之休子孫其永保之無大有罪累于汝國汝國維先王

之所立也汝當念茲大功繼序而美之因戒之曰夫治國莫彊於得賢賢者在位則四方其可以道矣豈不顯乎維德百辟之所法也蓋欲四方百辟其各以德胥訓胥效也如上所云於乎我武王之所常思而不忘也特稱前王者明非其私言也陳際泰云讀烈文而知周之君臣相愛無已也念其助祭之勞遂欲其世世子孫與周相終始而益昌大特戒其封靡蓋駕馭之權亦隱隱寓焉以爲苟有犯此者王法無私不爾貸也嗟嗟謂周獨忠厚與哉

天作祀先王先公也

天作高山大王荒之　作生荒大也天生萬物於高山大王行道能安天之所作也　彼作矣文王康之彼徂矣岐有夷之行也　夷易　子孫保之

天作一章七句

案。序云祀先王先公。而詩止頌太王文王何也。郝敬云。此爲四時之祭。時祭則四親與太祖。而祧廟不與。成王之世。時祭當自太王以來。上及后稷。先公指后稷。先王指太王以下也。然詩止頌太王文王。不及后稷王季者。時祭之樂。非一章。此擧王迹所自起。功德最著。歌于太王文王廟者耳。彼序太王。下彼兼序文王也。作謂爲。此道也。徂往也。沈括筆談作岨。朱熹從之。王應麟云。筆談引朱浮傳。作彼岨者岐。今案。後漢朱浮傳無此語。西南夷傳朱輔上疏曰。詩云。彼徂者岐。有夷之行。註引韓詩薛君傳曰。徂往也。蓋誤以朱輔爲朱浮。亦無岨字。朱熹岐字連上爲句。業已改徂爲岨。岐字不得不上屬。上云彼作矣。下云彼徂矣。文自相對。其謬可以知已。岐岐山也。行道也。夫萬物待雲雨而長大。高山雲雨之所出也。天生萬物於高山。太王行仁。是能安天之所作也。故曰荒之。蕃仁之於民。譬如雨露之於萬物。故以天作高山況焉。太王既行此道矣。文王又重康之。今太王文王雖已往矣。風流善政。存於斯焉。故曰岐有平易之道。是以子孫得保王業也。岐者周家王業之所始。故擧岐以言。

此歸重先王之辭也是詩自鄭玄以來諸家解各不同按晉語鄭詹叔謂文公曰臣聞之親有天在周頌曰天作高山太王荒之荒大之也大天所作可謂親有天矣此毛傳之源流乎亦非後人臆說之比矣

昊天有成命郊祀天地也

昊天有成命二后受之成王不敢康夙夜基命宥密二后文武也基始命信宥寬密寧也於緝熙單厥心肆其靖之緝明熙廣單厚肆固靖和也

昊天有成命一章七句

案此篇詁訓皆依國語當從國語解叔向全引此篇而曰是道成王之德也序以爲郊祀天地蓋祀天地而配以成王也或疑是詩止舉天命何嘗有言及於地郝敬云稱昊天而不及地如人稱父而不及母統于尊也昊天天大號也成王名誦武王之子也密訓寧寧安也於嘆辭言昊天有成命文武受之成王能繼厥業不敢自

康蚤起夜寐始於信命以寬仁安民爲務於乎能明廣文武之德篤厚其心以固和天下成王之時天下太平故曰固和韋昭解國語據賈鄭唐說以成王爲文武成其王功而布於下文二后受之讓於德也瞶瞶乎終弗通矣按周語釋是詩曰成王能明文昭定武烈者也夫道成命者而稱昊天翼其上也二后受之讓於德也成王不敢康敬百姓也夙夜恭也其明文昭定武烈云者言能嗣文武之業也文王有大德而功未就武王有大功而治未成及成王承嗣以致太平故曰成命其二后受之讓於德也云者頌成王之德而成命歸之二后是讓於德也後儒駁鄭箋者連累毛傳何也

我將祀文王於明堂也

我將我享維羊維牛維天其右之將大享獻也 儀式刑文王之典日靖四方伊嘏文王既右饗之 儀善刑法典常靖謀也 我其夙夜

畏天之威于時保之。

我將一章十句。

案孝經稱宗祀文王於明堂以配上帝此其樂歌也周公攝政制之祀典是自我起者我大我獻云者蓋有深意焉右侑式用也嘏大也謂大福也時是也明堂祀上帝而以文王配食之是所主在天言我大獻羊牛庶幾天其佑我非羊牛之是邀天右也天意無過欲安民今善用法文王之常道日靖四方所以安民也天如人福矣我文王當歆文王所配之祭矣既右饗之我豈敢解惟夙夜畏天之威于是永保之鄒忠胤云記曰仁人之事天也如事親事親如事天然則文王其猶天之尸與呂祖謙所云法文王所以法天畏天所以畏文王義尚共貫矣

時邁巡守告祭柴望也。

時邁其邦。昊天其子之。實右序有周。薄言震之。莫不震疊。懷柔百神。及河喬嶽。允王維后。〔邁行。震動。疊懼。懷來。柔安。喬高也。高嶽岱宗也。〕明昭有周。式序在位。〔明矣。知未然也。昭然不疑也。〕載戢干戈。載櫜弓矢。〔戢聚。櫜韜也。〕我求懿德。肆于時夏。〔夏大也。〕允王保之。

時邁一章十五句。

案。竹書紀年。武王以嗣位之十二年。克殷。十五年。初狩方岳。蓋此詩是已。鄭玄云。巡守告祭者。天子巡行邦國。至于方岳之下。而封禪也。路史云。古者五載一巡狩。而每姓一封禪。封禪。帝王易姓告代之大典也。一節之餼鞠人之養也。受之于旅。且猶有謝。而況得天下乎。不爾何始戢于戈。乃及此。此自非十二年一巡之守矣。時邁其邦。謂巡守也。有天下曰天子。昊天子之。謂大命之爲王也。右助也。序次序也。謂以周繼夏商也。薄不敢大肆之辭言我允信后君載則懿美也肆故今也時是也樂歌之大者稱夏言武王革命初巡守昊天命我實助序有周於夏商之次紂之虐民也薄伐動兵威莫不動懼而服者功成而至于方岳來安羣神及望祭于河岱宗維信武王之爲君也明昭矣有周之次于商在天子之位於是則戢干戈櫜弓矢惟我求美德而已故今於是夏而歌之信王保之矣譚子云有私于己不得不防有機于人不得不藏聖人之用意何其深也秦收天下兵鑄爲金人似於載戢干戈然此偃而不用彼廢而無備相去遠矣朱熹以是篇爲周制十二年巡守殷國之詩而載戢干戈載櫜弓矢是爲武王始守之詩審矣武王克殷七年而崩何與於十二年之制歟或云此詩即所謂肆夏也九夏之一。一名樊。

執競祀武王也。

執競武王無競維烈不顯成康上帝是皇。無競競也烈業也不顯顯乎其成

大功而安之也顯光也皇美也

**自彼成康奄有四方斤斤其明**自彼成康用彼成安之道也奄同也斤斤明察也**鍾鼓喤喤磬筦將將降福穰穰降福簡簡威儀反反既醉既飽福祿來反**喤喤和也將將集也穰穰衆也簡簡大也反反難也反復也

## 執競一章十四句

案競強也蘇轍云周之興也遠矣至於武王成而安之故曰成康自用也奄訓同同有謂統于一同而有之也反反本重愼之義重愼則不輕易故訓爲難威儀反反謂祭者之容也既醉既飽謂祭末旅酬下及羣臣也言武王執心自強不息豈不強乎維此功業豈不光顯乎其成大功而安之也是以上帝美之用彼成安之道以奄有天下斤斤其明哉武王之德奏樂祭之鍾鼓聲和磬筦合集子孫受福衆且大威儀重愼不敢怠倦既醉

既飽福祿之來反復無極夫神之降福蓋非妄施故於
降福之下特曰威儀反反威儀反反則其德亦可知矣
或云此詩即所謂
昭夏也一名遏

思文后稷配天也

思文后稷克配彼天立我烝民莫匪爾極極中也貽我來牟
帝命率育無此疆爾界陳常于時夏牟麥率用也

思文一章八句

案孝經稱昔者周公郊祀后稷以配天此其樂歌也郊
有二焉家語孔子曰郊之祭也迎長日之至也大報天
而主日配以月故周之始郊其月以日至其日用上辛
至於啓蟄之月則又祈穀于上帝此二者皆天子之禮
也思文配天蓋迎長日之郊也冬至郊祀惟麥生詩云
貽來牟据時所見之物言之爾極謂后稷之德也極本

準據之義。蓋所得于身，施之於民，建以爲民之所準據者，使其高者俯而就之，卑者企而及之，故訓爲中。來牟，周所受瑞麥，天所來也，故曰來。育，養也。言思先祖有文德者，后稷之功，堪能配天。夫天地能生之而不能養之，惟后稷能養之，是其功可以配天矣。稷敎稼穡，立我烝民之命，民至于今莫不賴爾極。天貽我以來牟，命稷用養衆民，其德無有此疆爾界，言無限也。或云經緯天地曰文，后稷敎稼穡，本是小民本分中極質極樸之事也，何以謂之文？曰：此以其成者言之。微稷敎民稼穡，則地不過一頑土，天之日星河漢，俱屬空文。天生烝民，不能立之，立之，天之心也。立我烝民，惟稷有以成之，爲天地立心，爲烝民立命，經天緯地，其孰大焉。或云此詩卽納夏也，一名渠。

清廟之什十篇十章九十五句

臣工之什詁訓傳第二十七

臣工諸侯助祭遣於廟也

嗟嗟臣工敬爾在公王釐爾成來咨來茹嗟嗟勑之也工官也公君也

嗟嗟保介維莫之春亦又何求如何新畬田二歲曰新三歲曰畬於

皇來牟將受厥明明昭上帝迄用康年康樂也命我衆人庤

乃錢鎛奄觀銍艾庤具錢銚鎛鎒銍穫也

臣工一章十五句

案此諸侯助祭事畢將歸天子勑之遣於廟也臣工謂諸侯之諸官大夫從侯來者也天子賓敬諸侯不直勑其身而勑其臣亦所以勑諸侯也釐賜咨謀茹度也保介謂車右也介甲也人君之車必使勇士被甲立車右爲保護故曰保介古者諸侯勸農駕車以出故勑之車右莫暮通暮春周正建寅之月也朱熹以爲建辰之月

非也夫禮樂周公所制而正朔者天下之首政也周頌而用夏正其何以訓月也建辰之月勑其歸國而序乃錢鎛不亦晚乎皇美將大迄至年歲也樂歲謂五穀豐熟云命我衆人以見諸侯之衆莫非王人焉乃汝也錢訓銚銚之爲田器未詳何物案莊子銚鎒於是乎始修詩與莊子皆銚在鎒上蓋鍬之類所以削土也註莊子者云銚七遙反削也此說得之鎛訓鎒鎒鋤也言諸侯將歸勑其臣工曰敬汝在君之事謂來助祭也王賜汝咸法其有大事常來謀之來度之於王朝勑勿自專也乃勑其車右曰時不可失春已暮矣既歸汝國亦又何求哉惟是問其新畬如何勑觀其土地或闢或荒也於乎美哉天貽來牟大受厥明命明昭哉上帝之賜至今用之有樂歲汝歸國命我衆民具汝錢鎛奄忽之間則將觀銍艾矣夫麥首種也爲百穀繼續絕之民食足耕有力則用此得樂歲麥之功大矣哉或云戒農奚與於頌郝敬云諸侯守土民事爲先其述職以田野治爲慶故於來朝助祭歸而申勑王章稼穡其首務也周先公力農開國故遣于廟以祖德訓之所以爲頌也

噫嘻春夏祈穀于上帝也。

噫嘻成王。既昭假爾。率時農夫。播厥百穀。噫歎也。嘻和也。成王成是王事也。駿發爾私。終三十里。亦服爾耕。十千維耦。私民田也。言上欲富其民而讓於下。欲民之大發其私田耳。終三十里。言各極其望也。

噫嘻一章八句。

案。序云春夏祈穀于上帝。其春祈云者。家語所謂於啓蟄之月祈穀于上帝者是已。此周正三月建寅之月也。古者啓蟄在雨水前。爲孟春中氣。故月令云天子以孟春元日祈穀于上帝。劉歆作三統曆。始改雨水爲正月中。啓蟄爲二月節耳。其夏祈云者。月令所云大雩帝以祈穀實者是也。噫嘻皆歎聲。而嘻訓和。是歎之和聲也。假至也。爾然辭。猶云如此也。時是。駿大也。發謂耕也。人目之望。極于三十里。每各極望。則徧及天下矣。萬盈數也。云十千猶云萬民也。非謂三十里內有十千人也。二人並耕爲耦。古者未有以牛挽犂之法。故用二人並耕。此亦先王敎之誘耕之術也。凡勞苦之事一人任則見勞。二人任則見逸。俗習之常。勤者一奮則怠者亦效彼者將倦則此者又先。相須而易成。言噫嘻受天之命成是王業既明且至。如此率此農夫使播厥百穀乃曰汝其大發汝之私田。各終其三十里而皆服汝耕事萬人畢耕無以失時。用此告之天。如言吾民盡力於用事如此。上帝其念之。人事盡矣。所祈風調雨順耳。其不及公田者爲民所祈也。先王欲有所祈。則必先勤于人事。苟身不力德不修而欲獲天之祐則夫祈其何益矣。祈穀于上帝先勤民力所以爲頌也。

振鷺二王之後來助祭也。

振鷺于飛于彼西雝我客戾止亦有斯容。興也。振振羣飛貌。鷺白鳥也。雝澤也。客二王之後　在彼無惡在此無斁庶幾夙夜以永終譽振鷺一章八句。

案。二王之後來助祭。二王、夏殷杞宋厥後也。于往也。雝、澤名。孔穎達云澤名曰雝。在西有此澤。無取於西之義也。戾至也。止語辭。容謂威儀也。庶幾勸勉之辭也。言振振白鷺。往飛往彼西雝。以喻容貌潔白也。應於下文有斯容我客已至矣。亦有斯威儀足以卜其德矣。在其國無惡之者。今在此無厭之者。庶幾斯德之夙夜不懈以永終其譽哉。蓋此乎武庚之亂。微子既封之後來助祭也。何在此無斁以永終譽。與微子之命與國咸休永世無窮。俾我有周無斁語意之孔相似。但彼封且誓辭此、乃有勸勉之意焉耳。雖然稍有惡斁之心。即難保矣。武庚實是前車也。則戒之意亦寓焉。雖其告杞不是過也故兼以爲二王之後來助祭之樂歌。孔穎達云杞宋之先。皆聖哲之君。克成王業。功濟天下。後世無道喪厥國家。遂令宗廟絕享。非仁者之意也。故王者封其支子爵爲上公。使得用其正朔禮樂。微子之爲賓于周。拘儒或意不滿于三仁。不知彼視天下非我家物。厥受封于宋

以存先王之祀殆如虞賓噫乎此意難向三代以下人說耳

豐年秋冬報也

豐年多黍多稌亦有高廩萬億及秭。豐大稌稻也廩所以藏齍盛之穗也數萬至萬曰億數億至億曰秭爲酒爲醴烝畀祖妣以洽百禮降福孔皆皆徧也

豐年一章七句

案此秋冬嘗烝報祭宗廟也孔穎達云不祈而報者所以追養繼孝至秋冬物成以爲鬼神之助故歸功而稱報亦孝子之情也大有曰豐故訓爲大黍宜于高燥稌宜于下濕多黍多稌則百穀莫不豐熟矣亦有者兼擧非一之辭堯有九年水湯有七年旱而不至於餓者以廩之舊積也古者三年耕餘一年九年耕餘三年陳陳

相因萬億及秭非空言也百物皆所以爲禮而行禮以酒爲主故特舉酒醴烝進畀予洽合也百禮謂牲玉幣帛之屬凶年殺禮故以洽百禮爲豐年之慶言豐年多黍稌高廩所藏亦有萬億及秭於是爲酒爲醴以報先祖先妣百禮無不備神降福甚周徧矣

有瞽始作樂而合乎祖也。

有瞽有瞽在周之庭設業設虡崇牙樹羽應田縣鼓鞉磬柷圉瞽樂官也業大板也所以飾栒爲縣也捷業如鋸齒或曰畫之植者爲虡衡者爲栒崇牙上飾卷然可以縣也樹羽置羽也應小鞞也田大鼓也縣鼓周鼓也鞉小鼓也柷木椌也圉楬也既備乃奏簫管備舉喤喤厥聲肅雝和鳴先祖是聽我客戾止永觀厥成

有瞽一章十三句

案。王者治定制禮。功成作樂。此大合諸樂而奏於祖廟也。以瞽爲樂官者。目無所見。於聲音審也。有瞽有瞽上瞽中瞽下瞽也。周禮。大上瞽四十人。中瞽百人。下瞽百六十人。庭廟庭也。業虡所以縣鍾磬也。解見大雅靈臺篇。周人初改縣制。故作樂之始於諸樂先言縣事。樹羽爲置羽。置五采之羽於崇牙之上也。應爲小鞞。鞞通作鼙。裨助鼓節者也。明堂位云夏后氏之足鼓。殷人楹鼓周人縣鼓。是縣鼓。周制也。故云周鼓。鞉小鼓之有柄者。持其柄搖之。旁耳還自擊。柷狀如漆桶。以木爲之。中有椎。柄連底挏之。令左右擊。以起樂者也。圉狀如伏虎。背上有二十七鉏鋙。刻以木長尺。櫟之以止樂者也。簫編小竹管爲之。簫也。管也。器之小者也。言其小。所以爲備也。喤喤解見執競篇。客二王之後也。亦來助祭也。觀示也。言大合諸樂。使瞽奏之。其陳樂器如此。既備乃奏之。簫管皆舉。厥聲喤喤和集。先王於政不敢自肆。皆告之廟。樂記云。夫肅肅敬也。雍雍和也。夫敬以和。何事不行。先祖是聽。則莫不行矣。我客來助祭。永示其成功。助祭之人多。獨言我客者。以其尊。故特言之。詩志云。周備六代之樂亦與業虡縣鼓同設之。見今月則爲周庭之縣磬柷敔而已矣。蓋鼓之言郭也。萬物鼓甲而出。又象則雷霆也。萬物應陽而動。鼓雖無當於五音。五音不得勿和一聲。而爲衆聲之興者鼓也。故於此一器易其制。而餘器亦似換然一新矣

潛季冬薦魚春獻鮪也

猗與漆沮潛有多魚有鱣有鮪鰷鱨鰋鯉 漆沮岐周之二水也。潛糝也

以享以祀以介景福

潛一章六句

案月令季冬之月。命漁師始漁。天子親往。乃嘗魚先薦寢廟。季春。天子始乘舟薦鮪于寢廟。皆以是詩爲樂歌。猗與歎美之辭。潛訓糝。小爾雅云。魚之所息謂之潛。潛糝也。罧積柴水中。令魚依之避寒。隱潛其裡。因以薄圍

取之也陸德明云爾雅本作穋郭璞從小爾雅改爾雅作穋介景皆大也詩志云論水海爲大江淮河漢次之澧爲近伊洛瀍澗次之其間寧無名魚乃不遠取不近索而必于漆沮者取物於祖所自出地于神嗜尤歆焉爾丁思嗜尤歆焉爾

雝禘大祖也

有來雝雝至止肅肅相維辟公天子穆穆於薦廣牡相予肆祀相助大也寅假哉皇考綏予孝子宣哲維人文武維后假嘉也燕及皇天克昌厥後綏我眉壽介以繁祉燕安既右烈考亦右文母烈考武王也文母大姒也

雝一章十六句

案此成王禘太祖之樂歌也。禘大祭也。三年一禘五年再禘大祖謂文王。蓋周家有天下文王受命。武王成之成王承之。文王雖非始祖而成王之於文王可以爲太祖矣。有者。非一之辭。雝雝和也。止語辭。肅肅敬也。辟公。諸侯也。穆穆深遠之意。天子之容貌也。肆陳也。鄭玄云皇考斥文王也。古者通於父祖曾祖皆稱皇考。禮祭法記稱曾祖廟爲皇考廟。閔予小子稱父爲皇考。故以皇祖相對。此篇則以祖稱皇考。故以烈考對言皇大也。君也。名之以皇所以尊之也。考成也。成德之名。故父祖曾祖皆得稱之。綏安也。孝子成王自稱也。上對辟公言。故曰天子。此對皇考言。故曰孝子。宣通。哲智也。維人謂文王之臣。如閔天散宜生泰顚之輩是也。文武維后謂文王也。后君也。眉壽解見小雅南山有臺。繁多。祉福。右佑也。烈以功稱。文從夫謚言。諸侯之來。皆雝雝然。既至于廟而肅肅然。夫來而和。則無勉強不得已之意矣。至而敬則無怠緩不敬之意矣。維助祭諸侯如此。而天子容貌穆穆然。於是薦大牡之牲。辟公助我陳祭祀之饌。嘉哉文王之受命定基以安予孝子也。以通哲爲其臣。以文武備君德蓋亂離之世非文德而兼武德不能安人文王一怒而安天下之民是文王之武也文王能安民上以安皇天下能昌其子孫泰誓云皇天震怒命我文考肅將天威夫紂不能安民皇天所爲怒也而文王安之皇天所爲安也故曰燕及皇天安我以眉壽大降以多福覆載上意也既見右助於烈考亦見右助於文母歸美也文王武王雖同建王業此主禘文王故歸功之言享於文王而末僅及於武王文明大姒之有力焉

載見諸侯始見乎武王廟也

載見辟王曰求厥章龍旂陽陽和鈴央央鞗革有鶬休有烈光載始也龍旂陽陽言有文章也和在軾前鈴在旂上鞗革有鶬言有法度也率見昭考以孝以享以介眉壽永言保之思皇多祜昭考武王也享獻也烈文辟公綏以多福俾緝熙于純嘏

載見一章十四句。

案此成王即政諸侯來朝乃率以見于武王廟之樂歌也後儒或以爲成王免喪初朝諸侯之詩然曰求厥章當在典章大備之後非免喪朝廟之年明甚辟君也鄭玄云諸侯始見君王謂見成王也曰與粵通章謂車服等禮儀之文章制度也下文龍旂和鈴鞗革等是也皆等威所繫故以章言交龍爲旂陽陽鮮明也故爲有文章和亦鈴也央央聲和也鞗革解見大雅韓奕篇鶬金飾貌文飾不越其等故爲有法度休美也烈光之貌言我皇美祜福也烈文辟公解見烈文篇綏熙解見維清篇鄭玄云純大也天子受福曰大嘏言成王即政諸侯始見成王于時周公佐之典章大備故諸侯來朝粵求厥章龍旂有文章和鈴聲和鞗革有法度誠美而有烈光然不敢越式此其所以受制度也成王率之見于武王廟遂使助祭以致孝敬以行享獻神大賜以眉壽使我永保之當思彼美多福出於祖先而不敢忘烈文辟公亦安之以多福以使光明於我大嘏遂均福于諸侯之

辭也。

有客。微子來見祖廟也。

有客有客、亦白其馬。有萋有且、敦琢其旅。殷尚白也。亦、亦周也。萋且、敬慎貌。

有客宿宿、有客信信。言授之縶、以縶其馬。一宿曰宿、再宿曰信。欲縶其馬而留之也。

薄言追之、左右綏之。既有淫威、降福孔夷。淫、大。威、則。夷、易。

有客一章。十二句。

案史記云、周公既承成王命、誅武庚、乃命微子代殷後、此既受命來朝而見祖廟之樂歌也。或曰武王之世、箕子既封于朝鮮、豈有客微子不封待成王而後封者。昔武王克殷、微子亦既封于宋矣。樂記所謂未及下車而投殷之後於宋蓋是已其時武庚尚在故不得爲殷後及武庚叛成王誅之而湯祀斬矣於是仍封之宋國進爵爲殷後以奉其先祀爾客謂微子也敎彫古通彫琢以王言王者所執致命者禮器所謂束帛加璧尊德也是已旅陳也以庭實言觀禮云束帛加璧庭實唯國所有是是也此蓋言廟中將幣也宿宿凡・宿者再也信信凡再宿者再也言我也我于成王縶絆也薄發語辭追送也絞之謂與之餞宴以安樂其心也淫訓大威訓則大則謂國常典也言微子乘殷之馬而來其廟中將幣也萋萋且且束帛加璧庭實其陳已宿又宿已信又信可以去矣而周人愛微子我授之馬縶以絆其馬殷勤欲留之也所謂在此無斁也至於將去王餞送之遣左右之臣安之厚之無已也因諷之曰既有大則意如云武庚之事常典之所不容也繼之曰降福孔易言愼乃服命率繇典常以藩王室神之降福亦甚易也成王誅武庚遂命微子後殷故暗擧武庚之事以諷之也王懋云自後世論之懲管蔡事鮮不疑同姓懲武庚事必有能善處前代後者周家則不然管蔡敗而益建親賢以屏

周若爲益盛武庚敗而建微子于上
公其待遇爲益加此周德之爲至也

武奏大武也。

於皇武王。無競維烈。允文文王。克開厥後。烈業也嗣武受之。
勝殷遏劉。耆定爾功。武迹劉殺耆致也

武一章七句

案序於象舞大武皆言奏此篇則武王之樂奏大武時所歌也。亦如維淸之奏象舞也說見維淸篇大武武王没嗣王象武王之功之舞也戴記所謂八佾以舞大武語其數也朱干玉戚以舞大武語其器也冕而舞大武語其服也於歎辭皇美也無競維烈義與執競同允信遏止也止殺止紂之殺也紂逞意殺戮醢矦剖孕斮脛剖心毒痡四海殺機無已獨夫一戮殺機卽止。是止殺也言於乎美哉武王之功。豈不強乎維此功業信文哉文王之德能開厥子孫之基緒故武王嗣迹受之勝殷止殺以致定其功也黃佐云文王之任周也功德最盛故天作頌太王而下及文王武頌武王而上及文王蓋太王之功非文王無以底于成武王之功非文王無以竟其始此其所以必及文王也

臣工之什十篇十章一百六句

閔予小子之什詁訓傳第二十八

閔予小子嗣王朝於廟也

閔予小子遭家不造嬛嬛在疚閔病造爲疚病也於乎皇考永世克孝念茲皇祖陟降庭止庭直也維予小子夙夜敬止於乎皇王繼序思不忘序緒也

## 閔予小子一章十一句

案自此下至小毖序皆稱嗣王而其訪落敬之詩又皆言予小子蓋此四篇皆一時之事因朝廟而作故此序特言朝廟以冠之也嗣王者謂成王也成王免武王之喪始朝于宗廟此其樂歌也予小子成王自稱也曲禮云天子在喪曰予小子今成王已除喪猶稱予小子者始免喪不忍遽吉稱也造訓爲孔穎達云言先王崩則家事無人爲之也嬛與煢同煢煢無所依怙之意漢書作煢煢厓衛云煢煢在疚言成王喪畢思慕意未能平也陟降上下也止語辭皇王兼指文王武王也言病乎予小子遭武王崩家之不爲嬛嬛在於憂病於乎我皇考武王終身能孝蓋言善繼善述也維念我皇祖文王上以直道事天下以直道治民今我夙夜敬之於乎皇王我繼其緒思其所行不忘也

訪落嗣王謀於廟也

訪予落止，率時昭考。於乎悠哉，朕未有艾。將予就之，繼猶判渙。訪謀落始時是率循悠遠猶道判分渙散也 維予小子，未堪家多難。紹庭上下，陟降厥家。休矣皇考，以保明其身。

訪落一章十二句。

箋。此成王既朝于廟而與羣臣謀事之樂歌也。艾歷也。家猶言國也。武王克殷二年而崩，王室新造，二叔流言，故曰多難。庭上下即上篇陟降庭止也。陟降厥家猶言經營其國也。休美也。孔穎達云：上言昭考，此言皇考，皆斥武王也。變稱皇者尊之也。保明其身，言既無危亡之憂，又無昏塞之患也。言予將謀之於始，以循我昭考武王之道，然而其道於乎遠哉，朕幼稚未有所歷，恐不能及也。將勉強從就之，以繼其道，而又恐判渙不合也。維予小子，未堪國家多難，蓋附前王之盛德而歎眇躬之涼薄不能堪也。因思武王之善繼以紹夫文王，陟降庭

此之道以經營厥國家美矣我皇考武王以此能保明其身蓋歎武王之善繼文王之道以苦己之不能謙敬之至也

敬之羣臣進戒嗣王也

敬之敬之天維顯思命不易哉無曰高高在上陟降厥士日監在茲顯見士事也維予小子不聰敬止日就月將學有緝熙于光明佛時仔肩示我顯德行小子嗣王也將行也光廣也佛大也仔肩克也

敬之一章十二句

案此因嗣王謀于廟羣臣進戒之樂歌也荀子云古者天子卽位上卿進曰如之何能除患則爲福不能除患則爲禍中卿進曰配天而有下土者先事慮事先患慮患下卿進曰敬戒無怠禍與福鄰羣臣進戒者有是

趨時也。或之隰。或之畛。言徧于原野無曠土也。維主維伯維亞維旅。凡彊力足以耕者。皆用力於農。無復居家者。有嗿然其饁此婦子來饋餉也。農人乃逆而媚愛之言相慰勞也。蓋夫耕婦子饋餉驩然相愛。見治世和樂之氣象焉。有利其耜預修備農器也。始事于南畝。乃種其百穀。種子在土中含此生氣。既而驛驛出土生矣。乃有厭然其傑苗特美。而衆苗亦厭厭目茂盛。農人則緜緜芸不息。則所穫有衆而濟濟者。所有之穀實。其積萬億及秭。於是爲酒醴祭祖妣。百禮莫不備矣。以芬香之酒醴用之祭祀。實國家之光榮也。夫以大有之年。行祭祀之禮。春秋傳所云。奉盛以告。謂三時不害而民和年豐。奉酒醴以告。謂上下皆有嘉德而無違心者。其邦家之光榮。孰如之。祭祀既如此。則多得其福。壽考安寧矣。非獨此處有此。言天下徧豐熟也。非獨今時有今豐熟自古如茲矣。蓋言自后稷以農事開國。垂啟于子孫之修德行禮。莫不獲報也。詩志云。周人之農事。誠非朝夕之故。而歌詠乎祭祀之日。殆反本修古。不忘自生之意與禮者反本修古。不忘自生者也。甚矣古人之厚也。

良耜秋報社稷也。

畟畟良耜，俶載南畝。播厥百穀，實函斯活。畟畟猶測測也。或來瞻女，載筐及筥，其饟伊黍。其笠伊糾，其鎛斯趙，以薅荼蓼。笠所以禦暑雨也。趙刺也。蓼水草也。荼蓼朽止，黍稷茂止。穫之挃挃，積之栗栗。其崇如墉，其比如櫛，以開百室。挃挃穫聲也。栗栗衆多也。墉城也。百室盈止，婦子寧止。殺時犉牡，有捄其角。以似以續，續古之人。黃牛黑脣曰犉。社稷之牛角尺。以似以續，嗣前歲，續往事也。

良耜一章二十三句。

案此報社稷之樂歌。嚴粲云：必陳農功之本末，故當秋時而追述春耕，預言冬穫也。畟畟爲測測，測測乃利之意也。良善也。湫載，二句，解見上篇。或有瞻視也。筐筥所以盛黍也。即饟具也。饟與餉同。自家之野曰餉。伊維也。糾糾結其糸也。結于領下使不動也。鎛解見臣工篇。薅拔去田草也。陸曰荼，水曰蓼，皆穢草也。止語辭。崇高也。開百室，謂方春在田，邑室皆閉，田事既畢，則邑中之百室皆開也。百室盈，謂百家皆多穀粟也。時是也。禮祭陰祀用黝，犬社也。社也者陰祀也。黝也者黑也。社稷正禮用黝至于報功，以社是土神，故用黃色，仍用黑脣也。捄角貌。似嗣也。古之人，謂后稷也。言用測測善利之耜，始事于南畝，乃播其百穀，種子含生氣矣。有來視汝，謂婦子來饁者也。運載筐及筥，其饋饟維黍。言豐年雖賤者猶食黍也。農人糾糾然戴笠，以其鎛刺地，以薅去其荼蓼。荼蓼既朽，而黍稷茂盛矣。及已熟成也。其穫之挃挃，既穫之也。其積之衆多，其高如墉，其比密如櫛齒。於是百室皆開。以其所穫所積者，入之于室。百室既盈，而婦子亦安矣。言農事畢，無行饟之事也。乃殺是犉牡，其角捄然，以報祭社稷，求嗣前歲後年亦豐。求續往事，如今復養民。庶藉神庥，永續后稷之業，以不替其先耳。

絲衣繹賓尸也高子曰靈星之尸也

絲衣其紑載弁俅俅自堂徂基自羊徂牛鼐鼎及鼒絲衣祭服也紑絜鮮貌俅俅恭順貌基門塾之基自羊徂牛言先小後大也大鼎謂之鼐小鼎謂之鼒兕觥其觩旨酒思柔不吳不敖胡考之休吳譁也考成也

絲衣一章九句

案祭之明日又祭謂之繹蓋尋繹昨日之事也周曰繹殷曰肜此繹祭賓事尸之樂歌也高子曰靈星尸也靈星者農祥也周語云農祥晨正韋昭以爲房星周家以農事開基而此星獨主農祥故特著之祀典先王祭之配以后稷古者祭必有尸雖祭星以人爲尸也鄒忠胤云祭服鮮不用絲而五冕之服各有章采此專言絲衣則以素别於繪耳載猶戴也基址也繹禮在廟門之外故爲門塾之址兕觥其觩解見小雅桑扈篇言絲衣紑

然蔵弁俅俅道行事者威儀恭敬也自堂上降而之基自羊徂牛有司先省視羊以備燔炙復省視牛以供亨獣於是大鼎以烹牲體小鼎以盛和羹其及祭末旅酬也動作有禮文罰爵觩然徒陳設而已飲美酒者惟思和柔不讙譁不敖慢斯得壽考之休徵

酌告成大武也言能酌先祖之道以養天下也

於鑠王師遵養時晦時純熙矣是用大介鑠美遵率養取晦昧也我龍受之蹻蹻王之造載用有嗣龍和也蹻蹻武貌造爲也實維爾公允師公事也

酌一章九句

案周公作大武之樂既成而告於廟此其樂歌也祭統云舞莫重於武宿夜武宿夜即大武也於歎辭王斥武

王也。師、伐商之衆也。時、是。純、大。熙、明。介、大。載、則。允、信也。言於乎美哉武王之師、率天下之心以取是昧、謂誅紂定天下以除昧也。於是道大明矣。是用其功大而又大、言道愈明而功愈大也。是我周家以天人之和受命、非直用武力而已。蹻蹻士之所爲、皆則用有嗣文王之道。序所謂酌先祖之道是已。實維爾之事、信得用師之道矣。

桓。講武類禡也。桓、武志也。

綏萬邦、屢豐年。天命匪解。桓桓武王。保有厥士。于以四方。克定厥家。士、事也。於昭于天。皇以閒之。閒、代也。

桓一章九句。

案此師祭講習武事之樂歌也。類也、禡也、皆師祭也。王制云、天子將出征、類乎上帝、禡於所征之地是也。解與僩通桓桓。威武貌。以用。皇美也。大軍之後。必有凶年。而武王克商。則安萬邦。除賊害。故能召天地至和之氣。而屢有豐年。天命有德不解。於屢豐年見之。桓桓武王能保有天下之事。是其志在安民。而非利天下也。故以此爲武志也。于是用之於四方。以能定厥國家。於乎其德昭于天。遂用美德。代商。詩志云天下如一身。然毒痛肆虐。病在膏肓矣。牧野用鉞。宁而爲之一創。是攻以鍼砭。也。若無膏粱。何以休養之。故有豐年之報。夫大軍之後有凶年。蓋本非天意也。惟慘殺者有干大地之和。故蕭條之景應之耳。

賚大封於廟也。賚予也。言所以賜予善人也。

文王既勤止。我應受之。敷時繹思。我徂維求定。勤勞。應當。繹陳也。

時周之命。於繹思。

賚一章六句

案此武王克商。大封諸功臣有德。於廟之樂歌也。古者爵人于廟。示不敢專也。戴記云。武王克殷。未及下車而封薊祝陳。下車而封杞宋。蓋雖有命封之。亦必至廟受策。乃成封耳。止語辭。當受之。謂受其位爲天子也。敷布時是也。於歎辭。武王將大封。因稱文王之功曰。文王既勤勞天下至矣。今我當而受之。布是封賞。亦惟陳思文王之功。我徂伐商。維求天下之安定耳。是周之受命一由文王。於乎汝諸臣受封者。亦當陳思文王之功也。不敢自以爲功也。箋餘云。夫百戰而有天下者。土地人民皆祖宗汗血之所流。櫛風浴雨之可思也。勤止而有天下者。土地人民皆祖宗心血之所注。德澤恩波之可思也。雖可思同。而仁暴異。國祚之長短因之。周家卜年八百。文王其可忘與。

般。巡守而祀四嶽河海也。

於皇時周。陟其高山。嶞山喬嶽。允猶翕河。高山。四嶽也。嶞山。山之嶞嶞小

駉之什詁訓傳第二十九

駉頌僖公也僖公能遵伯禽之法儉以足用寛以愛民務農重穀牧于坰野魯人尊之於是季孫行父請命于周而史克作是頌

駉駉牡馬在坰之野駉駉良馬腹幹肥張也坰遠野也邑外曰郊郊外曰野野外曰林林外曰坰薄言駉者有驈有皇有驪有黃以車彭彭牧之坰野則駉駉然驪馬白跨曰驈黃白曰皇純黑曰驪黃騂曰黃諸侯六閑馬四種有良馬有戎馬有田馬有駑馬彭彭有力有容也思無疆思馬斯臧駉駉牡馬在坰之野薄言駉者有騅有駓有騂有騏以車伾伾蒼白雜毛曰騅黃白雜毛曰駓赤黃曰騂蒼祺曰騏伾伾有力也

思無期思馬斯才才多材也○駉駉牡馬在坰之野薄言駉者有驒有駱有駵有雒以車繹繹青驪驎曰驒白馬黑鬣曰駱赤身黑鬣曰駵黑身白鬣曰雒繹繹善走也思無斁思馬斯作作始也○駉駉牡馬在坰之野薄言駉者有駰有騢有驔有魚以車祛祛陰白雜毛曰駰彤白雜毛曰騢豪骭曰驔二目白曰魚祛祛彊健也思無邪思馬斯徂

駉四章章八句。

案鄭玄云成王封伯禽于魯其後世政衰國事多廢十九世至僖公當周惠襄時而遵伯禽之法養四種之馬牧于坰野尊賢祿士修泮宮守禮教會諸侯于淮上謀東略遂伐淮夷新作南門修姜嫄之廟至于復魯舊制未徧而薨國人美其功季孫行父請命于周而作其頌則駉牡特其一事耳而序於此言作頌之繇者此爲篇

首。故通於下三篇而言克脅史官名也。此雖名爲頌而體實如風之美。非告神之樂歌也。禮問國君之富數馬以對。蓋以此頌之也。傳云諸侯六閑。馬四種。每章各言其一。首章。言良馬也。駉駉。肥張貌。馬之肥張。於腹脅見之。故爲腹幹肥張。据孔疏。古本牡作牧。顏之推云。江南之書。皆作牝牡之牡。河北本悉爲放牧之牧。愚按作放牧之牧爲是。顏氏論良馬之不可通於牝牡。然此毋論于牝牡。止言牧養良馬耳。薄舉大畧之辭。言我也。一種不止四色。名色又多。故每章畧舉四色。以充之。以用也。用車。謂駕之車也。臧善也。言僖公牧馬之盛。駉駉然在坰之野。必牧於坰野者。避民居與良田也。序所謂愛民重穀。是已。薄我駉駉者。乃有驈焉。有皇焉。有驪焉。有黃焉。駕之車。則彭彭然有力。有容也。良馬。朝祀所乘。尚有力容。故曰彭彭。僖公之秉心也。其思無有疆已。言思慮之無所不到也。大馬微物也。乃至於思馬斯善。其於民可知矣。頌駉牡而歸之思無疆。亦猶侈騋牝而歸之秉心塞淵。其義同也。

二章 言戎馬也。戎馬尚多力。故曰伾伾。思無期。所思無期限也。蓋國雖安乎。忘戰必危。綢繆一不至而禍患及之矣可有不思之時乎上章曰無疆言其思之無所不到馬政亦其經營之所及也此曰無期言其思之無止息時思戎馬斯才以備不虞也才爲多材言多材力也**三章**言田馬也田獵尚疾故曰繹繹無斁無厭倦也思馬斯始言思馬之及其古始如伯禽之時也**卒章**言騭馬也騭馬尚彊健故曰祛祛僖公之立心也其思之無有邪意徂行也思馬之健而走行也書曰思曰睿睿作聖思之無疆無期無斁皆所以頌也然思而非正則不若無思之愈也故終之以思無邪孔子以此一言爲蔽三百者直卽斷章取視詩之義耳

有駜頌僖公君臣之有道也

有駜有駜駜彼乘黃駜馬肥彊貌馬肥彊則能升高進遠臣彊力則能安國夙夜在公在公明明振振鷺鷺于下鼓咽咽醉言舞于胥樂兮振振羣飛貌鷺白鳥也以興潔白之士咽咽鼓節也○有駜有駜駜彼乘牡夙夜在公

在公飲酒。言臣有餘敬。而君有餘恵。振振鷺。鷺于飛。鼓咽咽。醉言歸。于胥樂兮。○有駜有駜。駜彼乘駽。青驪日駽。夙夜在公。在公載燕。自今以始。歳其有。君子有穀。詒孫子。于胥樂兮。歳有豐年也。

有駜三章章九句。

案孔穎達云。君以恩恵及臣。臣則盡忠事君。是君臣之有道也。四馬爲乘。黄上篇所云有黄之黄。以色爲名者也。夙夜自旦至暮也。明明辨治也。咽通作鼝。鼓聲也。樂以鼓節之。故爲鼓節也。陸玄朗釋文云。咽本又作淵。鼓同。是轉寫者謬。分鼝爲二字也。朱傳咽與淵同。亦襲其謬也。言我胥相也。有駜有駜興僖公有臣之盛也。夫馬肥彊。乃能致遠。士以賢爲彊力。故以駜彼乘黄。能升高進遠。喩臣之賢而能安國也。夙夜在於公所。不懈其職也。在公明明。道其賢也。公賜之宴也。振振白鷺。于是飛下。喩潔白之士來集也。僖公賜宴。盍在辟廱若泮宮。鷺居水澤中。詩人即所見以起興也。燕禮以樂助勸，故鼓聲咽咽至于無算爵而醉，爲君起舞以盡其歡。君臣于是相與樂也。二章乘牡即乘黃也。黃以言其色，牡以言其體也。上章夙夜在公，下曰在公明明，則是有公事也。此章夙夜在公，下直曰飲酒，則是公事畢也。今事既畢，猶夙夜在公，可謂有餘敬矣。無事而賜宴，可謂有餘惠矣。振振白鷺于是飛，喩羣臣醉歸也。此鼓咽咽與上章不同，此奏祴夏時也。禮賓醉而出，奏祴夏是也。卒章載則也。燕燕禮也。特言燕者，表待遇之隆也。自今以始歲其有，祝君之辭也。君子斥僖公也。穀善，詒遺也。君子有善道，可以遺子孫，頌君德也。詩弋云明明而後醉舞，飲而能辨矣。醉而即言歸，飲而有節矣。可謂酒以成禮，不繼以淫也已。朱熹但以爲燕飲而頌祝之詞。鄒忠胤云：一若止是燕飲，則未有言夙夜者。蓋彤弓之饗有不過一朝，湛露之載考不過卜夜，即樂記云終日飲酒而百拜，亦未聞自夙至夜也。故知夙夜在公爲勤於公家之務云，而因舉迨暇之觴也。

泮水頌僖公能脩泮宮也

思樂泮水薄采其芹泮水泮宮之水也天子辟廱諸侯泮宮言水則采取其芹宮則采取其化魯侯戾止言觀其旂其旂茷茷鸞聲噦噦無小無大從公于邁戾來止至也言觀其旂言法則其文章也茷茷言有法度也噦噦言其聲也○思樂泮水薄采其藻魯侯戾止其馬蹻蹻其馬蹻蹻其音昭昭其馬蹻蹻言彊盛也載色載笑匪怒伊教色溫潤也○思樂泮水薄采其茆茆鳧葵也魯侯戾止在泮飲酒既飲旨酒永錫難老順彼長道屈此羣醜屈取醜衆也○穆穆魯侯敬明其德敬慎威儀維民之則允文允武昭假烈祖假至也靡有不孝自求伊祜○明明

魯侯克明其德既作泮宮淮夷攸服矯矯虎臣在泮獻馘淑問如皐陶在泮獻囚囚拘也○濟濟多士克廣德心桓桓于征狄彼東南桓桓威武貌烝烝皇皇不吳不揚不告于訩在泮獻功烝烝厚也皇皇美也揚傷也○角弓其觩束矢其搜戎車孔博徒御無斁既克淮夷孔淑不逆觩弛貌五十矢爲束搜衆意也式固爾猶淮夷卒獲○翩彼飛鴞集于泮林食我桑黮懷我好音翩飛貌鴞惡聲之鳥也黮桑實也憬彼淮夷來獻其琛元龜象齒大賂南金憬遠行貌琛寶也元龜尺二寸賂遺也南謂荊揚也

泮水八章章八句

案泮宮魯學名也泮之言半也其制半于天子辟廱故謂之泮宮思樂泮水思國有泮水之可樂也魯人非樂乎泮水也樂乎人才于是以長育成就也芹水菜也魯侯謂僖公也魯人作詩而自稱魯侯者諱命而作也侯止來至于泮宮也言我也旂車上所建也鸞解見小雅蓼蕭篇于往也言僖公復古制能修泮宮魯人思樂之就水薄采其芹以喩宮則取其化也魯侯來至我觀其旂以法則其文章其旂茷茷然有法度矣鸞聲噦噦然有節矣凡羣臣無小無大皆從公而來也于邁者觀之道之辭也泮宮之爲學名相沿久矣戴埴起而排之楊愼復申其說謂魯有泗水縣泮水出焉僖公建宮於上因水以名宮泮宮者泮水之宮泮林者泮水旁之林也若以泮水爲半於辟廱之水將泮林亦爲半林乎即使魯學在水旁而名泮宮如王制之說當時天下百二十國之學豈皆在泮水旁乎何楷駁之云考一統志泮水一名雩水源出曲阜縣縣治西南西流至兗州府城東入泗水即詩所謂泮水也雩乃此水本名以其爲泮宮池又名爲泮耳水因宮得名而謂宮以水得名乎戴楊

可謂喜於立異而不顧泮字之所從來者矣。二章藻水草之有文者蓋興就學受教斐然成章也其音昭昭信公之德音也載則也則色溫潤則笑語未嘗有所怒唯教之而已契之敷教在寬夫子之循循善誘僖公以之

三章此言僖公在泮宮與賢者飲酒是行養老之禮也茆爲鳬葵江南人名之蓴菜可以生食者蓋興受敎德成可以任用也古者視學必養老養老之禮祭先師先聖焉有司卒事反命始之養也適饌省醴養老之珍具遂發咏焉退修之以孝養也反登歌清廟既歌而語以成之也彼長道即所語之言也言既飲美酒於是咸願神錫公以難老之福俾之從彼長道以收此羣衆人民也

四章此承上章而言僖公於泮宮行此禮故曰敬明其德威儀德之形於外者以修於己者言之故曰愼則法允信也信文哉結上在泮之事也信武哉起下征夷之事也烈祖謂伯禽也公能遵伯禽之法故曰昭至烈祖言僖公明德愼威儀維爲民所法則信文哉信武哉昭明至於烈祖之德其於繼述靡有所不孝矣故福祿自來歸之夫身行而民化德至而福歸僖公之福是自

求之也。五章克能。攸所也。蹻蹻武貌。古者出兵受成於學。及其反也。釋奠於學。以訊馘告。故獻馘。獻囚。皆云在泮。淑善也。問訊囚也。囚訊問所俘獲者也。鄭玄云。僖公能明其德。修泮宮。而德化行。於是伐淮夷所以能服也。既伐淮夷。而反在泮宮。使武臣獻馘。又使善訊之士如皐陶者。獻囚。言伐有功。任得其人也。作泮宮。淮夷服。此後世所難其解也。夫舞干而有苗格。退修而因壘降。制夷下敵之法。古亦有然者。又以僖公伐淮夷事。不見于春秋經傳。或改序爲頌伯禽。或以爲此頌禱之辭。不必其有是事。而冀其有是功。皆臆度之說耳。雖淮夷之克。不見于麟經。然考僖公遁年十三年。從齊桓會于鹹。爲淮夷病杞。十六年。又從齊桓會于淮。爲淮夷之病鄫。凡於齊桓會盟侵伐。無役不從。安知不其際有服淮夷之惟齊有力。而魯人自旌其伐。因以爲之頌乎。若夫鄭譜直云十六年。會于諸侯淮上。謀東畧。公遂伐淮夷。此蓋有所受說也。六章此美將士之獻功有禮也。多士。謂將士。上章虎臣亦在其內。廣德心。謂心德寬弘。並無褊躁也。于往。狄遠也。東南。斥淮夷。淮夷之國在魯之東南。吳譁。詻訟也。言濟濟多士。能廣其德心。桓桓威武。遠征彼淮夷。及其反也。惟其心烝烝皇皇。不讙譁。不損傷。不爭功。不告訟。皆在泮宮。各獻其功焉。夫爭其功者。戰士之常也。僥倖一勝。萬死一生之間。惟圖厚賞而已。則其爭功。無所不至。然今不吳不揚。不告于訩。見僖公之教有素焉。

**七章** 角弓解見小雅角弓篇。徒行者。御。御車者。敔吾也。式發語辭。猶謀也。言僖公之伐淮夷也。望而郎服。故弓弛而不張。矢衆而不用。兵車甚博大。而徒御無厭倦者。已克淮夷。淮夷甚化於善。不復爲逆亂也。此將士固守爾之所謀。是以淮夷卒爲我所獲也。

**卒章** 此言淮夷歸化也。泮林。泮水畔之林也。懷歸。好善也。憬訓爲遠行貌。荅嚮望我兵逃去。去曾既遥。今歸化而來。故曰憬然。淮夷翩彼飛鴞集于泮林。食我桑黮。歸我善音而改其鳴以興憬然彼淮夷化德而來服也。上章所云孔淑不逆。於此見之矣。來獻其寶物。是元龜象牙。又大遺荊揚之金。

閟宮。頌僖公能復周公之宇也。

閟宮有侐實實枚枚。閟閉也先妣姜嫄之廟在周常閉而無事孟仲子曰是禖宮也侐清淨也實實廣大也枚枚礱密也赫赫姜嫄其德不回上帝是依無災無害彌月不遲上帝是依依其子孫也是生后稷降之百福黍稷重穋稙穉菽麥奄有下國俾民稼穡先種曰稙後種曰穉有稷有黍有稻有秬奄有下土纘禹之緒緒業也○后稷之孫實維大王居岐之陽實始翦商翦齊也至于文武纘大王之緒致天之屆于牧之野無貳無虞上帝臨女虞誤也敦商之旅克咸厥功○王曰叔父建爾元子俾侯于魯大啓爾宇爲周室輔王成王也元首宇居也乃命魯公俾侯于東錫之山川土田附庸周公之孫。

莊公之子龍旂承祀六轡耳耳春秋匪解享祀不忒周公之孫莊公之子謂僖公也耳耳然至盛也皇皇后帝皇祖后稷享以騂犧是饗是宜降福既多騂赤犧純也周公皇祖亦其福女秋而載嘗夏而楅衡白牡騂剛犧尊將將毛炰胾羹籩豆大房萬舞洋洋孝孫有慶諸侯夏禘則不礿秋祫則不嘗唯天子兼之楅衡設牛角以楅之也白牡周公牲也騂剛魯公牲也犧尊有沙飾也毛炰豚也胾肉也羹大羹鉶羹也大房半體之俎也洋洋衆多也俾爾熾而昌俾爾壽而臧保彼東方魯邦是常不虧不崩不震不騰三壽作朋如岡如陵震動也騰乘也壽考也◯公車千乘朱英綠縢二矛重弓大國之賦千乘朱英矛飾也縢繩也重弓重於鬯中也公徒三萬貝冑朱綅

烝徒增增貝胄貝飾也朱綅以朱綫綴之增增衆也戎狄是膺荆舒是懲則莫
我敢承膺當承止也俾爾昌而熾俾爾壽而富黃髮台背壽胥
與試俾爾昌而大俾爾耆而艾萬有千歲眉壽無有害○
泰山巖巖魯邦所詹奄有龜蒙遂荒大東至于海邦淮夷
來同莫不率從魯侯之功詹至也龜山也蒙山也荒有也○保有鳧繹遂
荒徐宅至于海邦淮夷蠻貊及彼南夷莫不率從莫敢不
諾魯侯是若鳧山也繹山也宅居也淮夷蠻貊而夷行也南夷荆楚也若順也○天錫公
純嘏眉壽保魯居常與許復周公之宇常許魯南鄙西鄙魯侯燕
喜令妻壽母宜大夫庶士邦國是有既多受祉黃髮兒齒

○徂來之松。新甫之栢。是斷是度。是尋是尺。徂來山也新甫山也八尺曰尋

松桷有舄。路寢孔碩。新廟奕奕。奚斯所作。桷榱也舄大貌路寢正寢也新廟閔公廟也有大夫公子奚斯者作是廟也

孔曼且碩。萬民是若。曼長也

閟宮八章。二章章十七句。一章十二句。一章三十八句。二章章八句。二章章十句。

案周公初封之時。魯封疆最大。後世漸衰。隣國侵削。至於僖公。能復周公之宇。詩人將美僖公。追述遠祖。上陳姜嫄后稷。至于大王文武。爰及成王封建之辭。魯侯受賜之命。言其所以有魯之由也。宮即姜嫄之廟也。祭法云。王立七廟。五廟凡祭之。二祧享嘗乃止。姜嫄之廟。非常而祭之。比于五廟。常閟。故謂之閟宮。又謂之禖宮。赫赫。謂其德顯著也。姜嫄。高辛氏之妃。后稷之母也。回邪也。無災無害。生民所謂不坼不副。是已。彌。終也。不遲。十

月而生也後熟曰重先熟曰穋奄覆也下國者對天降之百福而言蓋天下之民賴后稷之教得以保生故曰奄有下國下文復言奄有下土者鄭玄所謂美之故申說以明之也朱熹以奄有下國爲封於邰而至乎下文奄有下土而窮矣言姜嫄之廟在周常閉而清淨實實然廣大枚枚然礱之密之將說姜嫄先言其廟也赫赫姜嫄其德貞正不回邪故上帝依其子孫大之後無災無害終十月而生后稷天降之百福與之黍稷重穋稙穉菽麥以此奄有下國教民稼穡堯時洪水爲災民不粒食禹平水土民始宅焉而若無稷則雖平水土何益于民有稷有黍奄有下土然後民得粒食故曰纘禹之業

**二章**此承上章援說其子孫也大王距后稷不知幾代其世次莫能詳翦訓齊齊截之義也鄭玄訓斷其義同居至也王安石云天命不妄所廢興皆其至也致天之至猶云行天之所命也牧之野解見大雅大明篇無貳無虞上帝臨女猶大明云上帝臨女無貳爾心也敦與屯同陳也揚雄甘泉賦云敦萬騎於中營兮商之旅大明所云殷商之旅其會如林者是也克勝咸皆也言

后稷後世之孫實維大王大王自豳徙居岐陽四方之民皆歸往之於是而始有王迹是有翦商之漸矣葢此言其勢非言其志也夫興隆在周則凌替在商矣至于文武繼大王之業行天之命武王之于牧野上應於天下順於人敦彼殷商之旅勝之皆有其功夫輔佐之臣咸有功而周公亦與焉以為下章封伯禽張本胡廷芳云愚讀詩至大王實始翦商未嘗不慨後之論者皆不能不以辭害意也大王葢當祖甲之時去高宗中宗未遠也後二百有六年商始亡且武王十三年以前尚臣事商則翦商之云大王不但不出諸口亦決不萌于心特以其有賢子聖孫有傳立之志於以望其國祚之緜洪豈有一毫覬覦之心哉議者乃謂大王有是心泰伯不從遂逃荊蠻是大王固已形之言矣夫以唐高祖尚能駭世民之言曾謂大王之賢反不逮之乎

三章　叔父謂周公也元子伯禽也東東藩魯國也山川謂境內之山川也附庸小國之不能自達於天子而附於大國者錫附庸者使四鄰小國屬之如顓臾郲國是已僖公者周公十世孫莊公之子也龍旂郊祀之時所建之旂也

天子則建大常以龍旂承祀所以降殺于天子也明堂位云旂十有二旒日月之章則過矣是詩可以徵已四馬故六轡春秋謂春郊秋嘗也享獻忒變也皇皇美大也后帝謂天也皇皇后帝四句言郊祀也明堂位云成王以周公爲有勳勞于天下命魯侯世世祀周公以天子之禮樂是以魯君孟春乘大路載弧韣旂十有二旒日月之章祀帝于郊配以后稷天子之禮也蓋周公生負扆而攝政死祀之以天子之禮樂是報其德也似未必僭至乎郊祀后稷以配天則周公何與焉楊愼引呂氏春秋云魯惠公請郊廟之禮於周天子使史角往報使成王時已賜則惠公奚復請之夫曰往報則許不許未可知之辭也迺竹書紀年明言使史角諭止之矣惠公以下歷數世猶遵天王之諭不敢擅用此詩於周公之孫莊公之子下乃言皇皇后帝皇祖后稷享以騂犧春秋於僖三十一年始書四卜郊則魯之郊祀自僖公始非成王之錫審矣但其禮節有所降殺而不同于天子爾家語云魯無冬至大郊之事降殺于天子是亦可以見其一節周公皇祖周公與伯禽也載則也嘗秋祭

之名楅逼也楅衡設橫木於牛角以楅迫之爲其觸觝人也所楅之牛即下文白牡騂剛是也白牡本殷牲也周公死有王禮不敢與文武同色又異于諸侯故白牡爲周公牲魯公則諸侯無所嫌故仍用騂剛剛犅也謂特牛也犧尊刻鳳皇于尊其羽形婆娑然故傳云有沙飾也沙讀爲娑娑將將盛美也毛炰爲豚爓去其毛而炰之故云毛炰胾訓肉切肉也半體之俎足下有跗如堂後有房然故云大房萬干舞也明堂位所謂朱干玉戚冕而舞者也孝孫指僖公也熾盛臧善也不虧不崩言土地無侵削也三壽三卿之老有成德者也故訓壽爲考考成也言武王既崩成王嗣位告周公曰叔父我欲建爾元子伯禽使君于魯大開爾之居以爲我周室之輔乃策命伯禽使君于東魯加賜之以山川土田及附庸令專統之後世至於僖公始郊祀故更端特曰周公之孫莊公之子僖公車建龍旂以往祭所奉承祭事所乘四馬其六轡耳耳然盛春秋不懈享祀無有忒變其郊祀也皇皇后帝配之以皇祖后稷享以騂犧於是歆饗之於是以爲宜降福既多周公伯禽亦其福女矣其

秋而將嘗也。於夏則福衡。白牡以祀周公。騂剛以祀魯公。犧尊將將。毛炰胾羹。籩豆房俎。莫不備矣。於是歌舞起奏。萬舞洋洋。禮樂不忒。孝孫僖公有慶。下文所云即是也。使汝盛昌。壽而且善。保全彼東魯。魯邦是有。常不可虧。不可崩。不可動。不可乘。常與三老謀而爲朋國家堅固。如岡如陵也。

**四章** 此頌僖公與齊桓公舉義兵。征伐戎狄荊舒也。車千乘。法當用十萬人。而下文言公徒三萬。其數不合。蓋千乘以大國言之。三萬以其軍言之。鄭玄云。二矛重弓。備折壞也。兵車之法。左人持弓。右人持矛。中人御。萬二千五百人爲軍。大國三軍。合三萬七千五百人。言三萬者。舉成數也。胄兜鍪也。綅綫烝衆也。荊楚舊號。舒其與國也。其屬不一。左傳有舒蓼舒庸舒鳩。路史有舒龍舒鮑舒龔。所謂羣舒也。懲忍也。膺其罪而討之曰懲。謂忍其惡也。黃髮老人。髮白復黃也。台背解見大雅行葦篇。黃髮台背。皆壽徵也。耆老也。艾髮蒼白色如艾也。萬有千歲。猶云千歲萬歲也。眉壽秀眉。亦壽徵也。無有害。無有患害也。言公之出征也。兵車千乘。朱英飾矛。綠縢約弓。而各有二。故曰二矛重弓。徒衆三萬。以貝飾冑朱綅綴之。衆徒增增然行。北當戎狄。南懲荆及羣舒。舒天下無我敢禦也。明堂位云。封周公於曲阜。地方七百里。革車千乘。今公車千乘。公徒三萬。戎狄荆舒莫敢當我。所謂復周公之宇。即是也。於是國人祝之曰。俾爾昌而熾。壽且富。黃髮台背。耆壽至于此。而相與爲之用也。下文復俾爾云者。反復祝之也。五章此言僖公既復其故地也。巖巖高貌。泰山。齊魯之望也。故曰所詹。龜蒙鳧繹。魯之四山也。故曰奄有大東。極東也。海邦近海之國也。來同。言來歸也。言泰山巖巖魯之邦境所至極也。奄有龜山蒙山。遂有極東之地。至於近海之國言極盡地之東偏。皆復其故也。淮夷來同。莫不率從。是僖公之功也。六章此亦與上章義同。徐宅。徐戎所居之地也。孔穎達云。僖公之從齊桓。惟能服淮夷耳。非能服南夷之蠻。東夷之貊。故淮夷蠻貊。傳以爲淮夷如蠻貊之行也。傳而字。讀與如同。諾應辭。莫敢不諾。有命則莫敢不應也。是若者。是僖公之所使順也。魯秉禮之國。武功不足。故以服遠爲頌云。七章純大。嘏福也。令妻。令善之妻。聲姜也。壽母。壽考之母。成風也。是有。猶常有也。兒通介齯兒齒。齒落更生細者。亦壽徵也。言天賜僖公大福。使之眉壽。保全魯國。又能居常邑與許邑。遂復周公之宇。魯中微弱。爲鄰國所侵削。令得能居其邊鄙。昔者大啓爾宇者。皆以復矣。僖公燕飲。而喜內則有令妻壽母。朝則宜大夫庶士。而邦國常保有之。蓋意外之獲名雖美。不可恃。惟內有令妻壽母朝宜大夫庶士。而後邦國常有受福。亦既多矣。皓首沒齡。已足稱壽。髮白而復黃。齒落而更生。壽何限哉。或曰此詩之頌僖公。拳拳于壽考。不一而足。何也。黃佐云。可以見詩人之情也。入春秋以來。隱及于鍾巫。桓乘于彭生。般賊于圍。犖閔戕于卜齮。弑逆踵繼。其來甚矣。國人飲恨。尚未舒也。故此詩拳拳以壽考爲言。其所望于僖公者。無非欲其以覆車爲戒云爾。**卒章**此頌僖公作寢廟也。徂來新甫二山。蓋在魯境內。而出美松美栢。桷爲榱。皆椽別名也。舄訓大先是有刻其桷者。春秋莊二十四年刻桓宮桷是已。今無刻飾文章。徒見松桷強大。寀閒奕奕。盛大貌。所作謂監護其事。屬付功役。課章程也。若順也。言取徂來之松新甫之栢。是斷是度。或用尋用尺。以作路寢及新廟。松桷舄然。路寢甚大。新廟奕奕。乃是公子奚斯之所作。雖其長廣且大。而皆順於萬民之望。所以頌也。楊愼云。信魯頌之文。則僖公乃魯之賢君。伯禽以下無其匹者也。以春秋所書考之。則僖公齊襄衞靈之流耳。觀其滅項伐邾取須句。取訾婁。取濟西田。以楚伐齊。皆惡之大者也。至其閨門不肅。及夫人姜氏會齊侯于陽穀。夫人會齊侯于卞。其女季姬。始遇鄫子于防。而公不制。中使鄫子來。而公不恥。終歸于鄫。而公不拒。淫風流行如此。夫桑中大車不作于魯。而駉駜猶以爲頌。吾誰欺。欺天乎。夫子存魯頌。見當時上下相蒙好諛悅諂。而非以爲美也。愚按楊此言。亦祖於宋儒是非不掩。卽春秋之法之說也。非夫子存魯頌之本旨矣。夫詩旣爲頌。非美而何。昔者哀公問孔子曰。當今之君孰爲最賢。孔子對曰。丘未之見也。抑有衞靈公乎。公曰。吾聞其閨門之内無別。而子次之賢。何也。孔子曰。臣語其朝廷行事。不論其私家之際也。公曰。其事何如。孔子對曰。靈公之弟曰公子渠牟。其智足以治千乘。其信足以守之。靈公愛而任之。又有士曰林國者。見賢必進之。而退與分其祿。是以靈公

也猶祀高宗而本之玄鳥也

玄鳥祀高宗也

天命玄鳥降而生商宅殷土芒芒玄鳥鳦也春分玄鳥降湯之先祖有娀氏女簡狄配高辛氏帝帝率與之祈于郊禖而生契故本其爲天所命以玄鳥至而生焉芒芒大貌古帝命武湯正域彼四方方命厥后奄有九有正長域有也九有九州也商之先后受命不殆在武丁孫子武丁高宗也武丁孫子武王靡不勝龍旂十乘大糦是承勝任也邦畿千里維民所止肇域彼四海畿疆也四海來假來假祁祁景員維河殷受命咸宜百祿是何景大員均何任也

玄鳥一章二十二句。

案此祀高宗之樂歌也鄭玄云高宗殷王武丁中宗玄孫之孫有雊雉之異又懼而修德殷道復興故亦表顯之號高宗玄鳥至之日祈于郊禖而生契焉謂之天命玄鳥云者神之若自天降然也契商始祖也故曰生商宅居也古猶昔也帝上帝也武湯以其有武德號之也域爲有孔穎達云言封域之內皆爲己有也非訓域爲有也殆危也大饎黍稷也止居假至也祁祁衆多貌或作祈祈非也祿福也何荷通故訓任言天命玄鳥而生商令居此殷土之芒芒昔上帝命其後成湯令長有于彼四方於是方方皆施命令于厥諸侯遂奄有九州矣商之先君受天命年世延長所以不危殆者在有我武丁爲之孫子也武丁之爲孫子也是咸武之王而無不任承祖業矣言中興殷道也諸侯之車建龍旂者十乘來助祭奉承黍稷以進之言得其歡心也大王畿之內民之所居止不過千里自內及外遂復夫始有彼四海之時載記所謂殷衰而復興者是已於是四海皆來至

其來至祁祁然其大而均如衆水之赴河殷之受命皆得其宜而荷天之多福矣詩弋云此詩詞顯頌成湯武丁然降而生商含有契在商之先后含有太戊盤庚在中不有契孰爲發源不有太戊盤庚孰爲過脉詩人用意埋伏得行文虛實相生之妙

長發大禘也

濬哲維商長發其祥洪水芒芒禹敷下土方外大國是疆幅隕既長濬深洪大也諸夏爲外幅廣也隕均也有娀方將帝立子生商有娀契母也將大也契生商也◯玄王桓撥受小國是達受大國是達率履不越遂視既發玄王契也桓大撥治履禮也相土烈烈海外有截相土契孫也烈烈威也◯帝命不違至于湯齊湯與天心齊湯降不遲聖敬日

躋昭假遲遲上帝是祗帝命式于九圍不遲言疾也躋升也九圍九州也○受小球大球爲下國綴旒何天之休球玉綴表旒章也不競不絿不剛不柔敷政優優百祿是遒絿急也優優和也遒聚也○受小共大共爲下國駿厖何天之龍共法駿大厖厚龍和也敷奏其勇不震不動不戁不竦百祿是總戁恐竦懼也○武王載旆有虔秉鉞如火烈烈則莫我敢曷武王湯也旆旗也虔固曷害也苞有三蘖莫遂莫達九有有截苞本蘖餘也韋顧既伐昆吾夏桀有韋國者有顧國者有昆吾國者○昔在中葉有震且業允也天子降予卿士葉世也業危也實維阿衡實左右商王阿衡伊尹也左右助也

長發七章一章八句四章章七句一章九句一章六句

案此大禘之樂歌也大禘大祭也夏殷之制春祭曰礿夏祭曰禘秋祭曰嘗冬祭曰烝禘而曰大別于常禘云漢儒相傳以大禘爲合祭羣祖此詩止及玄王相土然中云帝命不違至于湯齊則羣祖亦在其中矣長猶久也祥者吉之先見者也芒芒解見上篇諸夏爲外對京師爲內也敷猶分也帝上帝也子謂簡狄之子契也言濬哲乎商家世世之君其受命之祥久已發見矣昔堯之時洪水芒芒禹分廣下土四方定諸夏之疆界廣大平均既已長矣方是之時有娀氏始大上帝立其女之子而生商室蓋言商之受命基於契也

二章 玄者幽遠之義稱契爲玄王亦猶曾孫之下爲玄孫也以其爲遠祖而名之始堯封之商爲小國舜之末年乃益其土地爲大國發行也截整齊也言玄王大洽政教其受小國受大國皆無所不達能循禮不踰越遂視其民則其化

既行矣相土承其業長於諸侯威武烈烈然四海之外率服截爾整齊**二章**帝命天之命也降猶生也作者之謂聖敬敬天也蓋聖人治國奉天道以行之故其制禮作樂凡百爾制度不敢忽畧皆有所敬謂之聖敬故下文繼之曰上帝是祗假大也遲遲舒緩也祗敬式法也言天之所命果不違乃至于湯與天心齊矣湯之生也疾適當于夏室革命之際其聖敬之功日升不退昭明大德遲遲舒緩惟天是敬故天命之以爲法於九州言于天下也**四章**受受之天也小球小球瑱圭長尺有二寸大球大圭長三尺皆天子之所執也下國謂諸侯也何荷通休美也言湯既受命執小球大球爲諸侯之表章荷天之休美不競不急不剛不柔敷政優優百福於是乎聚歸焉**五章**受命而立法故曰受小共大共施命令使諸侯大厚故曰下國駿厖奏猶陳也言湯立小法大法爲下國駿厖上章所謂式于九圍也荷天之和道敷奏其勇不使震動不使戁竦上章所謂不競不絿也是總總而歸之也**六章**此述成湯征伐之事也截截之車上也有與又通蘖旁生枝餘也故訓餘本則夏桀蘖則韋

也顧也。昆吾也。皆桀之黨也。遂達皆從蘖字生。言湯既
受命載旆興師。又自秉鉞出征暴虐。其勢如火烈烈。則
莫我敢禦害。桀與三蘖皆不能遂達其惡。天下靡然歸
商。九州截爾整齊矣。先伐韋顧伐昆吾。遂伐夏桀。黄佐
云。初伐韋。次伐顧。庶幾夏桀知所改圖也。及其終不悛
也。然後興南巢之師。以快人神之憤。苟徒以爲治亂者
必先伐其黨。剪其枝葉。而後除其本根。則是後世以計
取天下之爲。而非聖人行天討之意矣。**卒章** 朱熹云。承
上文而言昔在則前乎此矣。豈謂湯之前世中衰時與
震懼。允信也。卿謂伊尹也。大禘則功臣與祭。與祭必非
一臣。而此獨舉伊尹者。以其開國元勳也。鄭玄云。阿
衡平也。伊尹湯所依倚而取平。故以爲官名。言昔在中
世。有震懼且危。信矣天之子商也。降予之賢佐。實維阿
衡之官。寳助我商王。以定天下。朱熹疑大禘不及羣廟
之主。此篇廣及羣祖。宜爲祫祭之詩。蓋泥大傳以其祖
配之一語。謂禘祭推始祖之所自出。其配之者。惟始祖
一人而已。何楷云。今即據大傳本文觀之。其首曰禮不
王不禘。王者禘其祖之所自出。以其祖配之。而即繼之

曰諸侯及其大祖大夫士有大事省于其君于祫及其高祖焉端臨謂玩其文意亦似其只說一祭天子則謂之禘所謂不王不禘而禘則及其祖之所自出諸侯則不可以言禘而所祭止大祖大夫士又不可以言祫必有功勞見知于君許之祫則于祫可及高祖蓋共是合祭祖宗而以君臣之故所及有遠近故異其名也此可謂深得書意者矣

殷武祀高宗也

撻彼殷武奮伐荊楚罙入其阻裒荊之旅撻疾意也殷武殷王武丁也荊楚荊州之楚國也罙深裒聚也有截其所湯孫之緒○維女荊楚居國南鄉昔有成湯自彼氐羌莫敢不來享莫敢不來王曰商是常鄉所也○天命多辟設都于禹之績歲事來辟勿予禍適

稼穡匪解。（辟、君。適、過也。）○天命降監。下民有嚴。不僭不濫。不敢怠遑。命于下國。封建厥福。（嚴、敬也。不僭不濫、賞不僭、刑不濫也。封、大也。）○商邑翼翼。四方之極。赫赫厥聲。濯濯厥靈。壽考且寧。以保我後生。（商邑、京師也。）○陟彼景山。松柏丸丸。是斷是遷。方斲是虔。松桷有梴。旅楹有閑。寢成孔安。（丸丸、易直也。遷、徙。虔、敬也。梴、長貌。旅、陳也。寢、路寢也。）

殷武六章。三章章六句。二章章七句。一章五句。

案。此亦祀高宗之樂歌也。罙荊之旅、謂使不能出戰而降服也。呂祖謙云、人巢穴其衆、無所逃竄、而保聚、如句踐棲于會稽之類是也。湯孫義與烈祖同。緒、業也。蓋盤庚既沒、而殷道日衰、楚人叛之。高宗撻然奮揚威武、出伐荊楚、深入其險阻、以聚其旅、而服之。截然整齊、其所矣。實能纘湯孫之業也。一章首章、言伐楚之功。此章言諭楚之義也。鄭玄云：氐羌，夷狄國在西方者也。享獻也，世見曰王。言既服荆楚，乃諭告之曰：維女荆楚居我中國之南方，昔者成湯之世，自彼遠夷莫敢不來朝，曰此商之常禮也。況於女荆楚，則曷敢不至哉。二章此亦諭告楚也。多，衆也。衆君，諸侯也。聖人奉若天道，其建邦設都，將以治天民，是則分封雖命于天子，而實天之所命也，故曰天命多辟。歲事，如周禮春朝、夏宗、秋覲、冬遇之類，其來以時，故曰歲事。來辟，猶來王也。予，與也。適與謫適，故訓過。言天命諸侯各建都于禹所治之地，皆以歲事來朝于商，無有與之禍謫，惟告之以稼穡不懈而已。益言今興阤禍謫汝國者，汝不修諸侯之職也。以禍適爲言，此商道先罰後賞也。四章此言荆楚既平，而廣戒勑諸侯也。天命，即上章之天命。監視。遑，暇也。言天之命諸侯，常降而監視之，民者天之命，汝所使治者，豈可不敬乎。賞不僭，刑不濫，不敢怠暇於政事，乃命汝于下國，大建其福，言爲諸侯也。後世謂分封諸侯爲封建，義益本於此。五章此讚美高宗中興也。翼翼，恭敬貌。極，解見周頌思文篇。赫赫，顯盛也。濯濯，光明也。靈，神靈也。言

高宗服荊楚命諸侯殷道復興京師之禮俗翼翼爲四方之準據至于今赫赫其美聲濯濯其神靈與嗣享者壽考且安以保我後嗣子孫

卒章

此言爲高宗特立百世不遷之廟也景大也或曰景山名斷截之所生之地也遷徙之造作之處也劉斫也桷解見魯頌閟宮篇椽以長爲善故曰有梴有閑處置得宜也寢爲路寢閟宮詠新廟亦但舉路寢則此可例推矣安所以安高宗之神也言升彼景山掄取松栢易直者於是斷之於是徙之其方斫之也於是敬之不敢怠略松桷梴然而長陳楹閑然得宜寢成而甚安矣言百世不遷也

那五篇十六章百五十四句

毛詩補義卷十二終 大尾

延享三年丙寅之春發行

京師書坊

風月堂莊左衛門壹梓

# 作者及版本

岡田白駒（一六九二—一七六七），字千里，號龍洲，通稱太仲。本姓河野。白駒出生於播磨（相當於現在的兵庫縣）。幼時隨父母遷入攝津（即現在的大阪府北部的西宫，也就是現屬於兵庫縣的西宫市）。早年學醫，輾轉於江户（東京）、長崎、大阪等地住居，後入京都，開始攻讀朱子學。供職於鍋島氏藩主。回長崎，專心於唐代小説的翻譯，曾爲左賀藩的支藩，一度名聲大震，晚年回京都，與志同道合的儒家學者研讀經書，翻譯唐人小説。門人甚多，多有成就。

《毛詩補義》爲四孔線裝和刻本。書高二十六厘米。共十册。封面題簽「詩經毛傳補義」。第一册有署名岡白駒作於延享乙丑年（一七四五）《毛詩補義序》。序文後爲《毛詩補義目録》。目録後爲長達二十多頁的《毛詩補義附録》。第一册正文從卷一《國風・周南・關雎》開始，到《召南・騶虞》爲止。第二册從《邶風・柏舟》開始，到《衛風・木瓜》爲止。第三册從《王風・黍離》開始，到《魏風・碩鼠》爲止。第四册自《唐風・蟋蟀》開始，到《豳風・狼跋》爲止。第五册從《小雅・鹿鳴》開始，到《吉日》爲止。第六册從《鴻雁之什》開始，到《節南山之什・巷伯》爲止。第七册從《穀風之什》開始，到《小雅・何草不黄》爲止。第八册從《大雅》開始，到《生民之什・板章》爲止。第九册《從蕩之什》開始，到《召旻》爲止。第十册從《周頌》開始，到《商頌・殷武》結束。少蟲蛀，字跡清晰，便於閲讀。